晚清四大名臣人生智慧

正经曾国藩为官心法

国超 ◎ 编著

华夏出版社
HUAXIA PUBLISHING HOUSE

图书在版编目(CIP)数据

正经:曾国藩为官心法 / 国超编著. 一北京:华夏出版社,2010.6
(晚清四大名臣人生智慧)
ISBN 978-7-5080-5831-3

Ⅰ.①正… Ⅱ.①国… Ⅲ.①曾国藩(1811~1872)-政治-谋略-通俗读物 Ⅳ.①D691-49

中国版本图书馆 CIP 数据核字(2010)第 115987 号

出版发行:	华夏出版社
	(北京市东直门外香河园北里4号 邮编:100028)
经　　销:	新华书店
印　　刷:	北京建筑工业印刷厂
装　　订:	三河市万龙印装有限公司
版　　次:	2010年6月北京第1版
	2010年7月北京第1次印刷
开　　本:	720×1030　1/16 开
字　　数:	228 千字
印　　张:	17
定　　价:	27.00 元

本版图书凡印刷、装订错误,可及时向我社发行部调换。

前　言

曾国藩（1811—1872），湖南湘乡白杨坪（今属双峰）人。原名子城，字伯涵，后改名国藩，号涤生。道光十八年赐同进士出身。曾国藩是清朝官场中的杰出人物，他因镇压太平天国起义有功，被清廷封赏一等侯爵。曾任两江总督、直隶总督等职。曾国藩还是中国洋务运动的开创者之一，为中国近代民族资本主义的发展做出了不可磨灭的贡献。

曾国藩学养深厚，于中国传统文化多有继承发展。他一生经历曲折坎坷，但始终以圣贤人格自励，为人处世卓然不群，被誉为晚清官场的楷模。因此，曾国藩的所言所行，值得我们现代人参考和借鉴的地方很多。本书以《正经》为题，全面展示曾国藩的箴言警语与人生历程，从本源正、立论正、修身正、为人正、处事正、家训正等角度揭示曾国藩刚正不阿和正人君子的形象，并结合历史上的诸多事例展开论述。当然，曾国藩并非完人，他的一生充满了矛盾，体现出历史的局限性，尤其是他对太平天国起义的残酷镇压以及处理天津教案中的偏颇态度，是值得人们认真分析、研究的。

目　录

第一章　修身为事业基址……………………1
　一、创作《五箴》，自勉修身……………1
　二、细思天地之大，当除自私自满之心……10
　三、能慎独则心安………………………24
　四、君子当有高世独立之志……………29
　五、学问可变化气质，超凡入圣…………39
　六、君子小人，存乎一念之间……………45
　七、君子之道，莫大乎忠诚为天下倡……47

第二章　家治则福至运亨……………………59
　一、孝友之家，福庆绵长………………59
　二、家庭兴旺，皆由克勤克俭所致………68
　三、境地须看不如我者…………………75
　四、治家贵严而有威……………………77
　五、治家八字诀…………………………83
　六、八本三致祥，家教之根本……………86
　七、天道五十年一变，散财为惜福之道……88
　八、败家覆身之八途……………………92

第三章　为官须浑厚明强……………………99
　一、勤俭二字为做好官的秘诀……………99
　二、担当大事，全在"明强"二字…………111
　三、居高位当以知人晓事为职……………119

四、以菩萨心肠，行霹雳手段 ……………………… 127

　　五、居官当一味浑厚，绝不发露 …………………… 132

　　六、无好快意之事，常存省过之心 ………………… 141

　　七、处逆之道，唯有委曲求全 ……………………… 152

　　八、身居高位之道 …………………………………… 161

　　九、师夷之智，为中国自强之本 …………………… 173

第四章　用兵以能战为本 ……………………………… 179

　　一、拣选将才，必求智略深远之人 ………………… 179

　　二、为将之道，以法立令行为先 …………………… 189

　　三、以刚毅之气，赌乾坤于俄顷 …………………… 198

　　四、治军之道，以能战为第一义 …………………… 204

　　五、带兵之道，轻恩威而重仁礼 …………………… 209

　　六、用兵能识主客奇正，则立于不败之地 ………… 213

　　七、兵事宜惨戚而不宜欢欣 ………………………… 223

第五章　求才当如鹰隼之击物 ………………………… 227

　　一、以类相求，以气相引 …………………………… 227

　　二、人才以有操守多条理为要 ……………………… 234

　　三、诚中形外，可据气色以识人 …………………… 240

　　四、德与才不可偏重 ………………………………… 245

　　五、人才皆由陶冶而成 ……………………………… 249

　　六、世不患无才，患不能人尽其才 ………………… 257

第一章
修身为事业基址

一、创作《五箴》，自勉修身

【原文】

序

少不自立，荏苒遂洎。今齿盖古人学成之年，而吾碌碌尚如斯也，不其戚矣！继是以往，人事日纷，德慧日损，下流之赴，抑又可知。夫疾所以益智，逸豫所以亡身。仆以中才，而履安顺，将欲刻苦而自振拔，谅哉！其难之欤！作《五箴》以自创云。

立志箴

煌煌先哲，彼不犹人。藐焉小子，亦父母之身！聪明福禄，予我者厚哉！弃天而佚，是及凶灾。积悔累千，其终也已！往者不可追，请从今始。荷道以躬，兴之以言！一息尚存，永矢弗谖！

居敬箴

天地定位，二五胚胎。鼎焉作配，实曰三才。伊怡齐明，以凝女命。女之不庄，伐生戕性。谁人可慢？何事可弛？弛事者无成，慢人者反尔。纵彼不反，亦长吾骄。人则下女，天罚昭昭！

主静箴

齐宿日观，天鸡一鸣。万籁俱息，但闻钟声。后有毒蛇，前有猛虎，神定不慑，谁敢予侮？岂伊避人？日对三军，我虑则一，彼纷不纷。驰骛半生，曾不自主。今其老矣，殆扰扰以终古。

谨言箴

巧语悦人，自扰其身。闲言送日，亦搅女神。解人不夸，夸者不解。道听途说，智笑愚骇。骇者终明，谓女贾欺。笑者鄙女，虽矢犹疑。尤悔既丛，铭以自攻。铭而复蹈，嗟女既耄。

有恒箴

自吾识字，百历及兹，二十有八载，则无一知。最者所忻，阅时而鄙。故者既抛，新者旋徙。德业之不常，是为物迁。尔之再食，曾未闻或愆。黍黍之增，久乃盈斗。天君司命，敢告焉走。

——《曾国藩全集》

【译文】

序

年少时不求自立，任光阴流逝。古人在我现在的年纪已经学有所成了，而我却仍是这样碌碌无为，不也太让人伤感了吗！从现在开始，牵涉的人事越来越多，德行智慧一天天减少，渐趋下流，这是可预知的。疾病能增长人的智慧，安逸能让人身亡。我只是中等天赋，却事业顺遂，因此想下苦功使自己振奋向上，这实在是太难了，所以创作此《五箴》。

立志箴

那彪炳千古的先哲，他们也是人。我虽然藐小，但也是父母所生！上天给予我聪明福禄，这已是太丰厚了！不顾天道，惯于安逸，这会招来凶灾。积聚的悔恨已有上千，该是终止的时候了！已经逝去的岁月已无法挽回，那就从今天开始吧。以己身承担道义，并用语言加以发扬！只要一息尚存，就要坚决遵循！

居敬箴

天地定位后，万物化育。鼎足而配，称为天地人三才。庄严恭敬，静心洁身，最终诞生了你的生命。你内心不端庄，损伤性命。哪个人可以对他傲慢？哪件事可以随意放松处置？对事情放松处置会一事无成，对人傲慢别人也会对你傲慢。他人即使不针锋相对，也会助长我的骄傲。人们最终会看不起你，这就是昭昭之天罚！

主静箴

宿于日观，但闻天鸡一鸣。万籁俱寂，只听到钟声。身后是毒蛇，身前是猛虎，但只要神定心泰，心中不惧，谁敢欺侮我？难道是它们主动避人？这就好比面对三军，我的思虑专一，就不会因为对方的纷扰而动摇。半辈子心意驰突，还未曾自己做过主。现在已经老了，难道能心情纷乱地度过一生？

谨言箴

用花言巧语取悦于人，最终只能给自身带来困扰。在闲言碎语中过日子，也会搅乱你的心神。理解的人不夸耀，夸耀的人不理解。那些道听途说的东西，让智者笑话，让愚者惊骇。那惊骇的人最终弄清原委以后，会说你欺骗。笑话你的人会鄙视你，即使你很直率也会怀疑你。最终忧患悔恨交集，便告诫自己一定要改正。告诫以后仍然蹈其覆辙，可叹的是你已经老了。

有恒箴

自从我识字起，加上各种经历，至今已有二十八年，却没有增添什么知识。以前所赞同的东西，过了一段时间后又加以鄙弃。既抛弃了以前的东西，新增加的东西得而又抛。自己没有恒常的德行，常为外物所左右。你一次次地自食其言，也未曾听到有谁谴责你。一粒一粒的黍积聚起来，时间长了就能装满一斗。希望天君司命能告诉我该怎么办。

【解读】

中国之所以被称为礼仪之邦，一个很重要的原因，就是中华民族历来重视道德修养。这种重视不仅反映在把道德修养作为普遍的社会规范，而且即使在家中，也把它看得十分重要。这类事例，在中国历史上不胜枚举。如羊祜在《诫子书》中教育儿子如何处世待人。他先从自身说起，告诉儿子他从小就受到严格的家庭教育，启发儿子应重视修养品德，训诫儿子说话要老实守信用，对人要宽厚恭敬，不传无根据的话，不要听信诽谤和赞誉的话，要谦逊谨慎，思而后行，切忌言行无信，招来灾祸，辱没祖宗：

> 吾少受先君之教，能言之年，便召以典文；年九岁，便诲以《诗》、《书》，然尚无乡人之称，无清异之名。今之职位，谬恩之加耳，非吾力所能致也。吾不如先君远矣！汝等复不如吾。咨度弘伟，恐汝兄弟未之能也；奇异独达，察汝等将无分也。恭为德首，慎为行基，愿汝等言则忠信，行则笃敬，无口许人以财，无传不经之谈，无听毁誉之语。闻人之过，耳可得受，口不得宣，思而后动。若言行无信，身受大谤，自入刑伦，岂复惜汝？耻之祖考，思乃父言，纂父教，各讽诵之。

《女训》是东汉的蔡邕教女儿注重思想品德修养的短文。他用爱美之心人皆有之的普遍心理现象，反复强调修养品德、净化心灵比美化容貌更重要。他要求女儿整发修面、美化自身时，莫忘修养心性、崇尚节操：

> 心犹首面也，是以甚致饰焉。面一旦不修，则尘垢秽之；心一朝不思善，则邪恶入之。咸知饰其面，不修其心。夫面之不饰，愚者谓之丑。心之不修，贤者谓之恶。愚者谓之丑犹可，贤者谓之恶，将何容焉？

> 故览照拭面则思其心之洁也，傅脂则思其心之和也，加粉则思其心之鲜也，泽发则思其心之顺也，用栉则思其心之理也，立髻则思其心之正也，摄鬓则思其心之整也。

《诫子书》是诸葛亮为告诫儿子成为有高风亮节、真才实学、对社会有贡献的人而写的一篇短文。文中将德育和智育看成相互联系的一个整体，提出不修养品德，就没有远大的志向；没有远大的志向，就不能勤奋治学；不勤奋治学，就没有出色才干。"夫君子之行，静以修身，俭以养德，非澹泊无以明志，非宁静无以致远。夫学须静也，才须学也，非学无以广才，非志无以成学。淫慢则不能励精，险躁则不能治性。年与时驰，意与日去，遂成枯落，多不接世，悲守穷庐，将复何及！"

《颜氏家训》中也特别提到作者自己在成长过程中运用内省加强道德修养的经历：

> 我们颜氏的家风家教，一向整肃严谨。从前我在童年时，便受到了熏陶和教诲，常常跟随两个哥哥，早晚前往父母住处问寒问暖，行步端正，言语稳重，神色安详，毕恭毕敬，宛如朝见威严的君王。父母则以善言相劝，询问我的喜好和志向，并及时指出我的短处，表扬我的长处，态度恳切感人。不幸我刚到九岁，父母便双双亡故，从此家道中落，亲属离散，一个大家庭顿时变得冷冷清清。仁慈的兄长培养我长大成人，备尝艰辛。但他们对我仁爱有余，威严不足，因此对我的教育不够严格。尽管我曾经阅读了《礼经》和《春秋》三传，也稍稍喜欢写点文章，但因为深受周围世俗之人的熏染，所以常常随心所欲，言语不知深浅，对仪态容貌也不注意修饰。到了十八九岁，才稍稍知道对自己加以约束和磨炼，但习惯成自然，因此也就难以一下子完全改掉。直到二十岁以后，大的过失才少犯了。因为我的内心常常和口头相斗，习性常常和情感相争。夜晚回想白天，发现早晨说错了话；今日反思以前，后悔昨日做错了事。常常自己可怜自己从小失去教诲，以至到了这种地步。追忆自己往日的所作所为，令人痛心疾首，难以忘怀，并非像读古书中的教训那样过目即忘。为此，我留下这二十篇文章，作为对你们的告诫。

一个人的名声和自身实际的关系，犹如物体和影子一样。如果德才兼备，那么他的名声一定非常好。就像一个少女，如果容貌美丽，那么她的影子也必然是美的。现在有些人不知道加强修养，却企求在社会上有一个好名声，这就如同自己相貌丑陋却希望在镜子中看到美丽的影子一样。高明的人从根本上忘记了对名声的追求，中等的人希望通过立身行世求得好名声，最差一等的人则去窃取别人的名声。无意追求名声的人，其言行自然合乎道德的规范，并享受到鬼神的赐福和保佑。立志追求名声的人，注重自身修养，谨慎行事，而且总是担心不够荣耀显赫，对名声自然不会轻易谦让。窃取名声的人，貌似厚道，内里奸诈，而且时时都想沽名钓誉，其名声自然不是以正当手段得来的。

这种重视道德修养的传统在中国历史上并不只是停留在书面上、口头上的，而且体现在人们的具体践履中，而实践这种道德的人往往会受到社会的普遍赞扬。

唐太宗李世民的皇后长孙氏，知书明礼，经常帮助太宗皇帝处理国事。长孙皇后喜好读书，颇有见地。一次，太宗罢朝回宫，对魏征屡屡犯颜直谏非常恼怒，愤愤地说："必杀此田舍翁！"长孙皇后问明原委，马上更换朝服，神态恭敬地站立在庭上。太宗大惑不解，惊问缘故，皇后说："君主圣明，方会有骨鲠之臣，岂敢不施贺礼。"太宗恍然大悟，遂转怒为喜。长孙皇后地位显赫，但从不假公济私，多次阻止太宗用其亲属担任要职。长孙皇后自己生活俭朴，并常以之来教育晚辈，她曾对太子说："身为太子，担心的是无德操功名，岂能忧患家中缺少用具！"长孙皇后对普通佣人也关怀备至。有时，太宗无理遣责宫人，皇后便站出来为他们做主。长孙皇后依凭高尚的品德赢得大家的一致爱戴。

长孙皇后的哥哥长孙无忌是唐朝的开国元勋之一，李世民便把最机要的事委托给他，让他自由出入宫禁，并要任命他为宰相。长孙皇后听说后坚决不同意,每遇机会便向太宗奏禀道:"我已成为皇后,尊贵到了极点,实在不愿意兄弟子侄占据朝廷要职。汉代吕氏、霍氏乱政的历史,应当引为深刻的教训,真心希望圣明的皇上不要用我的兄长长孙无忌做宰相。"但太宗皇帝没有接受她的意见,仍任用长孙无忌做左武侯大将军、吏部尚书、右仆射。长孙皇后又私下让长孙无忌一再去请求辞官,太宗没有办法,只好应允,改任长孙无忌为开府仪同三司。长孙皇后知道后,这才高兴地同意了。待长孙皇后去世后,唐太宗非常伤心,认为自己从此"失一良佐",对长孙皇后表示了深深的怀念。

类似这种极为看重道德品质的例子在中国历史上可谓数不胜数,因此,曾国藩作为一个追求上进、努力成为君子的人,重视道德修养,并把它看做一个人立身处世的基础,是很自然的事。

从曾国藩关于道德品质修养的论述中我们可以发现一个特点,就是他特别喜欢把修养的要求、目标、做法具体化,罗列成条。他这么做,一方面固然是为了更好地实践,另一方面也反映出他从事道德修养的心路历程。从各种记述来看,曾国藩并非从小就是个好孩子,长大以后在德行上也并不出众,但是他刻苦好学,闻过则改,终于成就了较好的品德修养。

据曾国藩的家乡湘乡县荷叶塘一带的人说,曾国藩从小就很有心计,尤好报复。嘉庆二十四年(1819年)下半年,9岁的曾国藩随父曾竹亭至桂花塘一位姓欧阳的人家中就读。一天,他与主人家的小孩发生口角,主人不问情由,将曾国藩骂了一顿,在欧

曾国藩像

阳家当塾师的曾竹亭还连连道歉。曾国藩将此事暗记在心,到散学时,偷偷把主人家的金鱼缸底打破,水干鱼死,这才解恨。12岁时,曾国藩与小伙伴在神王庙里玩,不小心把神王像推倒在地。其父狠狠地训斥了他一顿,还给神王重新装了金身。为了让曾国藩摆脱与邻居小孩的嬉游,曾竹亭带着曾国藩到离家较远的定慧庵去读书,早出晚归。从此,曾国藩路过神王庙时,常把当做马骑的竹棍系上绳子,放在神王肩上,让神王替他好好照看。曾国藩长着一副三角眼,似闭非闭,个性内向,有什么事,常在心里琢磨,不表露出来,因此,人们又给他取了个外号,叫"闭眼蛇"。

道光十年(1830年),19岁的曾国藩与10岁的弟弟曾国潢去衡阳唐氏家塾跟随汪觉庵学习。曾国潢伶俐,有问必答,甚得塾师欢心,常被夸奖,而曾国藩则寡言少语,塾师对他的印象并不好。一天,曾国藩背书不流畅,塾师训斥他说:"你这个天生的蠢货,一副戳牛屁股的相!你将来要是有点出息,我给你背伞!"曾国藩感到受了很大的侮辱,因此,把这话始终记在心中。道光十八年(1838年),他在京城参加会试,中了进士,还乡拜谢老师汪觉庵时,特地带了把伞,进门便放在汪家的神龛旁边。后来告辞时,他起身便走,走了几步,突然对送行的汪觉庵说:"我忘了带伞。"汪觉庵连忙双手拦住说:"曾大人在此稍候,等我去取来便是。"汪觉庵取了伞再来时,曾国藩不冷不热地说:"谢谢汪老师,今天给我背伞了!"汪觉庵猛然想起当年的话,才知曾国藩此举是有意为之。

可见,曾国藩在少年和青年时与一些俗人一样,也是斤斤计较、睚眦必报的。但与一般人不同的是,曾国藩并不长期沉溺于此,而是十分注重自己道德品行的提高。他具体运用的方法就是不断地进行自我反省。尤其是在京城为官以后,因为工作清闲,他便把提高修养作为自己的主攻方向。

但是,有了在道德修养上努力的方向和行动,并不意味着曾国藩立刻就成了圣人，恰恰相反，我们从当时曾国藩的一些家书中可以发现，曾国藩也曾是一个很小气的人，也会为自己升官发财而沾沾自喜。

道光二十七年（1847年）四月，曾国藩参加翰詹大考，结果列二等第四名。至此，他才最后通过了仕途上层层的八股制艺考试。六月初二，六迁至内阁学士，兼礼部侍郎衔。擢升如此之快，连曾国藩本人也深感意外。他于十七日写信给祖父说，自己"由从四品骤升二品，超越四级，迁擢不次，惶悚实深"。话虽然这般说，实际上他却按捺不住内心的喜悦，同一天，他给叔父母写信说："常恐祖宗积累之福，自我一人享尽。"第二天，他又给在家的三个弟弟写信，不无自负地说："湖南37岁至二品者，本朝尚无一人"，"近来中进士十年得阁学者，惟壬辰季仙九师、乙未张小浦及予三人"。同时，他叮咛诸弟说，自己之所以升官如此之快，与祖母死后所葬之地的风水好有关："祖母大人葬后，家中诸事顺遂，祖父之病已好，予之癣疾亦愈，且骤升至二品，则风水之好可知，万万不可改葬。若再改葬，则谓之不祥，且大不孝矣。"

当然，曾国藩的这些表现，亦属人之常情，无可厚非，只是从圣贤的角度来衡量，就显得太不成熟了。

另外，曾国藩也清醒地意识到，在温室中培养出来的道德修养毕竟是十分脆弱的，只有在激烈的矛盾冲突中仍能保持高洁的操守、圆融的处事手腕，才是一个人道德修养的真境界。这个问题，在曾国藩投笔从戎，亲自领导镇压太平天国运动的过程中就反映得极为明显。

1857年，曾国藩在江西镇压太平军时，军事上严重受挫，心灰意冷时，父亲死去的噩耗又传到了，曾国藩便借机带着弟弟曾国华、曾国荃回籍奔丧，大有急流勇退的意思。

此次曾国藩弃军奔丧，属于不忠，且与他平日所标榜的理学家面孔大相径庭。因此，他的行为招来了种种指责与非议，如吴敏树致书曾国藩，称："曾公本以母丧在籍，被朝命与办湖南防堵，遂与募勇起事。

曾公之事，暴于天下，人皆知其有为而为，非从其利者。今贼未平，军不少息，而迭遭家故，犹望终制，盖其心诚有不能安者。曾公诚不可无是心，其有是心而非诡言之者，人又知之……奏折中常以不填官衔致被旨责，其心事明白，实非寻常所见。"好朋友罗汝怀也写信给曾国藩，指责他不分轻重缓急，未免有失偏颇。此事给了曾国藩很大的打击，好在曾国藩知过能改，在复出之后，处世行事的方式有了很大的变化，不再斤斤计较，与同僚争权夺利，而是努力以国事为重，相忍为先，从而为自己在官场中树立了很好的口碑。上文中曾国藩所作的修身《五箴》，则可看做是他重视自我修养的一个实例。

二、细思天地之大，当除自私自满之心

【原文】

凡民有血气之性，则翘然而思有以上人。恶卑而就高，恶贫而觊富，恶寂寂而思赫赫之名，此世人之恒情。而凡民之中有君子人者，率常终身幽默，暗然退藏。彼岂异性，诚见乎其大，而知众人所争者之不足深较也。自秦汉以来，迄于今日，达官贵人，何可胜数？当其高据势要，雍容进止，自以为才智加人万万。及夫身没观之，彼与当日之厮役贱卒，污行贾竖，营营而生，草草而死者，无以异也。而其间又有功业文学猎浮名者，自以为才智加人万万。及夫身没观之，彼与当日之厮役贱卒，污行贾竖，营营而生，草草而死者，亦无以甚异也。然则今日之处高位而获浮名者，自谓辞晦而居显，泰然自处于高明，曾不知其与眼前之厮役贱卒，污行贾竖之营营者行将同归于澌尽，而毫毛无以少异，岂不哀哉！

……

静中细思，古今亿万年，无有穷期，人生其间数十寒暑，仅须臾耳！大地数万里，不可纪极，人于其中，寝处游息，昼仅一室耳，夜仅一楠耳！古人书籍，近人著述，浩如烟海，人生目光之所能及者，不过九牛之一毛耳！事变万端，美名百途，人生才力之所能办者，不过太仓之一粟耳！知天之长而吾所历者短，则遇忧患横逆之来，当小忍以待其定。知地之大而吾所居者小，则遇荣利争夺之境，当退让以守其雌。知书籍之多而吾所见者寡，则不敢以一得自喜，而当思择善而约守之。知事变之多而吾所办者少，则不敢以功名自矜，而当思举贤而共图之。夫如是，则自私自满之见可渐渐蠲除矣。

——《曾国藩全集》

【译文】

大凡有血气之性的人，都会油然生出想超过他人的念头。他们讨厌卑下而追求高位，讨厌贫贱而希图富贵，讨厌默默无闻而思慕显赫的名声，这都是世人的常情。而生活在普通人中间的那些君子，大都常常是终身沉寂，悄悄退守。难道他们跟一般人天性相异吗？事实上他们是看到了大的方面，知道一般人所争逐的是不值得计较的。自从秦汉以来，直到今天，所谓的达官贵人，哪里能数得清呢？当他们高居权势要职时，举止仪态从容高雅，自以为有超过他人万倍的才智。但从他们死后来看，就跟当时的杂役贱卒、低下行当的买卖人、浑浑噩噩地活着又死去的人，没有什么不同。而其中又有所谓依靠功业文章猎取浮名的人，也自以为有超过他人万倍的才智。但从他们死后来看，他们跟当日的杂役贱卒、低下行当的买卖人、浑浑噩噩地活着又死去的人，也是没有什么特别不同的。既然这样，那么今日那些身居高位而取得虚名的人，自以为自己的言辞蕴涵高深的义理而地位显贵，因而毫无愧色地自认为高明，而不知道自己跟眼前那些浑浑噩噩的执劳役供使唤的杂役贱卒、低下行当的买卖人一样，都将要同归于尽，而没有丝毫差异，这难道不让人感到悲哀吗！

……

静下来细细思考，古往今来已有亿万年，而且没有穷尽，人在其中生存，只不过几十年的时间，恰与一刹那相似！大地广阔几万里，无法知道它的边缘，人在上面生活，睡觉休息，活动游走，白天只需一间屋子，晚上只需要一张床！古人和近人写作的书籍，浩如烟海，人的目光所能涉及的地方，不过九牛之一毛！世事千变万化，有各种途径的美名，而人一辈子的力量所能达到的，不过是太仓中的一粟！懂得了时间的无限而我所经历的时间极短，那么碰到了忧患逆境，就需稍作忍耐，等它安定。知道了大地的宽广而我所居住的地方是如此之小，那么碰到了名利争夺之事，就应退让隐忍。知道了书籍是如此之多而我所看过的书是如此之少，就不会因为稍有心得就沾沾自喜，而应当考虑选择其中好的去持守。知道发生的事情很多而我所处理的很少，就不敢夸耀自己的功名，而应当考虑推举贤人以共同处理。如果这么做了，那么自私自满的偏见就会慢慢清除了。

【解读】

在这里，曾国藩主要表达了他的自我抑敛的思想。为什么要自我抑敛？主要是因为自身的渺小和人生的短暂，切不可因为所处地位高于别人就自高自大、不可一世。这也是曾国藩思想中的重要一条：虚心才能容物，容物才能有大的成就。

《孔子圣迹图》中的《太庙问礼》图，描绘了孔子"入太庙、每事问"的情形

儒家创始人孔子注重道德修养，而虚心待人、谦虚应物正是其中的重要内容。

据载，孔子到了鲁国的祖庙，见到每件事都要询问。因为孔子没有去过鲁国的祖庙，祖庙中的祭祀礼器又多不相同，孔子虽然聪明，但又怎能完全知道这些礼器呢？所以要不断地问。孔子自己说过："有了疑惑就应该想到请教别人。"用孔子入鲁国祖庙见事就问便可以证明，圣人是不能生而知之的。

据传，一天，孔子和众弟子乘马车到一个地方去讲学，见前面有一个小孩在路上堆土玩，子贡便大喝一声，让小孩让道。不料小孩把路一挡，高声叫道："站住，前有城池，过不去了，你们退回去绕道走吧！"

子贡赶紧停住车，没好气地大声嚷道："你这顽童休得胡闹，这是孔夫子的车，快放我们过去。"

"不管谁也得讲道理！我来问你们，到底是城躲车呢，还是车躲城呢？"小孩有板有眼地说。

大家被问得张口结舌。子贡又气又急，正要发作，这时孔子从车上走下来，拦住他说："小孩讲得有理，你们不要乱来。"说着，孔子走上前对孩子施礼道："神童在上，老夫有礼了。我们有要事在身，万望借个路让我们过去吧！"

小孩问道："你们有什么要事啊？"

"周游列国，讲学传道。"孔子温和地答道。

"讲学传道就得有本事和才学，那您知道些什么呀？"小孩毫不放松地追问道。

孔子回答道："不是老夫夸口，上至天文，下至地理，老夫都略知一二。"

小孩便问："那您知道自己的眉毛有多少根吗？"

孔子答道："眉毛本人又看不见，怎么能知道有多少呢？"

小孩眼珠一转，接着问："那天上的星星看得见，您知道有多少颗吗？"

"天上星星浩如烟海，如何数得过来呢？"孔子为难地说。

小孩笑了，拍着小手说："呵，您又嫌多，那日头就有一个，早上像冰盘，晌午像玉环，什么时候近，什么时候远？"

孔子想了半天还是回答不出来，便诚恳地对那个小孩说："本人还是才疏学浅，以上事情确实不知，愿拜你为师，请多指教。"说着磕头便拜。

后来，孔子常以此事教育弟子，说："不要强不知以为知，要知之为知之，不知为不知，莫忘三人行必有吾师也。"这个故事传说的成分居多，但其中蕴含的道理却是很深刻的。

虚心，并不表示你低人一等。因此，你大可不必因虚心而觉得丢面子，恰恰相反，人生中的许多机遇往往是因你的虚心而得来的。张良遇黄石公的故事就说明了这个道理。

张良曾有一次闲暇无事，到下邳的桥上散步。有一个老人，穿着粗布短衣，走到张良跟前，故意将鞋子掉到了桥下，回头对张良说："小孩子，下去捡回我的鞋子！"张良很惊讶，想揍他一顿，但因他是老年人，便勉强忍耐着，到桥下捡回了鞋子。老人说："给我穿上鞋子！"张良既然已经把鞋子拾上来，就强忍着跪下给他穿鞋。老人伸着脚让张良穿上鞋，然后笑着离开了。张良很惊奇，随着老人的去向注视着他。老人走了一里地左

张良像

右,又返回来,对张良说:"你这个孩子,可以教育。五天之后天将亮时,和我在这里相会。"张良感到他很奇特,便说:"可以。"

五天后天将亮时,张良就到下邳桥上去,可是老人已经先到了那里。老人生气地说:"与老年人约会,为什么后到呢?"说罢离去,但留下话说:"五天之后早点来!"第五天,鸡一叫,张良就去桥上,老人又先在那里了。老人又生气地说:"为什么又来晚了?"说罢离去,又留下话说:"过五天后早点来!"第五天,还不到半夜,张良就到桥上去了。不一会儿,老人也来了,高兴地说:"这样做才对。"说着拿出一部书来,对张良说:"读了这部书,就能够做王者的老师了。过十年之后,你会转运;过十三年之后,你到济水之北见我,谷城山下有块黄石,那就是我。"天亮后,张良看这本书,原来是《太公兵法》(一说是《素书》),张良对此很珍视,经常诵读它。

张良得到这部兵书后,就不断地认真学习、研究。沛公刘邦在沛县兴兵反秦后,张良就成为他的谋士,常常能急中生智,提出高明的计策,终于帮助刘邦夺得了天下。之后,张良急流勇退,到了济水之北,果然见谷城山下有块黄石。

唐太宗李世民贵为帝王,因为懂得虚心的好处,始终恪守虚心的原则。

贞观二年,唐太宗对侍臣说:"人们说当了皇帝的人就自认为尊贵高尚,没有什么可畏惧的,我却认为为王者正应当保持谦逊恭谨,常常感到畏惧。从前舜告诫禹说:'你只要不自以为是,那么天下就没有人能和你争贤能;你只要不自我夸耀,那么天下就没有人能与你争功劳。'另外《周易》中说:'做人的准则应当是厌恶骄傲自满而崇尚谦逊恭谨。'大凡做皇帝的,如果自认为尊贵高尚,不保持谦逊恭谨的作风,那么自身若有了不对的事,谁还肯冒犯威严上疏劝谏?我每说一句话、办一件事,必定是上畏惧苍天,下畏惧群臣。苍天高高在上听察着人世间的善恶,怎么能不畏惧?我的一言一行都被众公卿大臣有识之士看在眼里，又怎么能不畏惧？从这样的角度去思虑，因此只知道经常谦逊恭谨，经常小心谨慎，尽管如此，还时常担心所作所为不符合上天的意旨和百姓的心愿。"魏征说："古人说：'没有一件事是没有开头的，但坚持到最终的却很少。'希望陛下坚持这种谦虚的作风，一天比一天谨慎，那么国家就会永远巩固，而不会灭亡了。尧、舜时代之所以太平，实际上就是遵循了这个原则。"

曾国藩在上文中提倡谦虚，与历史上这些著名人物的思想可谓一脉相承，那么曾国藩是否属于虚心的人呢？对这个问题我们必须具体分析。大凡一个人在前辈、上司、师长面前常常表现出虚心的样子，但在下级或晚辈面前却摆出一副教训人的架势，显得高人一等。这不是真正的虚心。如果用这个标准衡量曾国藩，那么他是算不上虚心的，我们甚至可以说他有时是一个刚愎自用、唯我独尊的人。

凡具唯我独尊性格的人，都有极强的统治欲，都希望身边的人对他言听计从，恭敬有加。当身边的人不是这样对待他时，他便会产生极强的报复欲。在这方面，曾国藩的性格最具代表性。如曾国藩在对待自己的部下时，自高自大，唯我独尊，不能与部下平等相处。在他严重挫伤部下自尊心的情况下，往往不能自我反思，最终造成部下离他远去。像罗泽南、王鑫、李元度都是在湘军初创时即协助曾国藩的才俊之士，可是最终，他们都忍受不了曾国藩的专横节制，一一离他而去，连曾国藩自己在同治五年（1866年）七月给李鸿章的信中都说："前此湘军，如罗罗山、王璞山、李希庵、杨厚庵辈，皆思自立门户，不肯寄人篱下，不愿在鄙人及胡、骆等脚下盘旋。"那么，原因何在呢？对此，以胜利者自居的曾国藩是从来不会去认真思考的，他只会直观地认为：这些人不听话，意气用事，最终当然成不了大气候，这都是自作自受。而他压根就不明白，寻求人格上的独立与自主，往往是才识双全者的真心追求，这不是功名成败可衡量的。

在此我们通过曾国藩处理他与王鑫的关系，来看看他这一独特的官场品格。

王鑫字璞山,湖南湘乡人,曾是罗泽南的弟子与部下。咸丰三年(1853年)曾国藩出任团练大臣时,应曾国藩之邀,他们师徒二人一同投奔曾国藩。曾国藩对此师徒依畀甚重,在他初创的湘军三个营中,罗泽南与王鑫就分别是其中的中营和左营营长。

王鑫任左营营长后,治军有方,又深通兵机,所以,在军中很有声望,连当时的湖南巡抚骆秉章对他都十分赏识。而且,在湘勇初建的几个月中,王鑫即因作战有功而享有声名,这从曾国藩二月十九日给他的信中即可略窥一斑:"出征已弥月,风雨劳苦,仆日夜悬念。兹专使送三月分行饷银一千七百三十八两五钱,祈照收。前寄银五百至楚勇营,嘱分二百与湘勇营用,若此次楚营少银用,湘营亦可借数百与之用也。书不十一,惟心照。印渠仁弟同此不另。"

咸丰三年八月,曾国藩带湘勇离开长沙,前往衡阳练兵。当时,湖广总督张亮基兵败田家镇。年轻气盛的王鑫见此形势,便面见曾国藩,声称只要让他募勇三千,便可赴援湖北,并将太平军扫荡殆尽。曾国藩对王鑫的这种志气很是赞赏,并写信给骆秉章,称既然王鑫有此志气,何不成全他!得到骆秉章的同意后,曾国藩又于十月初八给王鑫去信,但信中又是夸赞,又是贬抑,让人看了心中很不舒服。

到了十月份,因湖北军情发生变化,武昌军情趋于缓和,曾国藩便于十九日给王鑫去信,说可以暂时不去湖北,而在信的开头,又着实把王鑫狠狠地训斥了一顿:

> 前者足下过衡,意气盈溢,视天下事若无足为。仆窃忧其乏惕厉战兢之象,以其握别匆匆,将待再来衡城时,乃相与密语规箴,以求砥于古人敬慎自克之道。自足下去后,而毁言日至,或责贤而求全,或积疑而成谤,仆亦未甚深虑。逮吴竹庄书来,而投梭之起,仍大不怪,于是有初八奉规一函。仆函既发以后,又接家严手

谕,道及足下忠勇勃发,宜大蕴蓄,不宜暴露,然后知足下又不理于梓里之口。向非大智慧转圜神速,痛自惩艾,几何不流于矜善伐能之途。古人谓齐桓葵邱之会,微有振矜,而叛者九国。亢盈悔吝之际,不可以不慎也。比闻足下率勇三千,赴援鄂渚,仆既幸吾党男子,有击楫闻鸡之风,又惧旁无夹辅之人,譬如孤竹干霄,不畏严霜之摧,而畏烈风之摇,终虞足下无以荷此重任。

第二天,曾国藩又给王錱去一信,提出既然不用前往湖北,那么从前招的那么多兵就没有用了,要他多加淘汰:

璞山前在衡时,言可捐银万两,制器多件,亦毫无阅历之故。朱石樵书来,言当亲往广东措捐巨款,亦不识时势之故。现在璞山援鄂之行如果停止,则新招之勇,总宜多为淘汰,早为散遣,乃能妥善。否则养之愈多,蓄之愈久,耗费愈大,徒滋口实。若带来衡州,则近日景况已难支持,况添勇数百哉?特此奉告,以便两君早自为计。若罗山兄归来,亦期与之熟商筹妥。至要至要!即俟复示,不具。

当时,王錱已奉命招了3400员兵勇,现在突然提出要裁撤,心里当然是不痛快的。但是,对于曾国藩的指令,他并不打算反抗,只是在给骆秉章的信中提出,既然要这些兵勇回家,希望能把路费发给他们。同时,他也向骆秉章保证:"卑职即日选汰,不敢稍懈。"并准备裁去2600多人,只留700多人。

然而,正当王錱准备裁军之时,曾国藩又于十一月初六给王錱去信,且语气极为生硬。王錱接到曾国藩的这封信后,感到自尊心受到了极大伤害,便决计不答理曾国藩。曾国藩对此极为恼火,在十一月初九给骆秉章的信中,谈到了自己目前的几大烦恼,而烦恼之一就是王錱,因为王錱不听话:

王璞山本恃所器倚之人,今年于各处表旌其贤,盖亦口疲于

赞扬，手倦于书写。其寄我一函，曾抄示师友至十余处。近时人有向余讥弹璞山者，亦与之剖雪争辩，而璞山不谅我心，颇生猜嫌，侍所与之札，饬言撤勇事者，概不回答。既无公牍，又无私书，曾未同涉风波之险，已有不受节制之意。同舟而树敌国，肝胆而变楚越。将来侍若外出，恐不能不另行招募，重费钱财，事机之歧，巧相错迕。此其烦恼者三也。

同时，王錱在给朱孙诒的信中，也谈到了曾国藩的傲慢态度，认为曾国藩应有"趋士"的雅量。曾国藩得知这一情况后，便于十二月十三日给王錱去信，语气极为霸道："石樵、筠仙两君至，具述一切。顷又见足下与石君书，称引趋士之说。仆本非王，亦非士，然第欲一趋，亦复何难，即百趋亦所愿耳。日内与石樵、筠仙议诸事，独饷项无可筹措，他事亦多未就绪，望足下约孟容即日来此，共商一切。即有不合，亦可反复寻稽，以归于一是也。丈夫相许，盖亦有天事存乎其间，俟见面时，吾与君一言而决耳。"

就这样，王錱考虑到曾国藩终无容人之量，便决定远离曾国藩。恰好这时骆秉章拉拢王錱，他在给王錱的信中说，裁撤王錱招募的兵勇，完全是曾国藩的意思，其实防备长沙还是需要很多兵马的，所以希望王錱带着人马前来长沙："连接曾部堂来函，已经奏明暂缓赴鄂，请将湘勇严汰精选，酌留二营，其余概行裁撤归农，以节糜费。贼踪往来无定，南省仍应严防。所有该员前项湘勇三千四百名，仍应暂留省城，照常管带。"王錱便顺水推舟，归附了骆秉章，从而导致他与曾国藩关系的彻底破裂。

导致曾王二人关系的破裂，主要表现在湘军出师东征时王錱受曾国藩的节制上。咸丰四年正月，武昌戒严，随时都有被太平军攻破的危险。在这种情况下，朝廷下令让曾国藩率湘勇尽快奔赴武昌。当时湘勇已成规模，水陆17000人的部队，浩浩荡荡，人人都觉必能打胜仗，升官发财的机会就在眼前。因此,不论谁参与东征,都是一个十分难得的立功机会。起初,曾国藩是准备带王鑫一同前去的,后来,因为王鑫对曾国藩的信没有作答,曾国藩大为恼火,便改变了初衷,决定不带王鑫东征。他在正月十五日给骆秉章的信中说:"璞山处终不能婉从吾言,侍去腊二十六与渠一书,已煞费苦心矣。若勉强带之同行,将来必大龃龉。现即决计不带渠,亦不带其勇去也。若论天下大局,不特侍带去之人不能有补毫末,即再添如璞山者十人,亦仍归无济也。"

鉴于曾国藩的这一意见,骆秉章为了调和曾王两人的矛盾,便提出一个折中方案,即由王鑫带着自己的部下独立先行,视其立功情况再行处置。对于这种安排,曾国藩表示可以接受。他在正月十六日给骆秉章的信中说:"来示欲令璞山带勇先行赴鄂,此计妥善。即由尊处札饬起行,或多或少亦由鸿裁酌定。此时甄师在外,孤立无助,能多到一人,自多一人之益。若璞山一去即能克复黄州,先声一立,以后较为得手。然闻此贼守城甚坚,城外无屋,近处扎营不住,须立木城,稍挡炮子,方可于近城掘地道。若顿兵坚城之下,三月不克,饷项不继,即恐有溃败之虞。侍日夜焦思,莫大于此,莫切于此。"

但是,王鑫军独立先行,那么该受谁节制呢?按骆秉章的意思,当然还是归曾国藩节制,但曾国藩提出,若王鑫归自己节制,就决定不带上他,因为此人已不可救药。

至正月二十三日,曾国藩在给骆秉章的信中又重申他不准备带王鑫,并对王鑫彻底不抱希望,因为他对王鑫究竟招了多少兵勇,迄今都不清楚,这样的人怎么能带着他同赴战场?信中说:"璞山之勇,侍决计不带。昨二十一日,复阁下十八一函已详言之,兹不赘陈。去年侍咨尊处,仅留璞山之勇千四百人,厥后尊处书信及咨文皆言留二千人。岁杪朱石樵过此,言实存二千四百人。昨日惠书又言有三千人。或多或少,前后亦觉参差。"

这样,王鑫就只好带着自己招募的兵勇,在不受曾国藩节制的情况

正经——曾国藩为官心法

下,独立踏上战场了,而此举给他带来了灾难性的后果。

咸丰四年二月,曾国藩带着水陆近2万人马,从衡阳启程,进行东征。曾国藩在长沙城只停驻了两天,又启程向岳州进发。

当时守卫岳州的太平军是石达开之堂弟石祥祯,领有3万人马。当曾国藩领军行至距岳州城30里远的地方时,探马来报,说岳州城里已不见一个太平军。曾国藩心里十分高兴,心想肯定是太平军畏于湘军的声势,不战而逃。这样,曾国藩便兵不血刃地得了岳州城。初战告捷,曾国藩立即就向咸丰帝报功,名为《贼船被剿下窜现已收复岳州折》,其中有言:"该匪军望见官兵,纷纷逃窜,追获大小船数十只,马六匹及油米军物,生擒长发贼一名。随于二十五日赶入岳城,未及一时,讵有鹿角军处贼船数百只,骤至城下,正欲扒城,经该员等与乌拉里所带弁兵登陴守御,一面派勇出城攻剿,该逆军队各上船逃走。……当此逆氛已挫,士气已振之时,当可指日荡平,上纾宸廑。"

曾国藩占领岳州后,王鑫、李续宾率两营共1000湘勇向武昌进发,一路上未见一个太平军的影子,湘勇们以为太平军被吓破了胆,一个个有恃无恐。这天夜里,他们在羊楼司宿营,连夜间巡逻的兵都没派。谁知到了半夜,太平军5000士兵在罗大纲等人的率领下,从周围的山里冲出,呐喊着杀进了羊楼司。湘勇们从梦中惊醒,根本来不及抵抗,便死了好几百人。王鑫、李续宾只好带着残兵败卒向南奔逃。

《岳州之战》图

三月初七，岳州一带狂风大作，洞庭湖波涛汹涌，泊在水上的湘勇水师溺死了许多人，船只毁损也十分严重，造成军心动荡。而太平军方面，原来驻守岳州的3万军队并未远离岳州，而是在离岳州城不远的山里埋伏了起来，伺机向湘军发动攻击。当王錱、李续宾部在羊楼司兵败逃回岳州时，石祥祯认为时机已经成熟，于是，率领3万太平军重新进攻岳州城。曾国藩在太平军的浩大声势面前，不敢恋战，只好带着随从匆匆逃离了岳州城。在无可奈何的情况下，曾国藩只好命令部队暂时退回长沙，以图东山再起。

面对败绩，曾国藩觉得最无脸面对的便是皇上，因为上次的奏折中把话说得太大了。经过充分考虑，曾国藩向咸丰帝上了一份《岳州战败自请治罪折》，说明了岳州城虽然失陷，但那是在湘军经英勇抵抗后因寡不敌众所致：

王錱由蒲圻前进，适闻初三四日蒲圻新到贼众甚多，势将南犯，遂拟就近迎剿。初八日行抵羊楼司地方，前营遇贼失利。王錱督中营继至，率勇奋击，毙贼百余，并夺获旗帜号衣及贼匪名册各件，贼已败退。正造饭间，忽贼蜂拥而前，分路抄袭，王率湘勇分股抵抗，鏖战数时之久，渐以不支，遂纷纷溃退，折回岳州。贼众蹑踪紧追，初十日辰刻全股直扑岳州。曾国藩正在水勇营中，即饬委员知府衔郴州知州朱孙诒、补用府经县丞周金城率南勇六百，先出迎敌，颇有斩获。管带湘勇委员监生邹寿璋、生员曾国葆及守备杨名声等，带勇继进。邹寿璋一营搏战尤力，自辰至酉，互有杀伤。贼众更番抗拒，湘勇忍饥竟日，疲乏难堪，收队暂入岳城。岳城甫经残破，商民逃尽，米粮油炊俱无。贼分三面急攻，势极危险。曾国藩急调水勇炮船，驶赴岳阳楼下，开炮轰击，毙贼百余，贼势稍却，各勇始得缒城而出。此初十日接仗失利之实在情形也。

曾国藩以陆勇失利，水勇难期复振，探闻贼匪水陆并进，省城防兵无多，情形吃重，遂率水勇炮船乘风暂回长沙，共图守御。一面召集溃勇，以图再振。

从这份奏折中，我们可以看出曾国藩已把兵败的狼狈情形彻底掩盖了，代替的只是湘勇奋勇杀贼的情形，这样，退出岳州城是因为城里弹尽粮竭，无法再守；败回长沙，是因为要保卫长沙的安全。

当时，有一个非常值得注意的事件，就是当王鑫率兵退入岳州城，岳州城被3万太平军团团包围、危在旦夕之时，近在岳州城外湘军水师营中的曾国藩因为与王鑫的个人恩怨，竟想见死不救。据易孟醇的《曾国藩传》载：

> 咸丰四年三月初十日，王部在岳州被太平军围困，曾部近在岳州城下，曾国藩竟坐视不理，任其在"商民逃尽，米粮油烛俱无"的情况下，"忍饥竟日，疲乏难堪"。曾国藩左右将士见主将愤懑，莫敢为言。惟其幕友陈士杰劝道："岳州薪米俱绝，明日必溃，宜遣救璞山。"曾国藩愠而不答。陈士杰自以为这个建议是为公，不应遭受曾国藩的颜色，便愤然睡觉去了。但转念一想："为千人请命，奈何计小礼数？"又去向曾国藩请救。曾国藩才派杨载福水师"驶赴岳阳楼下，开炮轰击"，以作声援，王部900余人始得趁机"缒城走出"，部下营官钟近蘅、钟近濂、刘恪臣等人皆死于事。事后，王鑫与友人书中说："岳州之役，丧我良友义士，毕生大憾。虽歼天下之贼未足消愤而抵罪！"话虽如此说，王鑫对曾国藩的怨恨也可想而知。

正是曾国藩的这种狭窄气量，使他与王鑫的恩怨彻底表面化。王鑫因曾国藩在岳州城下的表现，对曾国藩可谓怨之入骨。因此咸丰六年，当曾国藩于九江之败后坐困南昌城时，急得四处讨救兵。骆秉章几次让王鑫带兵赴援，王鑫就是不去。

从曾国藩与王鑫的这段恩怨，我们可以看出他们两人矛盾的起因在于王鑫有自己的思想和性格,不愿意唯曾国藩之命是从。王鑫之所以有这种想法,一方面是怀才自负,另一方面是曾国藩系文人带兵,不见得一开始就一定有过人的军事见识。但曾国藩并不会这么客观地去看问题,在他看来,你王鑫既然是我的部下,那么就什么都得听我的,否则,在我的规定以外的想法,就是狂傲、浮夸、不可靠,因此不足当大任。但曾国藩竟然因此发展为战场上的报复,则是颇出人意料的举动。由此可见,曾国藩倡导虚心,道理固然可以说得天花乱坠,但等到他碰到具体的事情时,要真的做到虚心,实在不是一件容易的事。

三、能慎独则心安

【原文】

细思古人工夫,其效之尤著者,约有四端:曰慎独则心泰,曰主敬则身强,曰求仁则人悦,曰思诚则神钦。慎独者,遏欲不忽隐微,循理不间须臾,内省不疚,故心泰;主敬者,外而整齐严肃,内而专静纯一,斋庄不懈,故身强;求仁者,体则存心养性,用则民胞物与,大公无我,故人悦;思诚者,心则忠贞不贰,言则笃实不欺,至诚相感,故神钦。四者之功夫果至,则四者之效验自臻。

……

慎独则心安。自修之道,莫难于养心。心既知有善,知有恶,而不能实用其力,以为善去恶,则谓之自欺。方寸之自欺与否,盖他人所不及知,而己独知之。故《大学》之诚意章,两言慎独。果能好善如好好色,恶恶如恶恶臭,力去人欲以存天理,则《大学》之所谓自慊,《中庸》之所谓戒慎恐惧,皆能切实行之。即曾子之所谓自反而缩,孟子之所谓仰不愧,俯不怍,所谓养心莫善于寡欲,皆不外乎是。故能慎独,则内省不疚,可以对天地,质鬼神,断无行有不慊于心则馁之时。人无一内愧之事,则天君泰然,此心常快足宽平,是人生第一自强之道,第一寻乐之方,守身之先务也。

——《曾国藩全集》

【译文】

仔细考察古人的工夫,其中成效特别明显的大约有四个方面:谨慎独处,则心中安泰;端肃恭敬,则身体强健;追求仁义,则人们悦服;专守诚意,则神灵钦敬。慎独,就是说遏止私欲,连非常微小的方面也不放过,循理而行,时时刻刻都如此,内省而无愧,所以心里坦然。主敬,就是说外表整齐严肃,内心思虑静定专一,时时端恭庄严,不懈怠,所以身体强健。求仁,就是从本体上讲,能保养心性;从运用上来说,有爱民惜物之胸怀,大公无私,所以人们悦服。思诚,就是说内心忠贞坚定,言语笃实无欺,以至诚与万物感应,所以连神也钦服。如果真能达到上述四方面的修身功夫,这四种效验就会自然而至。

能做到慎独就会心安。自我修养时,没有比养心更难的。心里既然知道有善有恶,却不能真正尽力为善去恶,这就是自己欺骗自己。心里是否自欺,别人是不知道的,只有自己知道。所以,《大学》中"诚意"这一章,两次说到慎独。如果真能做到喜欢善事如同喜好美色,讨厌恶事如同讨厌恶臭一样,尽力去掉人欲而存天理,那么《大学》中所说的自慊,《中庸》中所说的戒慎恐惧,都能够切实地做到。曾子所说的问心无愧,天下都去得;孟子所说的俯仰无愧于天地的境界,所谓养心没有比寡欲更好的办法,都是这些内容。所以,能够慎独,则自我反省不会感到内疚,可以无愧于天地鬼神,肯定不会有行为不合于心意而导致不安的时候。人若没有一件内心感到羞愧的事,心里就会泰然,常常感到愉快、平和,这是人生自强的首要之道,寻求快乐的最好方法,也是守身的首要之务。

【解读】

在孔孟儒家传统中,有一种重要的、行之有效的修养方法,称为慎独,即一个人在独处的时候,也要像在大庭广众下一样有修养。如何做到慎独呢?首先就必须内省。内指的是心灵,省就是自我审思。人们只要注重自己对自己的审思,慢慢地就会心境清明,智慧越来越高,本领也越来越大。为什么能如此呢?因为根据儒家的观点,人是禀天命而生的,生下来之前,与整个宇宙自然是一个整体,生下来以后,就禀赋了宇宙自然的所有信息,只是因为受人性所产生的各种欲望的遮蔽,这些智慧便隐而不显了。人如果能够向自身不断地找寻,慢慢地就会把后天的屏障剥除,还智慧以本来面目。

曾国藩以继承中华道统自居,也就很自然地继承了这种内省功夫,只是进一步加以发挥,提出了自己对这种功夫的独特理解。

曾国藩是以注重品行、为人圆融通达而著称于世的。但是曾国藩在这一方面的成就并非一日之功,而是经历了整整一辈子的辛苦磨炼而得来的。

曾国藩自率湘军东征以来,战事上常常败多胜少,四处碰壁,究其原因,固然是由于没有得到清政府的充分信任,未被授予地方实权所致。同时,曾国藩也感悟到自己在修养方面有很多弱点,在为人处世方面固执己见,自命不凡,一味蛮干。后来,他在写给弟弟的信中,谈到由于改变了处事方法而带来的收获:"兄自问近年得力惟有一悔字诀。兄昔年自负本领甚大,可屈可伸、可行可藏,又每见得人家不是。自从丁巳、戊午大悔大悟之后,乃知自己全无本领,凡事都见得人家有几分是处。故自戊午至今九载,与四十岁以前大不相同,大约以能立能达为体,以不怨不尤为用。立者,发奋自强,站得住也;达者,办事圆融,行得通也。"

因此,当他奔父亲之丧结束、再次出山时,变得善于应酬,左右逢源,他自己也承认:"余此次再出,已满十个月。论寸心之沉毅愤发志在乎贼,尚不如前次之志;至于应酬周到,有信必复,公牍必于本日完毕,则远胜于前。"以前,曾国藩对官场的逢迎、谄媚及腐败十分厌恶，不愿与之为伍，因此所到之处，常与人发生矛盾，从而受到排挤，经常成为舆论讽喻的中心："国藩从官有年，饱历京洛风尘，达官贵人，优容养望，与在下者软熟和同之气，盖已稔知之。而惯尝积不能平，乃亦而为慷慨激烈、轩爽肮脏之一途，思欲稍易三四十年不白不黑、不痛不痒、牢不可破之习，而矫枉过正，或不免流于意气之偏，以屡蹈怨尤，丛讥取戾。"

正因为曾国藩一生兢兢业业，在自己的道德修养上一刻也不敢放松，所以他的人品得到了世人的一致好评，如他的同僚薛福成就曾有一大段评论曾国藩的人品，尤其是他待人处世的话：

> 曾国藩自通籍后服官侍从……讲求先儒之书，剖析义理，宗旨极为纯正，其清修亮节，已震一时。平时制行甚严，而不事表暴于外；立身甚恕，而不务求备于人。故其道大而能容，通而不迂，无前人讲学之流弊。继乃不轻立说，专务躬行，进德尤猛。其在军在官，勤以率下，则无间昕宵；俭以奉身，则不殊寒素，久为众所共见。其素所自勖而勖人者，尤以畏难取巧为深戒，虽祸患在前，谤议在后，亦毅然赴之而不顾。与人共事，论功则推以让人，任劳则引为己责。盛德所感，始而部曲化之，继而同僚谅之，终则各省从而慕效之。所以转移风气者在此，所以宏济艰难亦在此！

而在曾国藩死后，大家对他的人品事功更是好评如潮。曾国藩和左宗棠都是清廷镇压太平天国的功臣，两人一生有很好的私交，又曾结有很深的怨恨。而在曾国藩死后，左宗棠在给儿子的信中对他是这样评价的：

> 对于曾国藩的不幸逝世，我的内心感到很悲痛。不但时局大可忧虑，而且在交游和情谊方面也难无动于衷。我已经致赠费用四百金，并撰挽联一副说："知人之明，谋国之忠，自愧不如元辅；同心如金，攻错如石，相期无负平生。"这说的也是实话。我看到江

苏巡抚何景代恳请皇上加恩，抚恤曾国藩的奏折之后，感到他对于曾国藩的心事很中肯地作了叙述，阐发其中内容不遗余力，并知曾国藩的儿子曾纪泽也能有父亲那种实际作风，可以说无愧其父了。君臣朋友之间，居心宜于正直，用情宜于厚道。从前我与曾国藩之间的争论，每次写好奏折送到朝廷后就立即抄录稿子咨送给曾国藩，可以说是除去世事的变化，一点也没有待人处事富于心机的意思。在这感情悲伤没有闲暇的时候，还有理由与他负气吗？"知人之明，谋国之忠"两句话也久见于我写给朝廷的奏章之中，并非我从前对他诋毁今天对他赞誉，孩儿你应当知道我的心思。曾国藩的灵柩经过湖南时，你应当前往吊丧，以敬重父亲的朋友，祭祀用的牲畜和甜酒以及丰盛的菜和饭自然不可少，进而如能作祭文表示哀悼，申述我不尽之意，尤是道理……我与曾国藩所争的是国事与兵略方面的问题，而不是争权竞势所能比拟的，同时那些心术不正的读书人对曾国藩妄加评论之词，何不一笑置之呢？

因为曾国藩曾为清政府立下汗马功劳，所以清政府对他的待遇更是非同一般，在曾国藩死后不久，清廷的上谕便开始"盖棺论定"："曾国藩学问纯粹，器识宏深，秉性忠诚，持躬清正。""曾国藩器识过人，尽瘁报国……尤得以人事君之义，忠诚克效，功德在民。"概而言之，他被封建统治者视为"完人"，视为为官的楷模。同治皇帝对于他的死"震悼良深"，派专人致祭，令人祀京师昭忠祠、贤良祠，并在湖南原籍及江苏、安徽、湖北、江西、直隶等省城和天津建立专祠，还令其长子曾纪泽承一等侯爵，次子附贡生；曾纪鸿、孙曾广均着赏给举人，尚未成年的孙子曾广铨等人也分别赏给员外郎和主事，等等。

自此之后，人们对曾国藩的评价可谓褒贬不一，如蒋介石将曾国藩视若神明，他在主持黄埔军校期间，在蔡锷所辑《曾胡治兵语录》的基础上，撰成《曾胡治兵语录白话解》，认为"它不惟治兵者之至宝，实为治心治国者之良规"。1937年，蒋经国从苏联回国，蒋介石让他在老家溪口读书，交给他两本书，其中一本就是《曾国藩家书》。可见蒋介石奉曾国藩为祖师，服膺极深。

语言学家俞樾在《曾涤生相侯六十寿序》等文中极力推崇曾国藩，但他的弟子章太炎则一反老师之所为，在《检论》中极力贬斥曾国藩说："曾国藩者，誉之则为圣相，谳之则为元凶，要其天资亟功名善变人也。始在翰林，艳举声律书法以歆诸弟；稍游诸公名卿间，而慕声誉，沾沾以文辞蔽道真；金陵之举，功成于历试，亦有群率张其羽翮，非深根宁极，举而措之为事业也。""死三十年，其家人犹曰'吾祖民贼'，悲夫！虽孝子慈孙，百世不能改也！"孙中山在《〈太平天国战史〉序》中，更明确地说曾国藩是"不明春秋大义"的"汉不肖子孙"。

曾国藩的事功、文学，虽已成为过去，其功过是非，难免会智仁各见。但是，他注重道德修养，并时时以品德上的进步惕厉自己，这么一种积极向上的风格和态度，无疑是值得后人借鉴和学习的。

四、君子当有高世独立之志

【原文】

君子有高世独立之志，而不与人以易窥；有藐万乘却三军之气，而未尝轻于一发。

君子欲有所树立，必自不妄求人知始。

古人患难忧虞之际，正是德业长进之时，其功在于胸怀坦夷，其效在于身体康健。圣贤之所以为圣贤，佛家之所以成佛，所争皆在大难磨折之日，将此心放得实，养得灵，有活泼之胸襟，有坦荡之意境，则身体虽有外感，必不至于内伤。

……

君子之立志也，有民胞物与之量，有内圣外王之业，而后不忝于父母之生，不愧为天地之完人。故其为忧也，以不如舜不如周公为忧也，以德不修学不讲为忧也。是故顽民梗化则忧之，蛮夷猾夏则忧之，小人在位贤才否闭则忧之，匹夫匹妇不被己泽则忧之，所谓悲天命而悯人穷，此君子之所忧也。若夫一身之屈伸，一家之饥饱，世俗之荣辱得失、贵贱毁誉，君子固不暇忧及此也。

……

人之气质，由于天生，本难改变，惟读书可变化气质。古之精相法，并言读书可以变换骨相。欲求变之之法，总须先立坚卓之志。

——《曾国藩全集》

【译文】

君子有远大独立的志向，而不会让世人轻易看出来；有藐视帝王、退却三军的勇气，却从不轻易显示。

君子如果想要有所建树，就必须从默默地不让别人知道自己开始。

古人在遭遇困难忧虑的时候，正是他的品德修养进步之时，其功表现在胸怀坦荡，其效验表现在身体健康。圣贤之所以成为圣贤，佛家之所以成佛，其关键都在于遭受大的磨难挫折的时候，把心放得实，养得灵，有活泼乐观的心胸，有坦荡的襟怀，即使身体受了外部伤害，也不至于伤到身体内部。

……

君子立志，应当有把人类和万物作为自己同胞的胸襟度量，应当有品德高尚、建功立业的雄心壮志。只有这样，才无愧于父母的生养之恩，不愧为天地间的完人。所以他忧虑的，是自己不如舜帝、不如周公以及自己德行不够高、学业不够精通。于是，便会忧虑小民的顽固不化，忧虑外敌侵扰国家，忧虑坏人当道而优秀人才被排斥埋没，忧虑自己未能给平民百姓以恩泽，这就是俗话说的悲天悯人，这是君子之忧。至于那一己的成败，一家的温饱，世俗之人理解的荣辱得失、贵贱毁誉等等，君子是顾不上为此忧虑的。

……

人的气质是天所生成的，本来很难改变，但是通过读书却可以改变。古代精于相人术的人，甚至说读书可以改变人的骨相。但是，说到改变人的气质的方法，最重要的还是先确立坚定的志向。

【解读】

俗话说，有志者事竟成。古往今来能成就大事业的人，没有不是从立志开始的。据《史记》记载，秦末的陈胜出身农民家庭，家境贫寒，少年时代就以帮人耕作为生。但他人穷志大，很想有一番作为。他常常感叹时世，有时惆怅，有时慷慨激昂。有一次，他在劳动休息时，坐在田埂上默默长思，突然自言自语地说："倘若有朝一日我发了，成为富贵的人，我将不会忘记穷兄弟们。"与他一起劳作的佃农们听后都不以为然，并笑话他说："你一个帮人干活的农夫，何来富贵之谈？无非是说大话而已。"陈胜对于大家的取笑感到十分遗憾，感慨地说："燕雀怎能知道鸿鹄之志！"此后不久，陈胜被征戍咸阳，为屯长，便在大泽乡发动了推翻秦朝的农民起义，自任将军，队伍很快发展到数万人。不久又称张楚王。以自己的实际行动，向人们证实了他的豪言壮语，不是空说大话，而是他的宏愿和决心的表达。

汉高祖刘邦与陈胜处在同一时代，有一次，刘邦去咸阳服役，远远见到了秦始皇，便发出"大丈夫当如此"的叹息，正是因为有了这样的志向，刘邦才能在秦末世乱时独树一帜，勇敢地组建军队，向秦朝统治挑战。对此，《史记》是这样记载的。

高祖，是沛县丰邑中阳里人，姓刘，字季，父亲叫太公，母亲叫刘媪。

高祖的相貌，鼻梁很高，面相像龙，胡须很美，左腿上有72颗黑痣。性情仁厚爱人，喜欢布施，心胸豁达，常常表现出宏大的气度，不愿意干普通人家生产和经营之类的事情。等到成年以后，尝试做官，担任泗水亭长，对官府中的官吏无不加以轻侮调侃。

高祖曾经到咸阳服徭役，纵情观赏游览，看到了秦始皇，慨叹道："唉，大丈夫应当是这样的啊！"

高祖担任亭长，就用竹皮做成帽子，自己经常戴这种竹皮帽，而且等到显贵后仍经常戴着。人们所说的"刘氏冠"就是这种帽子。

高祖以亭长的身份遣送沛县的徒隶去骊山修墓，一路上有很多徒隶逃亡。高祖自己估计等到达骊山时徒隶们都会逃光了，因此，他来到丰西的大泽中，停下来饮酒，夜间就把押送的徒隶全都放了，说："你们都跑吧，我也从此逃命去了！"徒隶中有十几位壮士愿意跟随他。

高祖酒喝多了，夜间在草泽中的小路上行走，命令一个人在前面探路。探路者回来报告说："前面有一条大蛇拦住了去路，请求退回去。"高祖醉了，说："壮士们往前走，有什么可害怕的！"于是前行，高祖拔剑斩杀大蛇，蛇身被砍成了两截。走了几里地，高祖大醉，于是卧倒在地。后面的人来到有蛇的地方，有个老婆婆在那里哭泣。别人问她为什么哭，老婆婆说："有人杀了我的儿子，所以我在哭他。"别人说："你的儿子为什么被杀？"老婆婆说："我的儿子，是白帝的儿子，变成了一条蛇，挡住了道路，如今被赤帝的儿子杀了，所以痛哭。"别人认为这个老婆婆在说谎，准备打她，但老婆婆突然不见了。人们把此事报告了高祖，高祖心中暗喜，此后非常自

正经——曾国藩为官心法

刘邦斩蟒蛇起义图

负。各位跟随他的人对他也日益敬畏起来。

秦始皇经常说"东南地区有天子之气",于是就向东巡游,企图镇住它。高祖就怀疑这是冲自己来的,便隐藏起来,躲在芒山、砀山一带的山泽岩石之间。他的妻子吕雉却经常能很容易地找到他。高祖觉得很奇怪,于是问她。吕后说:"你躲藏的地方上空经常有云气环绕,因此跟着云气走过来,常常能找到你。"高祖心中很高兴。沛县子弟听说了这件事,许多人都来归附他。

秦二世元年秋天,陈胜等人在蕲县起义,许多郡县的人都杀了他们的长官来响应他。沛县县令十分害怕,想在沛县反秦以响应陈胜。狱掾、主吏萧何和曹参说:"您是秦朝的官吏,现在却要背叛秦,率领沛县的子弟起义,恐怕他们不会听从您的命令。希望您召集那些逃亡在外的人,可以得到几百人,利用他们来强迫大家,大家不敢不服从。"于是命令樊哙去召回刘邦,这时刘邦的部众已经有近百人。

之后樊哙跟着刘邦前来。谁知沛县县令又后悔起来,担心会发生变故,于是关闭城门,准备诛杀萧何、曹参。萧何、曹参很害怕,越过城墙来找刘邦。刘邦写了一封帛书,用箭射到城上,对沛县的父老们说:"天下人忍受暴秦的痛苦已经很久了。现在你们虽然替县令守城,但诸侯已经纷纷起事,马上就要杀到沛县。如果沛县的父老们现在共同杀害县令,从子弟当中挑选出可以扶立的人而拥立他,以便响应各路诸侯,那么就可以保全家室了。要不然,你们全家都得被杀,实在是不值得啊。"沛县父老于是率领子弟共同杀死沛县县令,打开城门迎接刘邦,想推举他为县令。刘邦说:"天下正处在混乱之中,诸侯们纷纷兴起,我不敢爱惜自身,只担心能力有限,不能保全沛县的父老兄弟。这是件大事,希望大家另选合适的人。"萧何、曹参等人都是文官,而且顾惜自身,害怕事情不成功,以后秦朝会族灭他们全家,于是全都推让给刘邦。各位父老都说:"平时听说过有关刘邦的奇特事情,刘邦必当显贵,而且我们为此占卜过,没人能比刘邦更吉利了。"虽然刘邦多次推让,但是众人没有谁敢担此重任,于是拥立刘邦做县令。刘邦祠祀黄帝,又在县庭祭祀蚩尤,又用血祭旗鼓,旗帜都为红色。这是因为传说他所杀的那条蛇是白帝的儿子,而杀蛇的人是赤帝的儿子,所以崇尚红色。于是少年豪吏如萧何、曹参、樊哙等人一起为刘邦聚集沛县的二三千名子弟,进攻胡陵、方与,然后回师据守丰

范仲淹像

邑,为争夺秦朝天下、最终建立汉朝奠定了基础。

而以一句"先天下之忧而忧,后天下之乐而乐"闻名古今的范仲淹,更是立志方面的楷模。

范仲淹,字希文,北宋苏州吴县(今属江苏)人,宋代著名军事家、政治家、文学家。

范仲淹出身贫苦,两岁时丧父,母亲无法维持生活,不得不带着他改嫁到长山一个姓朱的人家。他从小酷爱读书,并且经常规劝贪玩的朱氏兄弟努力学习。朱氏兄弟不知好歹,反而说他:"我吃朱家的饭,穿朱家的衣,与你何干?"听了这话,范仲淹感到十分惊疑。后来别人告诉他母亲改嫁之事,他感怀身世,决心自立。十多岁时,他告别母亲,住进长山醴泉寺的僧房里,昼夜苦读。这一时期,他的生活异常艰苦。每天清晨,他很早就起床淘米生火,煮一锅稀粥,等它凝结成块后再用刀划成四块,早晚各吃两块,再切几根腌菜,加一些盐拌在一起,就当做一天的伙食。这样的生活足足持续了三年。

在醴泉寺苦读了三年之后,为了开阔眼界、增长知识,范仲淹又背上书籍,佩上琴剑,风餐露宿,千里迢迢来到南都(今河南商丘),进

了当时著名的南都学舍。在南都学舍期间,他仍像以前一样划粥而食,刻苦攻读。有个同学是留守的儿子,见范仲淹的生活如此艰苦,就回去告诉了父亲。其父听了很感动,吩咐儿子带些肉饭给范仲淹吃。可是,范仲淹没有吃,这个同学不满地说:"家父听说你清苦,特意叫我送给你一些食物,可你却不吃,是不是怕玷污了你的品德?"范仲淹回答道:"我很感激你们的厚意,但我吃粥已经吃惯了,今天吃这样好的食物,以后还能吃粥吗?"

在南都学舍,范仲淹不分昼夜地苦读,困倦了就用冷水洗脸浇头,实在要睡就和衣躺下,醒来继续攻读。有时,他一天连两顿粥都吃不上,往往只到黄昏时吃一顿,既是早餐,又当晚餐。就这样经过五年的勤学苦读,他获得了渊博的知识。为官之后,他提出了许多改革时弊的主张,而且毕生生活俭朴,深得人民拥戴。

回过头来,纵观曾国藩的一生,可以看到,他几乎无时无刻不在立志,或立志德业惊人,或立志出人头地,或立志扫平"洪杨"。而其中最值得一提的有两件事,一件是青年曾国藩在会试没有被录取时,并没有心灰意冷,而是倾囊购买二十三史,回家发愤攻读;一件是官拜帮办团练大臣后,受到同僚之辱,因而愤走衡阳,练成了湘军。

道光十三年(1833年),23岁的曾国藩参加科试,补上了县学生员。第二年,曾国藩进入省城岳麓书院读书,是年乡试得中举人。

这年冬天,曾国藩第一次离开湖南家乡,独自北上,参加次年春天的礼部会试,但却名落孙山。

恰巧,这年逢皇太后的六十大寿,照例增加乡、会试恩科一次,所以第二年还有一次机会。但从湘乡到北京,千里迢迢,来回的路费不少。曾国藩在征得父亲的同意后,决定在京留住一年,等待参加明年的恩科会试。曾国藩在北京居住了一年多,眼界渐广。他除了继续勤研经史外,又对唐宋的诗和古文发生了很大的兴趣,在这方面下了不少工夫。

但道光十六年的恩科会试，曾国藩又没有被录取。他虽然颇感失望，但想到自己只有26岁，将来的机会还很多，因此，对这一时的挫折，也就淡然置之了。得知自己落榜后，曾国藩便收拾行装，搭乘运河的粮船返乡了。这时，他身边的盘费已经所剩无几。因此路过淮宁时，他便向同乡、时任知县的易作梅借了100两银子。经过金陵的时候，他在书肆中看见一部精刻的二十三史，爱不释手，一问价钱，恰好与他身上的钱物相当。于是曾国藩把一时不穿的衣物，全送进了当铺，再加上身上剩下的钱，毅然把那部心爱的二十三史买回来了。

到家以后，曾麟书见他花了上百两银子，买了几箱书回来，带去的衣箱，都装满了书，衣服却不见了。待他问明缘故后，不仅没有责备怨恨，反而高兴地鼓励儿子说："你借钱买书，不是坏事，我乐于替你还清欠款。但望你细心研读，也就不算白费了。"

道光十八年（1838年），又值大比之年。但曾国藩家中为了上次进京会试和偿还易作梅的借款，此时已无力再供他进京赶考了。幸得亲戚族人帮忙，借了33吊钱，曾国藩才得以成行。但到北京后，也只剩下3吊。倘若这一科再不中，少不得又要举债回家了。

三月礼部会试，曾国藩得中第三十八名进士。接着复试、殿试、朝考，虽不算一帆风顺，但成绩也都优异。引见皇帝之后，年仅28岁的曾国藩被授予翰林院庶吉士。当时的翰林，号称"清要词臣"，前途很是远大。当时担任大学士、尚书、侍郎、总督、巡抚等职位的人，绝大多数都出身翰林院。

很多人成了翰林学士以后，便不愿意再下苦功，但曾国藩来自农村，秉性淳朴，毫无钻营取巧的习气；而且正是在不断勤读史书的过程中，培养出了一股"以澄清天下为己任"的志气来。

志已立定，便要付诸实践。因此曾国藩自入翰林院任侍郎后，仍在不懈地努力读书。为此，他曾自立课程十二条，全力以赴。同时，他还为自己编定了一个自修的课程：凡是读书的心得、人情的历练、自身的修养、诗文的创作,莫不分别记录下来。这些记录共分五类,命名为:茶余偶谈、过隙影、馈贫粮、诗文钞、诗文章。而且,从道光十九年(1839年)起,他就开始写日记。这个习惯从咸丰八年(1858年)六月起,就不曾间断过一天。即使行军、生病的时候,也照记不误,直到他去世的前一天为止。就此一端,已可看出曾国藩毅力之一斑了。在此,我们来看一下曾国藩所订的"课程十二条":

一,敬——身心整齐严肃,时刻都心怀惧意。没有事情时,身心安泰;应对事情时,要心神专一。心在身体之内,要像太阳刚升起时一样清明。

二,静坐——每天不管什么时候,都要抽出时间静坐四刻,体验反复往来的仁心,心神正直,身体要像鼎一般固实。

三,早起——天一亮就起,醒来后不要贪恋被窝。

四,读书不二——一本书还没有看完,就不去看别的书,不要东翻西阅,去追求一些表面的知识。

五,读史——丙申年,买来二十三史阅读。家里的大人说:你借钱买书,我会尽力替你归还,你如能把这些书圈点一遍,就是没有辜负我。从此以后每天圈点10页,若间断了,就是不孝。

六,谨言——对此每时每刻都要留心,这是首要之功夫。

七,养气——气存丹田。内心坦荡,没有不可告人之事。

八,保身——十二月,接到家里大人的手谕,要我"节劳、节欲、节饮食,时时刻刻好比在养病一般"。

九,日知所亡——每天读书,都要把心得记录下来,并探求其中的深意。

十,月无忘所能——每个月写作几首诗文,以检验自己获得了多少道理,积养的正气是否旺盛,如果沉溺于某样东西,最容易让人丧失志气。

十一,作字——吃饭后写几个时辰的字。应该把笔墨上的应酬作为自己的课程,不要把事情放到明天来处理,这样会造成事情堆积,无法清理。

十二,夜不出门——夜晚出门会造成精神疲惫,旷废功夫,必须严加戒绝。

从曾国藩愤走衡阳,勤练湘军,则更可看出他的志气来。1853年1月21日,曾国藩正在家里措办母亲的丧事,接到咸丰帝的寄谕,命他帮同办理湖南省的团练乡民、搜查土匪等事务。曾国藩经过一番思想斗争后,毅然接受了这一任务。但是,帮办团练大臣是一个极为特殊的职务,它虽由朝廷任命,却不统属于省的三台——抚台、藩台、臬台,亦不属地方绅士。这种"不官不绅"的特殊地位,给帮办团练大臣的具体工作带来许多方便,在募勇、练兵及其他举措方面有较大的灵活性,不受各种陋习的制约。但同时也带来许多难题,其中最重要的就是如何处理与地方官员的关系。地方官若紧密配合,则事半功倍,否则寸步难行。而正是在这关键问题上,曾国藩处理得极为不顺,在刚开始办理团练的日子里,他几乎得罪了湖南所有重要的地方官员。

在这种左右交相煎迫的情况下,曾国藩想到了一个办法:走!但是,他并没有打算解甲归乡,而是想着自己几个月来镇压民众起义得来的名声,因此要做战略性的转移。八月十三日,他给朝廷上了个《移驻衡州折》,在奏折中,他声称"衡、永、郴、桂尤为匪徒聚集之数,拟驻扎衡州,就近搜捕,曾于二月十二日奏明在案",现在移

湘军士兵图

驻衡州，正是实现原有的"查办土匪"的计划。要在衡州进一步镇压农民暴动，这确是曾国藩当时的实情，但曾国藩却隐瞒了他自己移驻衡州的真实原因。

曾国藩愤走衡阳之后，摆脱了许多应酬、牵制与无谓的烦恼，得以放手发展和训练乡勇，终于练成了一支颇具规模、有较强战斗力的军队。曾国藩因祸得福，愤走衡阳成为他后半生成就事业的真正起点。后来他对幕僚谈起往事时，感叹地说："起兵亦有激而成。初得旨为团练大臣，借居抚署，欲诛梗命数卒，全军鼓噪入署，几为所戕。因是发愤募勇万人，浸以成军。其时亦好胜而已，不意遂至今日！"对于自己后来成为清廷支柱，位至侯爵，确是曾国藩始料不及的。

曾国藩从咸丰三年八月愤走衡阳，到咸丰四年正月，在短短五个月的时间里，曾国藩已练就水陆两师共1万人，其中水师十营，前、后、左、右、中为五正营，五正营之外又分五副营，共5000人；陆勇亦5000余人，编列字号，500人为一营。加上陆路之长夫、随丁，水路之雇船、水手，粮台之员弁、丁役，统计全军约1.7万人。

咸丰四年（1854年）正月二十八日，曾国藩统率全队，水陆并进，浩浩荡荡，进驻长沙。军容之盛，使在那里的绿营相形见绌。这是曾国藩"打掉牙齿和血吞"、坚韧自励的结果。

五、学问可变化气质，超凡入圣

【原文】

为学之道，不可轻率评讥古人。惟堂上乃可判堂下之曲直，惟仲尼乃可等百世。惟学问远过古人，乃可评讥古人，而等差其高下。今人讲理学者，动好评贬汉唐诸儒，而等差之。讲汉学者，又好评贬宋儒而等差之。皆狂妄不知自量之习。譬如文理不能之童生，而令衡阅乡会试卷，所定甲乙，岂有当哉？善学者于古人之书，一一虚心涵咏，而不妄加评骘,斯可哉。

……

天下凡物加倍磨治,皆能变换本质,别生精彩,何况人之于学?但能日新又新,百倍其功,何患不变化气质,超凡入圣!

——《曾国藩全集》

【译文】

做学问的方法,不可轻率地去评价或讥笑古人。只有在堂上的人才能评判堂下之人的曲直是非,只有孔子才能评判百世。只有自己的学问远远超过了古人,才可以讥评古人,排列古人水平的高下位置。现在讲理学的人,动不动就喜欢贬评汉唐时的儒家,并排列其高下次序。讲汉学的人,又喜欢贬评宋儒的高下。这都是狂妄而又不自量力的陋习。就好比文理未通的童生,让他去阅读衡量乡试、会试的考卷,他所确定的高下次序,怎么会恰当呢?善于学习的人应该对古人的书籍,逐一虚心诵读,而不去妄加评论,这样做才是恰当的。

……

天下所有的东西只要花力气去磨制,就都能改变它的本质,而成为别的精彩的东西,更何况人追求学问呢?只要每天接受新的知识,花上百倍的工夫,又担心什么不能变化自己的气质,超凡入圣呢!

【解读】

重视学业,这是中华民族的优秀传统和习惯,这个习惯,不只是存在于士大夫、普通耕读之家,即使贵为天子,也无法不去遵行。刘邦在临终前谕告太子的文书中,就表达了自己对太子学识浅薄极为不安的心声,并从自身说起,向太子介绍自己悔恨少时没有好好学习,做了皇帝后深感为学的重要性,告诫太子要立志治学,处理政务要自己亲自动手,不要让人代劳,要尊重老一辈的开国元勋:

吾遭乱世,当秦禁学,自喜谓读书无益。洎践阼以来时方省

刘邦劝太子读书图

书，乃使人知作者之意。追思昔所行，多不是。

尧舜不以天下与子而与他人，此非为不惜天下，但子不中立耳。人有好牛马尚惜，况天下耶。吾以尔是元子，早有立意，群臣咸称汝友四皓，吾所不能致，而为汝来，为可任为事也。今定汝为嗣。

吾生不学书，但读书问字而遂知耳，以致故不大工。然亦足自辞解。今视汝书犹不如吾。汝可勤学习，每个疏宜自书，勿使人也。

汝见萧、曹、张、陈诸公侯，吾同时人，倍年于汝者皆拜。并语于汝诸弟。

吾得疾遂困，以如意母子相累。其余诸儿，皆自足立，哀此儿犹小也。

而在《颜氏家训》中，则更是把学问之事作为整个家训的重心，文中指出：

读书求学，本来为的是启迪心志，开阔视野，从而有利于自己的行动。读书求学，对不好好侍奉父母的人，就是让他们知道古人如何顺从父母，对父母和颜悦色，当父母有了过失时，也心平气和地规劝，并且不怕辛苦地再三进谏，从而使他们心服口服，对以往的行为感到惭愧，并亲自去做；对不知服侍君王的人，就是让他们知道古人如何恪尽职守，不僭越犯上，危难之时挺身受命，不忘忠心进谏，以有利于国家，并由此激发他的忠君报国之心，使其仿效古人；对一向骄奢淫逸的人，就是让他们知道古人如何恭敬、勤俭、节约，从而使其自食其力，并以礼为做人的根本，以敬为立身的基础，悔过自新，有所收敛；对一向贪婪吝啬的人，就是让他们知道古人如何重义轻财，清心寡欲，不过分追求富裕，救济穷苦之人，从而使其翻然悔悟，施舍钱财；对一向强暴蛮横的人，就是让他们知道古人如何谨慎克制，宁柔勿刚，忍辱含羞，容纳贤人，从而使其对自己的行为万分后悔，然后变得温顺起来；对一向胆小怯懦的人，就是让他们知道古人如何看透人生，知晓天命，并且为人刚毅正直，言而有信，通过正当途径祈求福祉，从而使其自强奋发，无所畏惧。以此类推，任何事情都是如此。即使不能完全做到古人那样，也起码不会像以前那样过分了吧。通过学习所掌握的知识，落实到行动上，没有不成功的。当今社会上的读书人，只能说，不能做，对忠孝之事，没有听说过；在仁义方面，自己又做得不够。让他们去断案，未必能公正处理；让他们去治理千户人家的小县，未必能管好。问他们盖房之事，未必知道梁是横的、柱是竖的；问他们种田之事，未必知道谷子比黍子成熟得早。平日他们谈笑戏谑，吟诗作赋，悠哉游哉，怪诞不羁，一旦遇到军国大事，便一点用处都没有了。他们常常受到文臣武将的嗤笑和蔑视，确实是有原因的。

书中还举例说明，做任何事情都要以学问为基础，否则就会贻笑大方：

娄太后患病时，齐孝昭帝在一旁侍候，以至面容憔悴，饭量大减。名医徐之才为太后针灸两穴，孝昭帝握住她的拳头以缓其疼痛，结果太后的指甲掐入孝昭帝的掌心，血流满手。太后痊愈后不久,孝昭帝便因病去世了,临死前的遗诏中还说后悔没有见到为太后修建陵寝。如此至孝又不知忌讳,完全是因为没有读书。如果他能在书中读到古人讥讽某人欲其母早死以便痛哭的故事,可能就不会再说这些话了。孝为百行之首,尚且需要通过学习加以修炼,何况其他事情呢?

曾国藩小时候家境虽不富裕,但这并没有妨碍他刻苦学习。曾国藩的祖父曾星冈,也就是曾国藩在文中常常提到的星冈公。曾家在曾星冈时期,家里有100多亩水田和多处山林、屋宅。正因为如此,曾星冈青年时放荡游冶,追求享受。直到父亲死后,已过而立之年的曾星冈,挑起了一家重担,才收心治产业。对此,他曾很坦率地说:"吾少耽游惰,往还湘潭市肆,与裘马少年相逐,或日高酣寝。长老有讥以浮薄,将覆其家者。余闻而立起自责,货马徒行。自是终身未明而起。余年三十五,始讲求农事。居枕高嵋山下,垄峻如梯,田小如瓦。吾凿石决壤,开十数畛而通为一,然后耕夫易于从事。吾昕宵行水,听虫鸟鸣声以知节候,观露上禾颠以为乐。种蔬半畦,晨而耘,吾任之;夕而粪,庸保任之。入而饲豕,出而养鱼,彼此杂职之。"他是一个既管有山林田产,又雇有佣工,自己只参加辅助劳动的财主。他的儿子曾竹亭则以读书、教书终其身。这样的家庭当然算不得贫穷之家,但也算不上富裕之家。因为据《曾国藩家书》载,曾国藩从小就因迫于生计而参加生产劳动,他曾与其弟曾国荃一起编竹篮子,然后再挑到集市上去卖。真正的富家子弟是不会去做这样的事情的。

曾国藩虽自小参加生产劳动,但并未因此而耽误学业。由于其父把读书科举之事看得极重,曾国藩从少年时起,即把读书求名作为重要的目标。等他考中进士后,则又把读书修德视为重要的目标,因此,可以说,读书学习伴随了曾国藩的一生。

曾国藩的晚年也是在读书中度过的。同治十一年(1872年),是曾国藩在世的最后一个年头，当时他已经患病多年。这年正月二十三日，他忽然右足麻木，回到内室，对二女纪耀说："吾适以大限将至，不自意又能复常也。"二十六日，前河道总督苏迁魁路过金陵，他出城迎接，在轿中还背诵《四书》。忽然间，他以颤抖的手指着旁边的戈什哈，似欲说点什么，却口噤不能出声，只得急回署中，延医服药。医者均谓他心血过亏。随后，病情时发时止。但他依然不辍公事，不废阅读。

二月初三日，他还阅读了《理学宗传》中的《张子》一卷，并写了日记。而这天的日记，竟是他从道光十九年来极少间断的日记册中的最后一页，他在上面留下了他生平写的最后一个字。第二天午后，他由长子曾纪泽陪同，在总督府后的西花园散步时，身体屡次往前倾，忽然又喊足麻，接下来便全身抽搐。他的儿子急扶他至花厅，他已不能言语，乃更衣端坐，家人环集左右。三刻钟后，即目瞑而逝。

曾国藩一生好学，同时也总结出了许多很有价值的学习方法，对后人有很大的启发价值。这一点，我们可以从青年毛泽东的书信中看出来。

1915年6月25日，毛泽东在致湘生信中，曾这样谈到治学方法：

> 为学之道，先博而后约，先中而后西，先普通而后专门。质之吾兄，以为何如？前者已矣，今日为始。昔吾好独立蹊径，今乃知其非。学校分数奖励之虚荣，尤所鄙弃。今乃知其不是。尝见曾文正公家书有云："吾阅性理书时，又好作文章；作文章时，又参以他务，以致百不一成。"此言岂非金玉！吾今日舍治科学，求分数，尚有何事？别人或谓退化，吾自谓进化也。

毛泽东在这里所说的，是曾国藩于咸丰七年（1857年）十二月十四日致曾国荃信中的一段话："凡人作一事，便须全副精神注在此一事。首尾不懈，不可见异思迁，做这样想那样，坐这山望那山。人而无恒，终身一无所成。我生平坐犯无恒的弊病，实在受害不小。当翰林时，应留心诗字，则好涉猎他书，以纷其志。读性理书时，则杂以诗文各集，以歧其趋。在六部时，又不甚实力讲求公事。在外带兵，又不能竭力专治军事，或读书写字以乱其志意。坐是垂老而百无一成。"这些话，毛泽东以为是金玉之言。而在曾国藩的日记、家书中，这一类的至理名言是很多的。

六、君子小人，存乎一念之间

【原文】

圣人有所言，有所不言。积善余庆，其所言者也；万事由命不由人，其所不言者也。礼乐政刑，仁义忠信，其所言者也；虚无清静，无为自化，其所不言者也。吾人当以不言者为体，以所言者为用。以不言者存诸心，以所言者勉诸身。以庄子之道自怡，以荀子之道自克，其庶为闻道之君子乎！

……

君子无赫赫之称，无骤著之美，犹四时之运，渐成岁功，使人不觉；则人之相孚，如桃李不言，下自成蹊矣。

……

知识愈高，则天之所以责之者愈厚；名望愈重，则鬼神之所以伺察者愈严。故君子之自处，不肯与众人比量长短，以为己之素所自期者大，不肯自欺其知识以欺天也；己之名望素尊，不肯更以鄙小之见贻讥于神明也。

……

故恒言皆以分别君子小人为要，而鄙论则谓天下无一成不变之君子，亦无一成不变之小人。今日能知人能晓事，则为君子；明日不知人不晓事，则为小人。寅刻公正光明，则为君子；卯刻偏私昧暧，则为小人。故群毁群誉之所在,下走常穆然深念,不能附和。

——《曾国藩全集》

【译文】

圣人对有的事情有说法,对有的事情没有说法。积累善行,就会有多余的吉庆,这是圣人所说的;万事由命决定而不是由人,这是圣人所没有说的。礼乐刑政,仁义忠信,这是圣人所说的;虚无清静,无为自化,这是圣人所没有说的。我们应该以圣人没有说的为根本,以圣人所说的去运用。把圣人没有说的存于心中,用圣人所说的东西来勉励自己。用庄子的思想来自我修炼,用荀子的思想来自我克制,这样才有可能成为有道的君子!

……

君子不会有烜赫的名声,也不会一下子就有美名,就好比一年四季的更替,慢慢地才形成一年,让人无法感觉到。这样人们自然信服,就好比桃李本身并不会说话,而下面自然形成了蹊径。

……

人拥有的知识程度越高,天要求他的东西也就会越多;人的名望越重,鬼神对他的监察也会越严。所以君子自处之时,不愿意与众人比较长短,认为自己素来的追求很高,不愿意自欺欺天;因为自己的名望向来尊崇,不愿意以卑俗的见解被神明讥讽。

……

所以人们都强调要分别君子与小人,而我却认为,天下没有一成不变的君子,也没有一成不变的小人。如果今天能知人懂事,就是君子;明天不知人懂事,就是小人。寅时公正光明,就是君子;卯时偏私暧昧,就是小人。所以,大家一致诋毁或赞誉的地方,我常常要默默地思考和分析,决不随声附和。

【解读】

把社会的人分为君子与小人两类,是儒家的一贯做法。儒家对君子有各种各样的定义，但总的来说，不外乎指道德高尚、见利思义、与人为善之人；小人则是那种顾利不顾义的人。此正如《论语》中所言："君子喻于义，小人喻于利。"儒家认为，教育的目的，就是要把小人培养成君子，让整个社会成为一个"君子国"。因此，君子国是儒家对于美好社会理想的一个象征。

但是，自从儒家划分君子小人之后，整个社会似乎更混乱了。因为关于君子的标准带有诸多不确定性，所以我们常常很难辨别谁是真君子谁是伪君子。针对这种情况，曾国藩提出了他自己颇具特色的君子小人观。他认为，关于君子和小人的标准虽然可以很具体，但是对于谁是君子谁是小人的评价则不确定。你一念为善，此时你是君子；若你一念为恶，你就立刻从君子变成了小人。真正的君子应该是所有言行都符合君子标准的人，但这样的人在世界上是很少的。

在现实生活中，我们常常会发现一些道貌岸然的君子，背地里做着很多见不得人的事；我们也常常见到很多人以君子自居，对小人表现出鄙夷不屑。但是，我们很少见到有人自称是小人。由此可见，至少自儒家产生以后，人们便确立了这样一个观念：君子是好的，小人是不好的，为人要当君子，而不要当小人。然而，遗憾的是，纵观几千年的中国历史，人们常常是把这样的标准停留在口头的或观念的领域，而在具体的实践中，则很少有人愿意切实地按君子的标准去做。这其实也是曾国藩的观点值得我们深思之处。

七、君子之道，莫大乎忠诚为天下倡

【原文】

人必虚中，不著一物，而后能真实无妄。盖实者不欺之谓也，人之所以欺人者，必心中别着一物，心中别有私见，不敢告人，而后造伪言以欺人。若心中了不著私物，又何必欺人哉？其所以自欺者，亦以心中别著私物也。所知在好德，而所私在好色，不能去好色之私，则不能不欺其好德之知矣。是故诚者，不欺者也。

……

吾辈总以诚心求之，虚心处之。心诚则志专而气足，千磨百折，而不改其常度，终有顺理成章之一日；心虚则不客气，不挟私见，终可为人共谅。

……

君子之道，莫大乎以忠诚为天下倡。世之乱也，上下纵于亡等之欲，奸伪相吞，变诈相角，自图其安而予人以至危。畏难避害，曾不肯捐丝粟之力以拯天下。得忠诚者起而矫之，克己而爱人，去伪而崇拙，躬履诸难，而不责人以同患，浩然捐生，如远游之还乡，而无所顾悸。由是众人效其所为，亦皆以苟活为羞，以避事为耻。呜呼！吾乡数君子所以鼓舞群伦，历九载而戡大乱，非拙且诚者之效欤？

凡说话不中事理，不担斤两者，其下必不服。

——《曾国藩全集》

【译文】

人心一定要虚空，内中没有丝毫牵缠，然后才能真实无妄。实，就是不欺骗。人之所以要欺骗人，一定是心中还装着别的东西，有了私心，又不敢告诉别人，于是只得编造假话骗人。如果心中没有丝毫私念，又何必欺骗人呢？他所以要自己欺骗自己，也是因为心中还有其他杂念。知在于好德，私心在于好色，如果不能去掉好色的私心，就不能不欺骗自己好德的知。所以说，诚就是不欺骗。

……

我们应当始终追求诚心，以虚心处世。心诚则志气充实专一，即使历尽磨难，也不改变其原则，终有顺理成章、获得成功的一天。虚心，则不会矫揉造作，没有私心，最终可以为大家所谅解。

……

君子之道，最重要的是以忠诚二字倡导天下。当天下大乱时，人们都放纵物欲，彼此都使奸诈的手段，相互吞并，以阴谋诡计来争夺胜负，自己想尽办法谋求安全，而把别人置于最危险的境地。怕难避害，不肯出一点点力来拯救天下的危难。有忠诚的人奋起匡正时乱，不惜牺牲自己的利益，为天下百姓谋利益，除去虚伪的恶习，崇尚朴实，自己历尽危难，而不要求别人也和自己一样去患难，不惜牺牲自己的生命，把死看成远游回乡一样，无所顾忌。于是大家都以他们为榜样，也都以苟且偷生为耻，以避事为可羞。啊！我们家乡的几个君子，所以能鼓舞大家，经历九年的奋战，平定了大乱，这不真是朴实与推诚的效果吗？

凡说话不切中要领，又不承担责任的人，他的部下就肯定不会服气。

【解读】

人人都知道诚实是一种美德，可是古往今来能真正做到诚实的又有几人？人们或基于私心杂念，或出于明哲保身，或纯粹是为了损人利己，从而干出那些阳奉阴违、欺上瞒下的不诚之事。

然而，历史上却仍有一些奇男子，他们一意守诚，而不去考虑因此对个人荣辱有什么影响。宋代的鲁宗道嗜酒如命，经常出入酒家。有一天，皇帝派遣使者召见他，使臣来到门口，鲁宗道已赴酒家喝酒去了。使臣打发人去找，他才摇摇晃晃地回来，这时已经超过了时间，使臣只好先走一步，临走前与他相约说："圣上若怪罪你来迟，你当用何事作托词来回答？"鲁宗道说："应该实话实说。"使臣说："若这么回答，只能得罪圣上。"鲁宗道说："好喝酒，这是人之常情，欺君的罪过可就大了。"使臣便用鲁宗道的原话回了皇帝。

等到鲁宗道入见，皇帝问他为什么去酒家饮酒，鲁宗道谢罪说："臣家境贫寒，没有酒器，只有酒市上才有此物。正好有位远道而来的亲戚，便邀他喝一杯。但臣子换了衣服，市人认不出我了，无妨为官的体统。"皇帝听他这么一说，笑道："你身为朝廷大臣，到街里饮酒，恐怕被御史弹劾，所以才这么说。"从此便对鲁宗道另眼看待，认为他能说实话，可以重用。

后来，鲁宗道做了参知政事。他为人正直敢言，邪佞之人都怕他三分。当时的人称他为"鱼头参政"。

明代的宋濂也是守诚方面的典范，宋濂为人严谨，在朱元璋面前说的话，绝不向外泄露。应制之作的草稿，亦全部焚毁。还在居室的墙上挂着一帧条幅，上书"温树"二字。若有人问及内廷之事，即指条幅以示。

宋濂像

而对朱元璋的询问，他则答对得特别详细，毫无隐瞒，即使问到家事，也一一回答。他曾说："君犹父、犹天，不可欺。"一次，朱元璋问他："昨天饮酒没有？在座的都有谁？吃的什么佳肴？"宋濂如实作答。朱元璋说："你接待宾客时，我令人暗中侦察。你说的全对，没有欺骗我。"因此对他十分宠信。宋濂经常对子孙说："皇帝的恩德像天地一样广大。怎样才能报答呢？只有事君诚敬忠信，略可报答万一。"

朱元璋曾说过："宋濂事我十九年，未曾有一言之伪，诮一人之短，始终无二，真是一位贤能君子。"

而且，值得注意的是，与人推诚，往往能收到意想不到的效果，上述两个例子已经反映了这一问题，而更有代表性的则是"楚庄王灭烛绝缨"和"曹操焚信安众"的故事。

春秋五霸之一的楚庄王继位三年后，在楚国大力推行改革，一鸣惊人。改革后的楚国实力大增，为其夺取在诸侯国中的霸权奠定了基础。一次，楚庄王率领楚军打了胜仗，班师回朝后，在宫中大摆宴席，招待文武百官并奖赏有功将士。宴会上大家喝得都非常尽兴，不知不觉天就渐渐黑了。这时，忽然一阵大风吹来，把宫中的蜡烛都吹灭了，宫中顿时漆黑一片。就在此时，楚庄王最宠爱的妃子觉得有人在拽她的衣服，欲行非礼。黑暗中妃子与那人争执起来，妃子一下抓到那个人的帽缨，并把它揪了下来。这时，蜡烛重新点燃，妃子气愤地告诉楚庄王有人欲在黑暗中对她非礼，要楚庄王抓到那个人为她出气，并把自己揪下的那个帽缨给楚庄王看。然而楚庄王却说："今天我大宴众将以示庆贺胜利，大家非常尽兴，喝得多了，难免有些失礼，他们都是英勇无比的臣子，我怎能为显示你的贞节为你出气而去加罪于他们呢？况且追查起来，势必牵扯无辜，岂不扫了大家的兴？"说罢，端起酒杯，令人熄灭蜡烛，对大家说："诸位将军，今日与我同乐，大家都把自己的帽缨拔下来。"众人纷纷拔出帽缨，抛向空中。楚庄王这时才令人重新点燃蜡烛。

楚庄王像

三年后，晋军进攻楚国，楚军失利，陷入重围之中。忽然，军中冲出一员猛将，带领一队人马杀向晋军，如猛虎冲入羊群一般，个个奋勇，人人争先，杀出一条血路，救出了楚庄王。楚庄王感到非常诧异，回忆那猛将的身影、长相，并不熟悉，于是把那位将领叫到跟前，说："我平时待你很平常，你何以这样奋不顾身救我，为我冲锋陷阵呢？"

那人道:"我只报三年前您对我的大恩,那日庆功会上,我酒后失德,冒犯了妃子,可大王您却对我宽容大度,从此,我就暗下决心,一定要找机会报此大恩。"那人说完又奋身冲入晋军。楚军军威大振,晋军却开始胆怯后退,楚军乘胜追击,大败晋军。晋军大伤元气,不敢再与楚国争雄。

接下来再说一下曹操。公元200年10月的一天,官渡之战刚刚打完,曹军正在清点战果的时候,一位官员抱着一捆信件,急匆匆地来向曹操汇报:袁绍仓惶逃去,扔下不少东西,其中有一大批信,是曹营中的一些人暗地里写给袁绍的。内容大多是欲与袁绍结纳,甚至要投奔袁绍。这时候曹操的亲信纷纷表示,应该把这些人抓起来。曹操微微一笑,开口说:"把这些信统统烧了。"这个命令使在场的人都愣了。"不查了?"有人问道。"是的。请你们想想,当时袁绍力量那么强大,连我都感到不能自保,何况大家呢?"经曹操这么一说,在场的人都觉得在理。这件事传出去后,那些暗通袁绍的人才把心里那块大石头放下,大家都觉得曹操的度量大,体恤部下,能够容人,因此都愿意在他的麾下效力。

诚是儒家思想中一个重要的概念,被认为是天地万物存在的依据,同时也是人的道德修养中一个极为重要的方面。曾国藩主张诚,而且,在他早期的政治生涯中,也是身体力行的。咸丰初年,皇上下诏求言,希图有所作为。臣子们于是指陈时弊,各呈己见,奏章不下数百件。但最后大多被以"毋庸议"的上谕而束之高阁。曾国藩面对这种情况,颇为不满地说:"书生之血诚,徒以供胥吏唾弃之具!"后来,他率领湘军与太平军作战,首战即失败于靖港,在向朝廷的请罪折中,他声称:"仍当竭尽血诚,一力经理。"咸丰十年(1860年),曾国藩曾感慨地说:"天下滔滔,祸乱未已;吏治人心,毫无更改;军政战事,日崇虚伪。非得二三君子,倡之以朴诚,导之以廉耻,则江河日下,不知所届。"又说:"精诚所至,金石亦开,鬼神亦避。"

一个人在一件事上守诚是容易做到的，但是要在每件事上都做到诚，却并不容易，即使是曾国藩，亦常有不诚之举。

曾国藩攻破南京后不久，抓获了李秀成，李秀成在供词中劝曾国藩谋反称帝。对此事如何处理，成为摆在曾国藩面前的一大难题，因为李秀成的供词朝廷肯定会索要，而一旦如实上缴，必对曾国藩极为不利。但是，最后曾国藩还是巧妙地处理了此事。不过从具体的处理手段来看，他违背了自己倡导的诚的原则。我们来看一下曾国藩处理此事的全过程。

李秀成是太平天国后期的重要军事将领，被封忠王。咸丰十年，他率众破清军江军大营，显示了杰出的军事才能，他与陈玉成一道，成为太平天国后期的军事支柱。同治三年（1864年），因南京告急，李秀成回救南京。至同年六月十六日，南京城破，当时洪秀全已死，李秀成护送幼天王逃出南京，途中与部队失散被擒。关于李秀成守卫南京及城破被擒之事，我们来见《太平天国战记》：

> 秀成日综政务，夜则巡军，寝食并废，憔悴骨立。国荃开地道十余，已坏其五，一自南门穿河底而过，历三年始抵城边。秀成令锐卒缒城，横凿深濠以截之。国荃纳药万斤，猝轰之，五月朔夜分，药暴发，山摇地动。幸凿濠继之，城崩无几，国荃兵不敢扑。时扶王陈得才，方自汉中挟师百万来解都城之围，已抵英霍。国荃知城中药尽，炮不得燃，乃于太平门外，积蒿秸成覆道，直达城下，明挖地道，七日而成。秀成令士卒于内穿道截击之，皆饿不能起。秀成知翌晨地道必崩，乃选死士三千人，五鼓缒城突击之，守道兵引去。既夺地道，即散觅食，药引未拔去。国荃于钟山下瞰，计必成功。有秀全宠臣沈桂、松王陈得风、吏部尚书朱兆英阴通于国荃。及午，地道崩，城陷焉，时甲子六月十六日也。章王林绍璋投河死，顾王吴汝孝投缳死。秀成领数十骑驰突堵御，不得，则驰

入宫。见宫门大开,宫女纷逃出,妃嫔投御河以百十计,军民男妇争投河死,尸填溢如桥。王后赖氏,手携幼主,负一剑以出,遇秀成,挥涕曰:"天王创业一生,今竟覆亡,岂天绝我乎?此子幼弱,今以付卿,他日能复仇,吾死瞑矣。"秀成跪曰:"臣竭智力以报先王,不济则以死继之。"赖氏反身投御河死。秀成仓猝挟幼主出,扶上马,至家别母,大恸,母麾去之。母方投缳,世贤见之,断缳下,大呼曰:"兄护幼主,吾护老母,以听天命。"相将出,秀成欲突西门,世贤曰:"西门水险不可渡。"至西门,敌兵众不得出,折至南门,敌兵已缘垣而入,陴堞皆满。转走西门,遇兵部尚书刘庆汉曰:"王速登清凉山,残聚卒数千,乃可出也。"世贤曰:"突缺口出彼不意,可出也。"遂冲缺口至白下山,望敌兵甚众,又冲大北门,敌兵皆满,退至鼓楼,时已薄暮。世贤曰:"昏夜彼不知我兵多少,不如仍冲缺口。"秀成然之。乃解黄带,令庆汉缚竿上为号,拥幼主居中,秀成当先,遇敌兵一人,掠毕,肩负而至。秀成执之,问其口号,杀之,遂赚出缺口。城上兵逐之,奋战而却,沿城边走孝陵卫,过钟山之腰,不遇一兵。天曙入街,饱食而行,无追者。将至下坝,日已暮。有楚将吉庆元曰:"除幼主外,吾曹皆剃发,方可行。"众赞焉。世贤闻之曰:"休矣,如此则人人自逃,焉置幼主?谁献此谋者,当斩之。"乃不敢言。初庆元前驱,望大东坝而行。世贤知庆元奸,乃改后队为前队,转下坝。有敌营屯桥上,世贤曰:"敌虽寡,我败残之卒,虑不敌,不如伪降,出不意突击之乃可过也。"乃使一人前行报降,列队近敌营百步,突掩击之,敌不及备而败,乃驰去。行三百余里,皆荒芜,无所得食。遇堵王黄文金败军,与之合,仅余数百人,突遇敌击散,余九骑。秀成奔方山,昼不敢行,乃伏于山庙中。

秀成解带纳凉,带嵌宝珠十余,直十余万,至暮下山,忘携焉。山下水道纵横,若蚁旋磨,折旋至晓,始得路。河旁有舟,仅容三骑,六骑既渡,舟人觉有异,伪言呼伴,去入村中,鸣锣召众,村民垒集,杀已渡六骑,秀成弃马伏深草中,搜获之。一人手剑欲斫村民,秀成止之曰:"此天绝我,毋伤良民。"乃出之。一民曾于秀成出师供担役,识秀成,跪而自罪曰:"此忠王也,爱百姓厚,吾侪当护之。湖州广德之间,王尚留大兵,盍送王至军乎?"皆曰:"诺。"秀成曰:"尔曹善意,吾当厚酬,他日与共富贵也。"既思带遗山庙中,乃遣村民取而酬之。比至,已为其他村民所得,互争于秀成前,乃挟秀成送国荃军。

李秀成是广西滕县人,系陈玉成同乡,以守信义著称,并擅长用兵,在军中有极高威信。李秀成被捕后,曾国荃亲自审讯他,李秀成回答说:"用不着这么费劲,给我纸笔,我写出来就是。"他坐在囚笼中,每天写7000多字,写了10天才写完。据说曾国藩原来承诺若李秀成降,可饶他不死,而且,李秀成在他的供状中,亦已答应只要饶他不死,他即可带仍在战斗的太平军投降清廷:"蒙九帅恩给饭食,中堂驾由皖来,当承讯问,我心悔已迟,是以将国中一切供呈。我为姓洪之将,外众将兵俱是我辖,我愿将部下两岸陆续收全投降,而酬高厚,以对大清皇上,以赎旧日之罪。在我主在邦,我为此事,是我不忠,今主死国亡,我兵数十万众在外,我不能卫天国,又听我兵害民,皆我之罪也。若我有此本事,收降我之部将,再有反复变心,仍正国法,如办不成,亦正

李秀成像

国法。若中堂不信我有此本事，仍镇在禁，容我写信劝去。我在皖省居中，好办两岸之事，请示中堂，意下如何？"但最终曾国藩还是把他凌迟处死了。为什么呢？分析起来，估计有这么两个方面的原因。

首先是由于李秀成的名望、地位。洪秀全死后，李秀成实际上已是太平天国的领袖，如果让他活着，一旦让他脱逃，与几十万仍在各地战斗的太平军联手，仍将是清廷的心头大患。据《太平天国战记》载："松王陈德风已降国荃，见秀成在房，向之拜。国荃叱之，德风曰：'吾为母而降，事泄当死，蒙王不杀，今无以为报，故拜耳。'"李秀成已身为俘虏，其手下将士尚对他如此恭敬，其影响力可见一斑。

其次，也是最重要的原因，就是李秀成熟知南京攻守战的所有经过，而曾国藩向朝廷所奏与事实差距很大，在诸如南京城守军的多少、财富的多少、湘军的奸杀掳掠等问题上，曾国藩都未如实奏告朝廷。留着李秀成这个活口，一旦他将此向朝廷泄露，将对曾国藩极为不利。此当是曾国藩杀李秀成最重要的原因。因为据称李秀成写供词共10天，每天写7000多字，当有7万多字，然而现存的才2万多字，它们大多被曾国藩删节、修改了。

同治三年六月二十三日，李秀成被俘后，曾国藩在《奏报攻克金陵尽歼全股悍贼并生俘逆酋李秀成洪仁达折》中称："至伪忠王李秀成一犯，城破受伤，匿于山内民房。十九夜，提督萧孚泗亲自搜出，并搜擒王次兄洪仁达。二十日，曾国荃亲讯，供认不讳。应否槛送京师，抑或即在金陵正法，咨请定夺。"六月二十九日，朝廷在给曾国藩的上谕中说："其逆首李秀成、洪仁达等，均系内地乱民，不必献俘；第该逆等罪恶贯盈，自应槛送京师，审明后尽法惩治，以泄神人之愤。着曾国藩遴派妥员，将李秀成、洪仁达押解来京，并咨明沿途督抚，饬地方文武多派兵役小心护送，毋稍大意。"

朝廷谕旨虽是六月二十九日发出的，但因路途耽搁，曾国藩接到时，已是七月初十。而曾国藩却在初六把李秀成凌迟处死，并于七月初七向朝廷上了一份《洪秀全逆尸验明焚化洪福瑱下落尚待查明李秀成等已凌迟处死抄送供词汇送并粗筹善后事宜折》。

曾国藩当然也知道擅自将李秀成处死的严重后果，于是，又于七月二十日补了一份《复奏李秀成等因未能槛送京师已先就地处决情由及洪逆三印已早解送军机处片》，为自己的行为进行辩解：

> 臣于七月初十日，钦奉六月二十九日寄谕：逆首李秀成、洪仁达等，均系内地乱民，不必献俘，第该逆等罪恶贯盈，自应槛送京师，审明后尽法惩治，以泄神人之愤。……臣于六月二十三日报捷折内，声明李秀成、洪仁达应否解京，俟到金陵后察酌具奏。旋于二十五日驰抵金陵，询及李秀成权术要结，颇得民心。城破后，窜逸乡间，乡民怜而匿之，萧孚泗生擒李逆之后，乡民竟将亲兵王三清捉去，杀而投诸水中，若代李逆报私怨者。李秀成既入囚笼，次日又擒伪松王陈德风到营，一见李逆，即长跪请安。臣闻此二端，恶其民心之未去，党羽之尚坚，即决计就地正法。厥后鞫讯累日，观者极众。营中文武各员始则纷纷请解京师，继则因李秀成言能收降江西、湖州各股，又纷纷请贷其一死，留为雉媒，以招余党。臣则力主速杀，免致疏虞，以贻后患。遂于初六日正法，初七日录供具奏。其洪仁达一犯，虽据李秀成供在贼中暴虐专横，而如醉如痴，口称天父不绝，无供可录。因其抱病甚重，已于初四日先行处死矣。初十日始奉将二酋解京之旨，扣算日期，臣处应于初六日接到批旨，乃驿由安庆转递江宁，致迟四日之久。臣查军机处封面及兵部火票，皆注明递至江宁字样，不知驿站何处错误？应即行文，挨站查办。又钦奉六月二十九日谕旨："洪秀全尸身觅获后，尸枭示，仍传首被害地方，以雪众愤。钦此。"臣于六月二十八日验明洪逆正身，即行戮尸焚化，未将首级留传各省，是臣识见不到之咎。钦奉谕旨训示，不胜惶悚。至军机处交片查取伪玉玺二颗，金

印一颗，臣于十六日专差赍送谢恩折件，并将三印附送军机处矣。理合附片覆奏，伏乞皇太后、皇上圣鉴。谨奏。

朝廷对曾国藩擅自杀李秀成的行为当然很不高兴，并由此加重了对曾国藩的不信任，但事已至此，人死不能复生，也只好顺水推舟，在七月十四日的上谕中要求曾国藩把李秀成的首级传示各地，并把李秀成的供词呈上："曾国藩奏讯取洪、李二逆供词，就地正法，并筹办善后一切事宜一折，览奏均悉。洪仁达、李秀成二逆，前虽有旨解京，惟此等内地叛民，本与献俘之例不合，且究非洪秀泉（全）可比。该大臣于讯明后，即在江宁省城将该二逆极刑处死，免致沿途种种棘手，骚扰地方，所办甚是。惟京外皆知二犯解京，兹忽中止，恐视听不明，转生疑窦，且恐各处逆匪因而造言煽惑。故本日明降谕旨，令该大臣将二逆就地正法，着该大臣仍将洪、李二逆首级传示被扰地方，以快人心而息浮议。仍着该大臣将李秀成供词及夺获伪印等物，赍送军机处备查。"

但是朝廷在接到曾国藩递呈的李秀成供词后，又发现删节过多，于是，又于七月二十二日令曾国藩把删节的部分补上：

曾国藩咨送李秀城（成）供词一本，昨由议政王军机大臣呈进，均已览悉。末段所载该逆宛转求生，乞贷一命，请招降江西、湖北各贼。言招降事宜有十要，言洪逆有十误，均归删节。着将原供仍详细抄录咨送军机处，无须节录。至李秀城（成）供词内称，张国梁遗骸系伊用棺木收埋在丹阳宝塔根下等语，着曾国藩传知曾国荃派员寻觅，即饬该故员家属认领改葬，以示追念荩臣之意。将此由六百里各谕令知之。

此令对曾国藩来说，无疑是出了极大的难题，因删节部分的内容本来就是不便给别人看的，他岂能保留？于是，他就对朝廷采取装糊涂的办法，在奏折中不予涉及。好在朝廷也没有深加追究，使他免于一难。不过，我们也可由此看出曾国藩之忠诚，是大大打了折扣的。

第二章
家治则福至运亨

一、孝友之家，福庆绵长

【原文】

孝友为家庭之祥瑞，凡所称因果报应，他事或不尽验，独孝友则立获吉庆，反是则立获殃祸，无不验者。吾早岁久官京师，于存养之道多疏。后来辗转兵间，多获诸弟之助，而吾毫无裨益于诸弟。余兄弟姊妹各家，均有田宅之安，大抵皆九弟扶助之力。我身殁之后，尔等事两叔如父，事叔母如母，视堂兄弟如手足。凡事皆从省啬，独待诸叔之家，则处处从厚。待堂兄弟以德业相劝，过失相规，期于彼此有成，为第一要义。其次则亲之欲其贵，爱之欲其富，常常以吉祥善事代诸昆季默为祷祝，自当神人共钦。

……

凡子之孝父母，必做人有规矩，办事有条理，亲族赖之，远近服之，然后父母愈爱之，此孝之大者也。若做人毫不讲究，办事毫无道理，为亲族所唾骂，远近所鄙弃，则贻父母以羞辱，纵使常奉甘旨，常亲定省，亦不得谓之孝矣。敬神者之烧香酬愿，亦犹事亲者之甘旨定省，实无大益。若做人不苟，办事不错，百姓赖之，远近服之，则神必鉴之佑之！胜于烧香酬愿多矣。

……

凡天下官宦之家，多只一代，享用便尽，其子孙始而骄逸，继而流荡，终而沟壑，能庆延一二代者鲜矣。商贾之家，勤俭者能延三四代；耕读之家，谨朴者能延五六代；孝友之家，则可以绵延十代八代。我今赖祖宗之积累，少年早达，深恐其以一身享用殆尽，故教诸弟及儿辈，但愿其为耕读孝友之家，不愿其为仕官起见。若不能看透此层道理，则虽巍科显官，终算不得祖父之贤肖，我家之功臣。若能看透此道理，则我钦佩之至。澄弟每以我升官得差，便谓我肖子贤孙，殊不知此非贤肖也。如以为贤肖，则李林甫、卢怀慎辈，何尝不位极人臣，焘奕一时，讵得谓之贤肖哉？予自问学浅识薄，谬膺高位，然所刻刻留心者，此时虽在官海之中，却时作上岸之计。要令罢官家居之日，己身可以淡泊，妻子可以服劳，可对祖父兄弟，可对宗族乡党，如是而已。

——《曾国藩全集》

【译文】

孝和友爱是家庭的祥瑞，人们常说的因果报应，在其他事情上未必全部能应验，只有在只要孝悌友爱就立即获得吉庆，不孝悌友爱就立即招来灾祸这个问题上，没有不应验的。我早年长期在京城任官，常常荒废修养之道。后来从事军务，得到各位弟弟的帮助很多，而自己对各位弟弟却无丝毫帮助。我的兄弟姐妹的家庭都能有田有宅，大概都是九弟的功劳。我身体有残疾之后，你们服侍两位叔叔像服侍父亲一样，服侍叔母像服侍母亲一样，把堂兄弟看成是自己的手足之亲。凡事都很节俭，只有对待各位叔叔的家庭，却处处都很大方。对待堂兄弟应该以德业相劝诫，纠正他们的过失，希望他们有所成就，这是最重要的。其次就是要亲近爱惜他们，希望他们富贵，常常替他们祈祷吉祥之事，这样人神都会钦佩。

……

凡是子女孝顺父母的，一定是做人有规矩，办事有条理，亲戚们都依赖他，远近之人都佩服他，父母也因此更爱他，这就是大孝。如果做人没有档次，办事毫无道理，为亲族所唾骂，远近之人都鄙弃他，从而给父母带来了羞辱，这样的人即使常常用美食供奉父母，并常常探视父母，也称不上是孝。敬神的人在那儿烧香酬愿，也与子女常常以美食供奉父母一样，没有什么大的好处。如果做人一丝不苟，办事有规矩，百姓信赖他，远近的人佩服他，那么神灵一定会保佑他。这样做比烧香酬愿强多了。

……

世上凡是官宦家庭，往往最多一代人，便享用殆尽，其子孙开始时骄奢淫逸，继而放荡不羁，最终走向堕落，能延续一两代都是很少见的。巨商富贾的家庭，保持勤俭的能延续三四代；农耕读书的家族，谨慎朴实的能延续五六代；孝悌友爱的家族，则能延续十代八代。我现在依赖祖宗积德，少年时就得志，非常害怕我一人就把福气享用殆尽，因此教育各位弟弟和子女，希望成为耕田读书、孝悌友爱的家族，而不愿成为仕宦家族。如果不能识透这层道理，即使在科举考试中名列前茅，取得显赫的官位，终究算不上先辈的贤德孝顺的后代，算不上是我家的功臣。如果能识透这层道理，我将异常钦佩。澄弟常常因为我升官，便说我是孝子贤孙，却不知道这并非贤德孝顺。如果以升官为贤德孝顺，那么李林甫、卢怀慎之流，何尝不位列臣子之首，显赫一时，难道可以说他们是孝子贤孙吗？我深知自己学浅才疏，偶得高位，但时刻关注的问题是，现在我虽在仕途官海之中，却时刻做着弃官上岸的打算。希望到了弃官回家的时候，自己可以淡泊名利，妻子儿女可以在家劳动，可以对得起祖父兄弟，对得起家族乡党，仅此而已。

【解读】

在中国传统文化中，孝为百行之首，这确实是很有道理的，因为在一个子女不孝的家庭中，是不可能和睦的，而一个不和睦的家庭迟早会发生灾祸。因此，中国古代家庭，对孝的教育都极为重视。在《颜氏家训》中，也有不少关于孝的具体描述：

双亲去世之后，他们生前斋戒时居住的地方，儿子和儿媳不忍进去。北朝顿丘人李构，母亲刘氏死后，她生前所住的房屋，一直被锁着，李构不忍开门进去。刘氏是南朝宋时广州刺史的孙女，所以李构深受江南风俗的影响。他的父亲李奖，曾任扬州刺史，镇守寿春时，被人杀害。有一次李构与王松年、祖孝征等人一同聚会。祖孝征擅长绘画，便拿起纸笔，画了一幅人物画。不大一会儿，又割下一段鹿尾，开玩笑似的把画中人截开让李构看，并没有其他意思。但李构触景生情，悲从中来，立即起身骑马而去。在座的人都大为吃惊，不知道个中原因。祖孝征很快便明白过来，后悔不迭，当时很少有人能意识到这一点。吴郡人陆襄，父亲陆闲被杀害，自己便终生布衣粗饭，即使刀切的姜菜，也不忍心食用，家人做饭时只好用手把菜掐断。江宁人姚子笃，母亲被大火烧死，他便终生不吃烤肉。豫章人熊康，父亲因醉酒而被奴仆所杀，便从此不再尝酒。不过，遵守礼法也要顺乎人情，报答恩情也要合乎道义，假如父母因噎而死，便断不可因此而绝食。

《礼记》中记载：父亲所读之书，母亲所用的杯子等物，因其留有父母手迹和口泽之气，便不忍心再用。书籍，父亲生前为政，常常讲习，校刊缮写；杯子，母亲生前常常使用，上面留有他们的痕迹可供后人怀念。但如果是极普通的书籍，日常用的器物，怎么能都废弃不用呢？既然是不读不用，就要避免散失亡佚，应收藏保存好，从而留给后人。

思鲁等人的第四个舅妈，是吴郡人张建的女儿，她有一个五妹，五妹三岁时便失去了母亲。当时灵座上的屏风和她母亲生前使用的东西，因屋漏被雨淋湿，于是便拿出去晒干，五妹看到后，便趴在灵座上大哭不止，家人奇怪她为什么一直不起来，上前抱起，发现草席已被泪水浇湿。五妹精神受到刺激，不能饮食，找来医生诊治，医生号脉后说："她的肠子已经断了。"不久五妹吐血，几天后就死了。大家都很同情她,外人也悲叹不已。

《礼记》中说:"父母忌日不能饮酒作乐。"正是因为感怀父母养育之恩,自叹悲苦无依,所以才不接待普通宾客,不处理一般事务。不过若能做到自悲自哀,又何必非要把自己隐藏起来呢?世人有的端坐深宅密室之中,说笑如常,祭品甘美,斋食丰厚,遇到急事,即使至亲和好朋友,也不相见,难道他就不懂得礼法的意义吗?

在中国历史上,流传着许多关于孝的可歌可泣的故事。

春秋时,陈留有位少年叫孙元觉,从小孝顺父母,聪睿机智,尊敬长辈。可是他父亲却极不孝顺,恨不得孙元觉的爷爷早点过世。

一天,父亲忽然把病弱的祖父装在筐里,要把他扔进深山。元觉跪着请求,父亲不理,硬推车进山。他将老人连筐一起扔在地上,转身要走,元觉却拾起筐说:"我要带回家,到你老了,也要用它送你到这里。"

汉文帝像

父亲大惊:"你怎么说出这种话?"元觉说:"父亲怎样教育儿子,儿子就怎样做。"父亲悔悟了,忙把老人接回家,从此十分孝敬他。

汉文帝时,齐国太仓令(管理粮食仓库的职官)淳于意勤政廉明,为人称道。他生有五个女儿,常以无儿为憾。文帝十三年,淳于意因有失职守,被处重刑。淳于意在被解往长安前抱怨:"只生女儿不生儿子,在遇到大事时实在没有什么好处!"他的小女儿淳于缇萦,对其父的遭遇感到不满,于是随父来到长安,给文帝上了一书:"我的父亲淳于意作为齐地太仓令,齐地人民都说他办事公允、廉洁。现在因为犯事而被处重刑,我以为人死不能复生,重刑之下即使侥幸活下来也不能再过平常生活,虽然想要改过自新但也无路可走。所以我愿意为父赎罪,身入官府,作为奴婢,使得父亲能有悔过自新的机会。"书达文帝之后,汉文帝为其所感动,下诏免去淳于意的刑罚,并下令免去全国的肉刑。

晋代的李密幼年丧父,母亲何氏改嫁,祖母刘氏将他抚养成人。李密对祖母十分孝敬,祖母有病时,他都昼夜守护,亲尝汤药,并利用照顾祖母的空闲时间,刻苦读书。

李密曾在蜀汉做过小官,蜀亡后,因其才能出众,被晋武帝任命为太子洗马。他上书晋武帝说:"我自幼是孤儿,是祖母刘氏将我抚养成人的。现在她年老多病,经常卧床不起,离不开我的照顾。可您却叫我做官,我实在是左右为难。好在本朝提倡以孝治天下,对老人十分优待,现在我的祖母已经96岁了,可以说是'日薄西山,气息奄奄,人命危浅,朝不虑夕'。如果我去做官就无人为她送终。我今年才44岁,报效国家的时间还长,但孝敬祖母的时间却不多了。'乌鸟私情,愿乞终养'。"晋武帝看了他的上书后,很受感动,答应了他的要求。这样,李密一直等到为祖母送终以后,才外出做官。

作为一个传统的士大夫,曾国藩对孝十分重视,这是十分自然的。但需要强调的是,曾国藩认为孝不仅仅体现在日常生活中对家里老人的照应上,更重要的是当忠孝发生矛盾时,要做到以忠代孝,做出正确的选择。在这一方面,曾国藩似乎跟他父亲的言传身教有很大的关系。如曾国藩的父亲曾麟书,在太平天国农民起义爆发后,先后送出四个儿子参军,赴前线与太平军作战,并勉励其尽忠报国。太平军自咸丰元年(1851年)揭举义旗于广西金田村之后,势如破竹,所向无敌。而湘乡境内的会党在太平天国的影响下亦揭竿而起，封建统治秩序受到了严重冲击。对此，曾麟书心急如焚，坐卧不安。他除了与本县知县朱孙诒、乡绅刘东屏等人组织乡勇前往镇压农民起义之外，还多次写信给在京做官的曾国藩，向他介绍"匪情"，表示要继续招募乡勇，以维护统治秩序。

早在道光二十九年（1849年），曾星冈病故之时，曾国藩意欲回家奔丧，曾麟书却去信要他安心做官，不必南归故里："努力图报，即为至孝，何必作归家之想……祖父生前爱尔特甚，以尔受国厚恩，必能尽心报效。尔今日闻讣信，能体祖父此意，即所以孝祖父，毋以感伤之故而更系念于予夫妇也。"太平军进入湖南后，曾国藩念及家人安危，曾有请假归家之念，曾麟书便又去信叮嘱他不要顾及家中小事，应以国家之安危为重。他告诫曾国藩说："官秩是朝廷所颁，职分是己躬所尽。尔今所任礼部侍郎兼署刑部侍郎，礼部位清贵，刑部事繁重，君恩厚矣。惟日孜孜尽力供职，以报恩于万一，即是尽孝之道，何必以予夫妇为念而有归省之辞也。"他还教导曾国藩须明白这样一个道理："做官者，不问官秩加不加，只问职分之尽不尽，庶外可以对吾君，内可以对吾亲……盖官秩愈高，则职分愈重。念兹在兹。格供尔职，乃可以对吾君而无愧于为臣尔。尔在信中谈到，今冬有省亲之举，希三思而行，不可只顾私念而置国家安危于不顾。《孝经》中以忠事君，谓中年时竭力做好官，即是为孝。尔年四十一岁，正是做官之时。为朝廷出力，以尽己职，以答皇恩，扬名显亲，不啻曰倚吾夫妇之侧，何必更念南旋孜孜焉。现今各地匪患昌炽，尤其'发匪'横行桂、湘、鄂诸省，国家正在用人之际，切莫有思亲之情，想家之念。当此时事维艰，宜为君上分其忧于万一。进言可有益于时事，皇上圣明采用之，亦未可知。……我在家中本无定见，觉得全力组织团练，保全一方，亦草野之臣思报君恩于万一耳。"

忠孝不能两全，往往是封建官员常常面临的一个问题，在这个问题上，曾国藩的观念曾经是主张孝大于忠，并以此去要求别人。可是，当问题落到自己头上时，他又转而认为孝要服从于忠。

1853年，曾国藩的母亲去世，正当他权厝母亲于居室后山，拟另觅葬地、稍尽孝思之时，巡抚张亮基传来了咸丰帝的寄谕："前任丁忧侍郎曾国藩籍隶湘乡，闻其在籍，其于湖南地方人情自必熟悉，着该抚传旨，令其帮同办理本省团练乡民、搜查土匪诸事务，伊必尽力，不负委任。"

这项寄谕立即打破了曾国藩的宁静生活。清朝依古制，父母死，官吏均得在家守制三年后始得复官。曾国藩正是这样打算的，谁料，仅三个多月，皇帝便叫他墨绖从戎。对于墨绖从戎，他是坚决反对的，一年多以前，当他在京城听说江忠源墨绖从戎时，他曾振振有词，力加阻止。江忠源字常孺，号岷樵，湖南新宁人，道光十七年（1837年）举人。道光二十七年曾在家乡办团练，镇压瑶民起义。接着，历任浙江省秀水、丽水知县。大学士赛尚阿至广西围歼太平军之前，上书言事，其中说江忠源善带兵，希望能调他至军前效力。此时江忠源正在家守制，得谕旨，即与其弟江忠浚募乡勇五百人，奔赴广西。曾国藩立即写信给正在粤中为大军筹粮饷的友人严正基说："岷樵读礼山中，谊为乡里御寇，然墨绖从戎，则非所宜。弟比有书，告其不必远出。君子爱人以德，似应如此。阁下以为然焉否也？"他还直接给江忠源写信说："粤西盗贼方炽，足下所居，逼迫烽火，团练防守，未可以已。或有企慕谋勇，招之从军，则苫块之余，不宜轻往。斯关大节，计之宜豫。"不久，再次写信给江忠源说："吾子在忧戚之中，宜托疾以辞，庶上不违君命，下不废丧礼。"在曾国藩看来，江忠源最好不要墨绖从戎，即使去了，也要只效力不当官，只有这样，才叫忠孝两全。他甚至警告说："君子大节，当为世所取法，未可苟焉已也。"

到了咸丰二年（1852年）十月，曾国藩在家守制，仍写信给友人刘蓉说："岷樵去年墨绖从戎，国藩曾以书责之，谓其大节已亏。"

然而，仅仅过去了一个月，墨绖从戎之事又临到自己头上来了。因此他草写了一份奏稿，请求在家终制。

曾国藩在京城当官时，每遇不如意，常常会向友人表白归隐山林的意愿，但真正回到田园时，他又感到耐不住寂寞。他在写给刘蓉的信中表示："国藩居湘乡之土，为湘乡之民，义不可不同心合力保护桑梓，拟于百日之后前赴县门，一则叩谢石樵先生枉吊敝庐之劳，一则到局与诸子商榷，以明同舟共济之义。"在出仕与归隐两者中，显然出仕始终是他的主导思想，而归隐只不过是一时的牢骚。恰在这时，湖南巡抚张亮基派人送来两封信，说太平军攻长沙城不下，已绕道北上，于十一月攻克岳州，翌年元月占领了武汉三镇，巡抚常大淳死难。他催促曾国藩立即出山。午夜，翰林院庶吉士郭嵩焘也赶来曾家吊唁。他知道曾国藩心中犹豫，力劝他说："公本有澄清天下之志。今不乘时而出，拘于古礼，何益于君父？且墨绖从戎，古之制也。"他父亲曾麟书也说："以嵩焘之言为正。"于是曾国藩立即以遵父命为由，决定出山。

曾国藩从十二月十三日奉谕旨到于十七日决定出山，即从墨绖从戎的反对者转变为墨绖从戎的践履者，其间仅仅四天时间。但曾国藩毕竟是聪明人，在忠孝问题上如此出尔反尔，确实做得太过，所以他在这个问题上采取了一个特殊的姿态，即出来为朝廷做事，但不受官职。

如在咸丰四年（1854年）八月十九日，曾国藩特向咸丰帝做了一姿态，上了一个恭谢天恩折，说自己丁忧在籍，墨绖从戎，常负疚于神明，不敢仰邀议叙，仍荷温纶宠锡，惭悚交增，因此，"嗣后湖南一军或者克复城池，再立功绩，无论何项褒荣，何项议叙，微臣概不接受"。对此，咸丰帝朱批道："知道了！殊不必如此固执。汝能国而忘家，鞠躬尽瘁，正可慰汝亡亲之志。尽孝之道，莫大于是。酬庸褒绩，国家政令所在，断不能因汝请稍有参差。汝之隐衷，朕知之，天下无不知也。"从而破解了曾国藩在忠孝问题上的难局。

二、家庭兴旺，皆由克勤克俭所致

【原文】

人多望子孙为大官，余不愿为大官，但愿为读书明理之君子。勤字自持，习劳习苦，可以处乐，可以处约，此君子也。余服官二十年，不敢稍染官宦气习，饮食起居，尚守寒素家风。极俭也可，略丰亦可，太丰则吾不敢也。

凡仕官之家，由俭入奢易，由奢返俭难。尔年尚幼，切不可贪爱奢华，不可惯习懒惰。无论大家小家，士农工商，勤苦俭约，未有不兴；骄奢倦怠，未有不败。

凡富贵功名，皆有命定，半由人力，半由天事。惟学作圣贤，全由自己做主，不与天命相干涉。吾有志学为圣贤，少时欠居敬工夫，至今犹不免偶有戏言戏动。尔宜举止端庄，言不妄发，则入德之基也。

……

历览有国有家之兴，皆由克勤克俭所致；其衰也，则反是。余生平亦颇以"勤"字自励，而实不能勤。故读书无手抄之册，居官无可存之牍。生平亦好以"俭"字教人，而自问实不能俭。今署中内外服役之人，厨房日用之数，亦云奢矣。其故由于前在军营规模宏阔，相沿未改。近因多病，医药之资，漫无限制。由俭入奢，易于下水；由奢反俭，难于登天。在两江交卸时，尚存养廉二万金，在余初意，不料有此。然似此放手用去，转瞬即已立尽。尔辈以后居家，须学陆俊山之法，每月用银若干两，限一成数，另封秤出。本月用毕，只准赢余，不准亏欠。衙门奢修之习不能不彻底痛改。余初带兵之时，立志不取军营之钱以自肥其私，今其差幸不负始愿。然亦不愿子孙过于贫困，低颜求人；惟在尔辈力崇俭德，善持其后而已。

——《曾国藩全集》

【译文】

一般人都希望自己的子孙做大官,我不愿意做大官,只想成为读书明理的君子。坚持一个勤字,习惯于劳苦,既可以享受快乐,又可以过节俭的生活,这样的人就是君子。我做官二十年,一点儿也不敢沾染官宦的习气,饮食起居,还保持艰苦朴素的家风。极俭朴也可以,略丰厚些也可以,太丰厚则是我不敢享受的。

凡是仕宦家庭,由俭朴到奢侈容易,由奢侈再恢复俭朴就很困难了。你年纪不大,千万不可贪图奢侈豪华,不可养成懒惰的习惯。无论大家小家、士农工商,凡是勤苦节俭的,没有不兴旺的;凡是骄奢倦怠的,没有不衰败的。

凡是富贵功名,都属命定,一半取决于人的努力,一半取决于天意。只有学做圣贤,全部由自己主宰,与天命没有关系。我有学做圣贤的志向,但年轻时缺乏居敬的功夫,到今天仍免不了偶尔有不严肃的言行。你应该举止端庄,不乱说话,这是修德的根基。

……

看历史上国和家的兴旺,都是由克勤克俭带来的;当国和家衰败时,则是由于不能克勤克俭。我平时一直以"勤"字自我勉励,而实际上却做不到。所以读书时没有手抄手籍之册,做官时也没有值得保存的文牍。我一直也以"俭"字教育别人,但感到自己并没有做到俭。现在衙署中服役的人数很多,厨房中每天的花费,也可以称得上是奢侈了。这其中的原因是以前身在军营,规模较大,这种习惯沿袭下来,一直未改。近来因为身体多病,所用的医药费,没有什么节制。从俭到奢,像水往下流那么容易;从奢侈再到节俭,就会像登天一样难。我在两江总督任上卸任时,还存留两万两的养廉银,我起初并没想到这一点。然而如果像现在这样放手去花,很快就会花光。以后你们在家过日子,一定要学习陆俊山的方法,每月用多少银两,限定一个数,称出后另行封存。本月的花费只能有盈余,不准多花。衙门中的奢侈习惯一定要彻底改变。我当初带兵时,下决心不损公肥私,现在看来是基本上做到了。但我也不希望子孙过于贫困,以致被迫低声下气去求人;只是希望你们努力俭朴,善加坚持。

【解读】

崇尚俭朴家风,这是中华民族的传统美德,因此历代的贤德之士,都会把俭朴作为家训的重要内容。如曹操在临终前留下遗嘱,要求他的家人和部下在他死后,以国家为重,尽忠守职,对于如何料理后事,也做了精心安排,要求节俭治丧,不要厚葬,不要用金玉珍宝陪葬:

吾在军中持法是也,至于小忿怒,大过失,不当效也。天下尚未安定,未得遵古也。吾有头病,自先着帻。吾死之后,持大服如存时,勿遗。百官当临殿中者,十五举音,葬毕便除服;其将兵屯戍者,皆不得离屯部;有司各率乃职。殓以时服,葬于邺之西冈上,与西门豹祠相近,无藏金玉珍宝。

吾婢妾与伎人皆勤苦,使著铜雀台,善待之。于台堂上安六尺床,施繐帐,朝晡上脯糒之属,月旦十五日,自朝至午,辄向帐中作伎乐。汝等时时登铜雀台,望吾西陵墓地。余香可分与诸夫人,不命祭。诸舍中无所为,可学作组履卖也。吾历官所得绶,皆著藏中。吾余衣裘,可别为一藏,不能者,兄弟可共分之。

曹操像

另据《魏志·武帝纪》注引《魏书》说:曹操喜欢节约俭省,不好奢侈豪华,帷帐屏

风,坏了就补补再用。常用被褥取暖,不作美化修饰。他的《内诫令》就是以节俭告诫吏民和他的家人的:

>孤不好鲜饰严具,所用杂新皮韦筒,以黄韦缘中。遇乱事无韦筒,乃更作方竹严具,以皂韦衣之,粗布作里,此孤之平常所用者也。内中妇曾置严具,于时为之推坏。今方竹严具缘漆甚华好。
>
>昔天下初定,吾便禁家内不得香熏,后诸女配国家为其香,因此得烧香。吾不好烧香,恨不遂所禁,今复禁不得烧香,其以香藏衣着身亦不得。

周武帝宇文邕是鲜卑族宇文部人,父亲是西魏权臣、北周的实际缔造者宇文泰。

宇文邕是被他的堂兄宇文护拥立为帝的。宇文泰临终前,见自己的几个亲生儿子年龄幼小,就委托侄子宇文护来辅佐他们。宇文护的权力欲极强,只想专权独断,根本不把皇帝放在眼里。武帝之前的闵帝宇文觉、明帝宇文毓都是被宇文护毒死的。天嘉元年(公元560年),宇文邕被拥立为帝,但朝政大权仍掌握在宇文护手中。13年后,宇文邕才找到机会,将宇文护杀死,将政权掌握到自己手中。

北周武帝宇文邕像

周武帝从即位到亲政的13年间,亲眼目睹了宇文护纵情享乐、作威作福、蠹政害民等一系列行为及其带来的弊端,决心予以改革。为了增强国力,他提倡节俭,反对奢侈浪费。

周武帝对自己要求很严,身上装饰华丽的地方是布袍,床上盖的是布被,室内没有金玉装饰,宫殿中的装饰,也都让人拆除毁掉。后宫的妃嫔,总共不过十余人。他在位期间,曾七次下诏提倡节俭,如建德元年(公元572年)四月,下诏禁止四方再行贡献;十月,下令焚毁过于华丽的上善殿。建德二年(公元573年)九月下诏:"政在节财,礼惟宁俭。"并命令有关部门狠刹婚嫁竞为奢靡的习气。建德三年(公元574年)正月下诏:"自今已后,男年十五,女年十三以上,爰及鳏寡,所在军民,以时嫁娶,务从节俭,勿为财币稽留。"平定北齐后,又下诏让群臣接受北齐"极奢侈之事"而招致灭亡的教训,再次强调"率归节俭",并下令拆毁一些豪华建筑,将瓦木诸物尽赐下民。五月,再次下诏要节俭办事,行幸云阳宫时又令将并州、邺成的豪华宫殿拆除,规定为自己建造的行宫"只蔽风雨,务在卑狭"。直到临死前,还遗诏丧事从俭,教导子孙不要奢侈。

周武帝不仅在生活方面为群臣做出了节俭的榜样,而且在练兵时和将士一起跋山涉水,打仗时和部队一起冲锋,宴请将士时亲自执杯劝酒,亲手赏赐物品,行军时见到有人光脚走路还脱下自己的靴子给他。所以士兵们都乐于为他卖命。正因为如此,北周才能够越来越强,最终灭掉北齐,实现了北方统一。

还有如北宋大政治家、文学家范仲淹,他的次子将要娶媳妇时,有人传说新媳妇想要用华美的罗绮做新房的帷幔。范仲淹听了很不高兴,说:"罗绮是贵重的东西,难道是用来做帷幔的吗?我们家一贯清廉朴素,怎么能让她乱了我家的家法!她要敢把罗绮之类奢侈的东西拿到我家,我就在院子里把它当众烧掉。"

在有关曾国藩的记述中,可以看出,曾国藩对守住俭朴家风是看得很重的,而且他也经常以此自勉,留下了许多关于他如何俭朴的故事。

曾国藩穿的衣服十分简朴,布袍鞋袜,多系夫人、儿媳妇所缝制。他认为:"居家之道,惟崇俭可以长久,处乱世尤以戒奢侈为要义。衣服不宜多制，尤不宜大镶大缘，过于绚烂。"

据说，湖南有一常姓显贵家庭，几次都想与曾国藩结为儿女亲家，然而曾国藩并不乐意，这倒不是常家与曾家有过什么不愉快，而是因为曾国藩听说这位常家公子生活骄奢、跋扈，不可一世。他所穿的衣服极为华贵，他所用的仆从也气焰嚣张，更令人厌恶的是他最喜欢倚仗其父亲的势力作威作福。曾国藩担心常家子女有官宦人家的骄奢习气，一旦结亲，不仅会败坏曾氏家规，还会引诱曾家子弟好逸恶劳。

对于弟弟家的婚事，曾国藩说：我不敢做主，但是亲家的为人如何，也必须从四方街邻那里去了解清楚。如果是吸鸦片的，就绝对不能结亲；如果没有这种事，你们就听听老人的意见，自己做主就行了。

根据记载，曾国藩确实是终身自奉寒素，过着清淡的生活，在这方面堪称为官场的楷模。他早起晚睡，布衣粗食。吃饭，每餐仅一个荤菜。他当了大学士后仍然如此，所以当时人诙谐地称他为"一品宰相"。这里的"一品"，指的就是"一荤"。他30岁生日时，缝了一件青缎马褂，平时不穿，只遇庆贺或过新年时才穿上，这件衣服到他死的时候，还跟新的一样。他规定家中妇女纺纱绩麻，他穿的布鞋布袜，都是家人做的。他曾幽默地说："古人云：'衣不如新，人不如故。'然以吾视之，衣亦不如故也。试观今日之衣料，有如当年之精者乎？"全家五兄弟各娶妻室后，人口增多，加上兄弟做官，于是弟弟们在乡间新建了不少房子，他对此很不高兴，写信谴责九弟说："新屋搬进容易搬出难，吾此生誓不住新屋。"曾国藩曾写道："余在京四十年，从未得人二百金之赠，余亦未尝以此数赠人。"他规定，嫁女压箱银为二百两。同治五年（1866年），欧阳夫人嫁第四女时，仍然遵循这个规定。曾国荃听到此事，觉得奇怪，说："哪有是事？"打开箱子一看，果然如此。再三嗟叹，以为实难敷用，于是自己添赠四百金。嫁女如此，娶媳也如此。他在咸丰九年（1859年）七月二十四日的日记中写道："是日巳刻，派潘文质带长夫二人送家信，并银二百两，以一百为纪泽婚事之用，以一百为侄女嫁事之用。"

同治年间，曾国藩出将入相了，且年近垂暮，却依然在日记中不断提醒自己要节俭：

> 李薵汉言，照李希帅之样，打银壶一把，为炖人参、燕窝之用，费银八两有奇，深为愧悔。今小民皆食草根，官员亦多穷困，而吾居高位，骄奢若此，助盗廉俭之虚名，惭愧何地！以后当于此等处痛下针砭。

> 余盖屋三间，本为摆设地球之用，不料工料过于坚致，檐过于深，费钱太多，而地球仍将黑暗不能明朗，心为悔慊。余好以"俭"字教人，而自家实不能俭。傍夕与纪泽谈，令其将内银钱所账目经理，认真讲求俭、约之法。

同治十年（1871年）十一月二十二日，曾国藩移居经过翻修的总督衙署，他到署西的花园游览，花园修工未毕，正在赶办。游观后，他在日记中感慨地写道："偶一观玩，深愧居处太崇，享用太过。"

他的弟弟曾国潢，同治六年在家乡为他整修"毅勇侯第"，花费较多，他相当反感，在二月初九的日记中写道："是日，接腊月廿五日家信，知修整富厚堂屋宇，用钱共七千串之多，不知何以耗费如此，深为骇叹！余生平以起屋、买田为仕宦之恶习，誓不为之。不料奢靡若此，何颜见人！平日所说之话，全不践言，可羞孰甚！"

曾国荃的品格便与他大不相同。攻下江西吉安、安徽安庆和南京之后，曾国荃三次搜括，且一次比一次搜括得凶。每次攻下城后，他都要回家起屋买田。他在家乡所建的"大夫第"，长达一华里，共九进十二横，房子数百间，中储大量金银珠宝、华贵家具和仆人婢女，为近世官僚府第所罕见，故被时人讥为"老饕"。对此诨名，曾国藩虽略怀不平，但对老九的贪财终究是极反对的。他写信劝老九说："沅弟昔年于银钱取与之际不甚斟酌，朋友之讥议菲薄，其根实在于此。去冬之买犁头嘴、栗子山，余亦大不谓然。以后宜不妄取分毫，不寄银回家，不多赠亲族，此'廉'字工夫也。"

曾国藩当然不是苦行僧，"不要钱"，指的是不贪，不要非分之钱。他说："不贪财、不失信、不自是，有此三者，自然鬼伏神钦，到处人皆敬重。"又说："盖凡带勇之人，皆不免稍肥私囊。余不能禁人之苟取，但求我身不敢苟取。以此风示僚属，即以此仰答圣主。"不贪财、不苟取、尚节俭，这就是曾国藩的信条，也是他一生行事的风格。

三、境地须看不如我者

【原文】

凡盛衰在气象，气象盛则虽饥亦乐，气象衰则虽饱亦忧。今我家方全盛之时，而贤弟以区区数百金为极少，不足比数；设以贤弟处楚善宽五之地，或处葛熊二家之地，贤弟能一日以安乎？

凡遇之丰啬顺舛，有数存焉，虽圣人不能自为主张。天可使吾今日处丰亨之境，即可使吾明日处楚善宽五之境。君子之处顺境，兢兢焉常觉天之过厚于我，我当以所余补人之不足；君子之处啬境，亦兢兢焉常觉天之厚于我。非果厚也，以为较之尤啬者，而我固已厚矣！古人所谓"境地须看不如我者"，此之谓也。

来书有"区区千金"四字，其毋乃不知天之已厚于我兄弟乎？兄尝观易之道，察盈虚消息之理，而知人不可无缺陷也！日中则昃，月盈则亏，天有孤虚，地阙东南，未有常全而不缺者……是故，既吉矣，则由吝以趋于凶；既凶矣，则由悔以趋于吉。君子但知有悔耳！悔者，所以守其缺而不敢求全也。小人则时时求全，全者既得，而吝与凶随之矣！人常缺而一人常全，天道屈伸之故，岂若是不公乎？

——《曾国藩全集》

【译文】

凡是盛衰，要看一个人的气象，气象兴盛，则虽遭受饥饿，也会感到快乐；气象衰败，则虽然能饱食，也会感到忧虑。现在我家正处在全盛之时，而贤弟认为区区百金的数目极少，不值得称道；假如贤弟处在楚善宽五或葛熊两家的境地，贤弟能有一日安心吗？

一个人遭际的丰厚、艰啬、顺利、乖舛，都是有天数的，即使圣人也无法自主。天可以让我今天处于丰厚通达的境地，也可让我明天就处于楚善宽五那样的境地。君子在处于顺境时，常常会战战兢兢地觉得上天待我过厚，我应当用我的余财去贴补别人的不足；君子在处于艰啬之境时，也会战战兢兢地觉得上天待我很厚。并不是事实上真的很厚，而是与那些比自己还艰啬的人相比，已经很厚了。古人说的要与那些处境不如我的人比较，说的就是这个意思。

来信中有"区区千金"四个字，难道还不知道上天待我兄弟已是过分丰厚了吗？我曾经考察"易"道，研究其中的盈虚消长之理，从而知道人不可能没有缺陷！太阳到了中天就会西斜，月亮满了就会亏缺，天有孤虚，地在东南有缺，从来没有十全十美而没有缺陷的东西……所以，既然已经吉了，通过"吝"就会走向凶；既然已经凶了，通过"悔"也会走向吉。君子只知道有"悔"。"悔"，就是守其中的缺陷而不敢求全。小人常常求全，而一旦得了全，"吝"与凶就会随之而来。如果别人常缺而只有一个人常全，天道屈伸的规律，会如此不公平吗？

【解读】

知足常乐，这是中国众人皆知的古训，但真正能做到知足常乐的人则寥寥无几。大抵从人类产生以后，人类便有对外部事物的追求；有了追求，就会有成败；有成败，便会有悲欢。所以佛教和道教便想出一个办法，叫人们不要去追求这些世俗的欲望，因为这些欲望常常给人带来痛苦。那么人活着去做什么呢？佛教道教的意思是应该追求成佛成仙。

殊不知，佛教道教的这一宗旨更是让人陷入痛苦的深渊。因为人追求世俗的欲望，如金钱、权力等，虽不能统统满足，但总有些欲望是能满足的，且总有一条现实的途径可走。而成佛成仙，既无现实的途径，又无切实的成效，所以如果一个人真的走了这条道，非痛苦死不可。（当然，这里说的人是指普通的人，那些有坚定信仰者除外。）

那么，怎样才能做到知足常乐呢？曾国藩在此给我们指出了一条现实的道路：境地须看不如我者。即通过与不如你的人比较来获得快乐。如一个人虽进入官场，但官老是升不上去，为此很苦恼，此时你就可以与那些普通百姓比一比，你就立即会感到高人一等，心里也就会快乐起来；如一个人失恋了，感觉很痛苦，以为生活从此就失去了色彩，这时候，你就可以与那些关在监狱里的犯人比一比，他们连恋爱的权利都没有，而你失去了这个恋人，还可以很自由地去找另一个恋人，这时候你就会充满自信；如一个人体弱多病，总是不能随心所欲地去从事各种活动，因此觉得自己窝囊，这时候你就可以与那些残疾人去比一比，中国有好几千万的残疾人，其中许多人连自理能力都没有，而你毕竟四肢健在，耳聪目明，可以享受生活中的乐趣。这么一想，你就会觉得上天真是对你不薄，快乐也就随之而生……所以，"境地须看不如我者"，虽然是曾国藩从古人那里转引来的，但它作为一条家训，确实能产生一种极好的效果。

四、治家贵严而有威

【原文】

治家贵严，严父常多教子，不严则子弟之习气日就逸惰，而流弊不可胜言矣。故易曰："威如吉！"欲严而有威，必本于庄敬，不苟言，不苟笑，故曰"威如之吉"，反身之谓也。

——《曾国藩全集》

【译文】

治家以严为贵,严父对子女的教育常常很多,不严的话子女就会一天比一天骄逸懒惰,其流弊不可胜数。所以《易经》中说:"威严的样子,吉祥。"想要既严又威,一定要以庄敬为根本,不苟言笑,所以说"威严的样子吉祥",这是反身而诚的意思。

【解读】

"治家贵严",这是曾国藩的切身体会和一生奉行的准则,这从他一生对子女兄弟的教育中可以明显反映出来。而在中国传统文化中,治家贵严早已成了一条不容怀疑的准则。在《颜氏家训》中,对严格进行家教有十分详细的论述:

智商较高的人,不教育也能成才;智力低下的人,即使教育也没有什么用处;而对于天资平平的人来说,不教育他就难以掌握知识。所以,古代圣明的君王就创造了所谓胎教之法:女人怀孕三个月,便令其出宫到别处居住;孕妇不看邪恶之事,不听狂乱的声音;即使欣赏音乐和日常饮食,也都要受到礼法的约束。另外,还要把怀孕期间的有关情况刻在玉版上,保存在书柜中,以资将来参考。孩子生下来,会哭会笑了,就由专门负责教育的师保,用仁孝礼义来训导教育。对一般家庭的孩子来说,即使做不到这些,也要在他婴儿时期,也就是开始懂得观察父母脸色、知道父母喜怒的时候,就进行教育,做到让他干什么他就干什么,不让干什么就不干什么。这样一来,等到几岁以后,便可以受一些皮肉之苦。作为父母,既有威严又有慈爱,那么子女便有所畏惧,言行谨慎,而且将来孝敬恭顺。看到世上有一些人对子女不加教育,只是一味溺爱,我常常不以为然。对子女的饮食和言行,如果放纵迁就,任其胡为,应该警告却反而加以鼓励,应该训斥却反而和颜悦色,如此,他懂事后,便以为其所作所为都是理所应当的。长此以往,一旦他形成了骄纵轻慢的恶习，再去制止约束，就是打死他，也不能使其畏惧，结果你的愤怒越来越大，他的怨恨也随之而增长。他长大以后，必然是个品德败坏的人。所以孔子说："少年时培养的品德宛如天生一般，从小养就的习惯恰似自然形成。"这是有道理的。俗话也说："教育妇人从娶进家门时开始，教育子女自孩提时进行。"这话对极了。

那些不能够很好地教育子女的家长，也并非存心要把子女推向罪恶的深渊，只是难于对他们严加责骂。即使当面训斥一番，也不忍心让其遭受皮肉之苦。就以治病来比喻，哪里有不用汤药和针灸治疗便能痊愈的情况呢？还应该想想那些经常监督教训子女的家长，难道他们就愿意那么苛刻地对待甚至近乎虐待自己的亲生骨肉吗？确实是不得已才这样做的。

大司马王僧辩的母亲魏夫人，性格一向耿直刚正。王僧辩驻扎在溢城的时候，是一位拥兵三千的将军，年龄也已四十有余。但魏夫人对他只要有一点不满意，也还要鞭打惩罚。也正因此他后来才能创建那么大的功业。梁元帝时有一位学士，聪明而有才华，深受父亲宠爱，但没有受到严格的家庭教育。只要他有一句话讲得很精彩，他父亲便到处宣扬，甚至终年称赞不已；但如果做了一件错事，他父亲便极力加以掩盖，只是希望他自己以后改正。后来到他结了婚做了官，暴躁骄慢的性格更加日甚一日，结果竟然因为言语不够慎重，冒犯了大将周逖，被他抽出肠子，杀了祭鼓。

历史上许多著名人物之所以能够成名，往往得益于严格而健康的家教。

孟子名轲，是继孔子之后的儒家代表人物，是战国时期著名的思想家和文学家，先世是鲁国公族，他受业于子思的门人。他将孔子的"仁"发展成为"仁政"，宣传"仁者无敌"的思想，被后人称为"亚

杨柳青年画《孟母择邻》图

圣"。

少年时期的孟子贪玩不好学习，他经常跑到一个离家不远的墓地玩耍，学着挖坑埋死人，有时连饭都忘记吃。对此，孟母心里非常焦急，苦苦思索如何为孟子挑一个良好的学习环境，免得他四处乱跑。想来想去，她决定把家搬到街市附近去住。但是没想到，繁华的街市和来往这里的商人，也很分散孟子的注意力。出于好奇，孟子甚至经常跟随商人学着在街上叫卖，把读书学习的事完全抛在脑后。

不久，孟母得知了这种情况，并从中得到启发：原来小孩子都有一个特性，接近什么就学什么。她觉得此地也不是教育儿子的好环境，于是又产生了第二次搬家的想法。过了一段时间，孟母把家迁到了一所学堂旁边。此后孟子果然体会出母亲二次搬家的良苦用心，开始进学堂用心读书。

孟母不仅懂得客观环境对培养孩子学习兴趣和钻研精神的重要性，还懂得只有经过千锤百炼、不断努力和反复教育才能造就孩子刻苦好学、坚持不懈的精神。因此，孟母除了注意选择良好的客观环境，进行必要的督促外，还注意启发孟子主观上的自觉性，使他明白要努力学习的道理。

孟子上了学堂，虽然比从前用功，但仍然喜欢玩耍，并不十分专心对待学业。一天，孟母正在堂前织布，见孟子早早就从学堂跑回家，就马上放下手中的活，问孟子为何这么早回来。孟子是因不愿读书，背着老师逃学的，但看见母亲严肃的样子，就撒谎说："我是和平时一样放学回来的呀！"孟母听了很痛心。她沉思片刻，拿起剪刀把织布机上的纱线统统剪断，并且不再说什么，只坐在一边流泪。孟子见状，心里非常紧张、害怕，他小心地走上前，问母亲是什么事情使她这样难过。这时，孟母语重心长地对他说："要你好好读书，增长知识，是为了使你成才。像你现在这样经常中途废学，不求上进，这不就等于用剪刀剪断纱线，使我织不成布一样吗？"孟子听了母亲的教诲，羞愧万分，决心以后要努力学习。从此，孟子懂得了学习必须持之以恒的道理，并且经过他坚持不懈的努力，终于在学业上取得了突出的成就。

汉唐号称中国历史上的盛世，而唐朝所以能国祚绵长，与历代皇帝对自己的儿子采取严格的家教有极大的关系。

晋王李治被任命为太子后，李世民唯恐他不能继承自己的事业，因此一有机会就对李治进行教诲。吃饭的时候，对他说："你只有知道种庄稼的艰难，才能吃上这样的饭。"骑马的时候，又对他说："你只有安排好马的劳役和休息，它才能供你骑坐。"

有一次，李世民和太子乘船渡过正在汛期的渭河。船到河心，上下颠簸。李世民看着滚滚的河水，对太子说："你知道吗，水可以载船，也可以使船翻掉。百姓就像河水，帝王就像船。百姓可以服从帝王，也可以把帝王推翻掉。隋炀帝就是最好的例子。所以作为一个帝王，要当心啊！"过了河，大家上岸。太子信步走到一棵树下休息。李世民走了过去，抬头看了看树，说："真是一株好树啊！"然后又对太子说："木材要经过木匠的尺量斧砍才能端正，帝王要听从臣子的规劝才能英明。你可千万不要忘记这一条啊！"

到了贞观二十二年，李世民自己觉得身体一天不如一天，预感到在人世的日子已经不多了,于是作了《帝范》十二篇赐给太子。他说:"修身立德,治理国家的事情,已经全在里面了。我一旦有不测,这就是我的遗言,除此以外,再也没有什么可说的了。"太子接《帝范》,悲不自胜,泪如雨下,说:"臣当朝夕捧读,身体力行,永志不忘。"李世民说:"你应当更以古代的圣人们作为自己的老师,像我这样,还不值得效法。古人说,效法上等,仅能学到中等;效法中等,必然要成为下等;你若只学我,就连我也赶不上了。"在旁的大臣都说:"古今帝王,臣等也听过不少,但能超过陛下的,还未见到一个。"李世民说:"那是你们过誉了。我居大位以来,不对的地方还是很多的:锦绣绸缎、珍宝珠玉不绝于前,宫室楼台屡有兴建,好狗骏马,再远的地方也要弄来,又经常外出巡游,麻烦百姓。这些都是我的过失,你可千万不要以为是对的而加以学习。"太子说道:"陛下曾叫臣到各地视察,了解民间疾苦。所到之处,百姓都无不歌颂陛下宽仁爱民,怎么还说有过失呢?"李世民说道:"我不过度使用民力,给百姓的益处很多,又开创了大唐的天下,功劳很大。因为给百姓的益处多损害少,所以百姓还不抱怨;又因为功劳大而过失小,所以事业才没有垮掉。但比起尽善尽美来,还差得远呢!"又告诫太子说:"你没有我的功劳而要继承我的富贵,只有好好干,才仅仅能保住国家平安。若骄纵懒惰,奢侈淫逸,那么恐怕连你自己都保不住。

唐太宗亲授《帝范》图

况且，一个政权建立起来很慢很难，而要败亡，那是很快的事。天子的地位，得到它很难，而失掉它却很容易。所以，一定得爱惜，一定得谨慎啊！"

太子李治叩着头说："陛下的教诲，金口玉言，一字一珠，臣当铭刻在心，决不叫陛下失望。"李世民说："你能这样，我也就放心了。"

这些都是历史上父母严格教子而获得成功的例子，当然，这样的例子有很多很多，所以曾国藩才会说"治家贵严"，"不严而流弊不可胜言矣"。

五、治家八字诀

【原文】

余与沅弟论治家之道，一切以星冈公为法，大约有八字诀，共四字，即上年所称"书蔬鱼猪"也；又四字则曰"早扫考宝"。早者，起早也；扫者，扫屋也；考者，祖先祭祀，敬奉显考、王考、曾祖考，言考而妣可该也；宝者，亲族乡里，时进周旋，贺喜吊丧，问疾济急。星冈公尝曰："人待人，无价之宝也。"星冈公生平于此数端，最为认真，故余戏为八字诀曰"书蔬鱼猪，早扫考宝"也。此言虽涉谐谑，而拟即写屏上，以祝贤弟夫妇寿辰，使后世子孙知吾兄弟家教，亦知吾兄弟风趣也。弟以为然否？

……

"早扫考宝，书蔬鱼猪"八字，是吾家历代规模。吾自嘉庆末年至道光十九年见王考星冈公日日有常，不改此度。不信医药、地仙、和尚、师巫、祷祝等事，亦弟所一一亲见者。吾辈守得一分，则家道多保得几年。望弟督率纪泽及诸侄切实行之。

……

昔吾祖星冈公，最讲治家之法：第一起早，第二打扫洁净，第三诚修祭祀，第四善待亲族邻里。凡亲族邻里来家，无不恭敬款接，有急必周济之，有讼必排解之，有喜必庆贺之，有疾必问，有丧必吊。此四事之外，于读书种菜等事，尤为刻刻留心。故余近写家信，常常提及"书蔬鱼猪"四端者，盖祖父相传之定法也。尔现读书无暇，此八事纵不能一一亲自经理，而不可不识得此意。

——《曾国藩全集》

【译文】

我与沅弟讨论治家之道，一切都以星冈公所定的规矩为准，大约有八字诀，共有四个字，即上年所说的"书、蔬、鱼、猪"；另有四个字称"早、扫、考、宝"。早就是早起；扫就是扫屋；考就是祭祀祖先，敬奉显考、王考、曾祖考，说考也就包括了妣；宝，就是亲族和乡里之人，经常互相来往，贺喜吊丧，询问疾病，同济急难。星冈公曾经说："人待人是无价之宝。"星冈公生前对于这些事都极为认真，所以我把它戏着总结为"书蔬鱼猪，早扫考宝"。这句话虽然近于谐谑，但我想把它写在屏上，以祝贺你们夫妇的寿辰，使后世的子孙知道我们兄弟的家教，也知道我们兄弟的风趣。你认为对吗？

……

"早扫考宝，书蔬鱼猪"八个字，是我们家历代的家训。我从嘉庆末年到道光十九年见到星冈公天天守常，不改这种规矩。他不信医药、地仙、和尚、师巫、祷祝等事情，也是你一一亲眼见到的。我们对这些规矩守住一分，家道就可以多保住几年。希望你领着纪泽和各位侄子切实遵行它。

……

过去我的祖父星冈公，最讲究治家的规矩：第一要早起，第二要把卫生打扫干净，第三要虔诚祭祀，第四对亲戚邻居要善待。凡是亲戚邻居来我家，都是恭敬接待，有急难一定会周济，有争讼一定帮助排解，有喜事必表示庆贺，有疾病一定去慰问，有丧事必去吊唁。除了这四件事之外，对于读书种菜等事情，尤其时刻留意。所以我近来写家信，常常提到"书蔬鱼猪"这四者，因为这是祖父传下来的规矩。你现在一心读书，没有空暇，这八件事即使自己不能一一亲自料理，也必须懂得其中的道理。

【解读】

提到家训，曾国藩言必称星冈公。星冈公是曾国藩的祖父，他继承祖业，占有一百多亩水田和多处山林、屋宇。家中"自道光元年即处顺境，历三十余年均报平安"。对于自己的经历，星冈公曾有一段自述："吾少耽游惰，往还湘潭市肆，与裘马少年相逐，或日高酣寝。长老有讥以浮薄，将覆其家者，余闻而立起自责，货马徒行。自是终身未明而起。余年三十五，始讲求农事。居枕高嵋山下，垄峻如梯，田小如瓦。吾凿石决壤，开十数畛而通为一，然后耕夫易于从事。吾昕宵行水，听虫鸟鸣声以知节候，观露上禾颠以为乐。种蔬半畦，晨而耘，吾任之；夕而粪，庸保任之。入而饲豕，出而养鱼，彼此杂职之。"他是一个既管有山林田产，又雇有佣工，自己只参加辅助劳动的财主。

曾星冈还常常插手地方事务，武断乡曲，"声如洪钟，见者惮慑"。他自述道："邻里讼争，吾尝居间以解两家之纷，其尤无状者，厉辞诘责，势若霆摧，而理如的破，悍夫往往神沮，或具樽酒通殷勤，一笑散去。"

曾星冈性格暴烈，言行专横，即使对于妻子王氏也是如此。王氏则"虔事夫子，卑诎已甚，时逢愠怒，则辣息减食，甘受折辱，以回眷睐"。曾星冈对子孙诸侄，则严肃异常，"遇佳时令节，尤为凛不可犯"。

然而，曾星冈对子孙们的严格与严厉，却有助于子孙们的成长。道光十九年（1839年），曾国藩回家探亲后动身回京前，站在阶前对祖父说："此次进京，求公教训。"曾星冈说："尔的官是做不尽的，尔的才是好的，但不可傲。满招损，谦受益，尔若不傲，更好全了。"祖父的言传身教，对曾国藩极有影响，他写道："遗训不远，至今尚如耳提面命。"在曾国藩的心目中，曾星冈既是威严的家长，又是自己学习的榜样。曾国藩写道："余尝细观星冈公仪表绝人，全在一'重'字。余行路容止亦颇重厚，盖取法于星冈公。"甚至对于祖父那种粗暴的性格、凛不可犯的样子，曾国藩也认为是"盖亦具有一种收啬之气，不使家中欢乐过节，流于放肆也"。曾国藩还写道："吾家祖父教人，亦以'懦弱无刚'四字为大耻，故男儿自立，必须有倔强之气。"可见，曾星冈的言行，对曾国藩性格的形成，是有着很大的影响的。所以，曾国藩对于祖父终身敬服。他获得高官厚禄以后，仍然说："国藩与国荃遂以微功列封疆而膺高爵，而高年及见吾祖者，咸谓吾兄弟威重智略，不逮府君远甚也。"

六、八本三致祥，家教之根本

【原文】

吾教子弟，不离八本、三致祥。八者曰：读古书以训诂为本，作诗文以声调为本，养亲以得欢心为本，养生以少恼怒为本，立身以不妄语为本，治家以不晏起为本，居官以不要钱为本，行军以不扰民为本。三者曰：孝致祥，勤致祥，恕致祥。吾父竹亭公之教人，则专重"孝"字。其少壮敬亲，暮年爱亲，出于至诚，故吾纂墓铭仅叙一事。吾祖星冈公之教人，则有八字、三不信。八者，曰考、宝、早、扫、书、蔬、鱼、猪；三者曰僧巫、曰地仙、曰医药，皆不信也。

处兹乱世，银钱愈少，则愈可免祸；用度愈省，则愈可养福。尔兄弟奉母，除"劳"字、"俭"字之外，别无安身之法。吾当军事极危，辄将此二字叮嘱一遍，此外亦别无遗训之语。尔可禀告诸叔及尔母无忘。

……

凡事皆有至浅至深之道，不可须臾离者，因欲名其堂曰八本堂。……古人格言仅多，要之每事有第一义，必不可不竭力为之者。得之如探骊得珠，失之如舍本根图枝叶。古人格言虽多，亦在乎吾人之慎择而已矣！

——《曾国藩全集》

【译文】

我教育子弟，不离开八本、三致祥。所谓八，指的是：读古书以训诂为本，写诗作文以声调为本，奉养长辈以得他们的欢心为本，养生以少恼怒为本，立身以不胡言乱语为本，治家以不晚起为本，做官以不贪钱为本，行军以不扰民为本。所谓三，指的是：孝可以导致祥瑞，勤可以带来吉祥，恕可以带来祥和。我的父亲竹亭公在教育别人时，专门注重一个"孝"字。他少壮时敬重长辈，晚年时爱护亲人，都是出于至诚，所以我纂写墓志铭时只叙述这一件事。我的祖父星冈公在教人时，则有八字、三不信。八是考、宝、早、扫、书、蔬、鱼、猪，三是僧巫、地仙、医药，都不相信。

身处这个乱世中，银钱越少，越可以免去灾祸；花费越省，越可以养福。你们兄弟奉养母亲，除了"劳"、"俭"这两个字外，没有更好的安身办法。我每当遇到军事极其危险时，常常把这两个字叮嘱一遍，除此之外没有别的遗训。你可以告诉你的各位叔叔和你的母亲，请他们不要忘记。

……

所有事情都有至深至浅的道理，片刻都不能违离，因此想命名所居之堂为八本堂。……古人的格言很多，关键是每件事都有其至关重要的意义，不能不竭力去做。得到了它就好比探骊得珠，失去了它则好比舍弃根本而贪图枝叶。古人的格言虽然很多，也在于我们谨慎地加以选择。

【解读】

把治家的道理一条条总结出来,编成格言,在这方面,曾国藩可谓颇费苦心,亦可谓用心良苦。在与曾国藩同时代的著名人物中,没有一个人在家训的持论正、有条理、易见效方面可以超过曾国藩的。李鸿章也是与曾国藩齐名的人物,但他在家训方面很少有独到的见解,他大多是把曾国藩的家训抄录下来,让自己的子侄遵行。可见李鸿章不光在为官打仗方面以曾国藩为师,在治家方面也是以曾国藩为师的。所以李鸿章曾心悦诚服地说:我的老师文正公,那可真是大人先生。

我们从曾国藩的家训格言中,似乎确实可以看到他大人先生的样子。光是这"八本",就囊括了从修身到齐家治国平天下的各个方面,而且语言朴实,抓住事物的根本。如"治家以不晏起为本",看似离题,因为治家与起得晚之间的关系表面上看来并不密切。然而事实上,"不晏起"中包含的内容是极为丰富的。作为家长,如果你早起,家中的其他人就不敢睡懒觉,而一日之计在于晨,一个家光从这个方面就会显出整齐兴旺的迹象。不晏起,说明你有责任心;不晏起,说明你精力充沛;不晏起,说明你有规矩;不晏起,说明你自律严格……由小见大,正是曾国藩家训的特色。

七、天道五十年一变,散财为惜福之道

【原文】

天道五十年一变,国之运数从之,惟家亦然。当其隆时,不劳而生获;及其替也,忧危拮据,而无少补救,类非人所为者。昔我少时,乡里家给富足。农有余粟,士世其业。富者好施,与亲戚存问,岁时饭遗楣属。自余远游以来,每归故里,气象一变。田宅易主,生计各蹙,体恤之风日薄。呜呼!此岂一乡一邑之故哉?

……

所以汲汲馈赠者，盖有二故：一则我家气运太盛，不可不格外小心。以为持盈保泰之道，旧债尽清，则好处太全，恐盈极生亏；留债不清，则好中不足，亦处乐之法也。二则各亲戚家皆贫而年老者，今天略为资助，则他日不知何如。

……

生当乱世，居家之道，不可有余财，多财则终为患害。又不可过于安逸偷惰。如由新宅至老宅，必宜常常走路，不可坐轿骑马。又常常登山，亦可以练习筋骸。仕宦之家，不蓄积银钱，使子弟自觉一无可恃，一日不勤，则将有饥寒之患，则子弟渐渐勤劳，知谋所以自立矣。

——《曾国藩全集》

【译文】

天道五十年一变，国运也会随之改变，家庭也是如此。当家庭兴盛时，可不劳而获；等到衰败时，忧愁拮据，而没有办法缓解，似乎不是人力可以改变的。我少年时，家乡的人家家富足，农民仓有余粮，士人安居乐业。富有的人喜欢施舍，亲戚之间互相慰问，过年过节时互送礼物。自从我远游以来，每次回到故乡，都感到情况有很大的变化。田宅变换了主人，生活越来越困难，互相接济的风气越来越淡薄。啊！这难道只是一乡一邑如此吗？

……

所以一心重视馈赠，主要有两个原因：一是我家的气运太兴盛，不能不格外小心。我认为对于盈满时保康泰的方法，如果旧债全部还清，就会好处太齐全，恐怕盈极生亏；留有债务没有还清，虽然美中不足，但也是享受乐趣的一种方法。二是各位亲戚中家里贫困而又有年纪大的人，今天不稍加资助，则不知道他们以后如何过日子。

……

生逢乱世，居家之道，不要有多余的钱财，钱财多最终就会带来祸患。又不能过于安逸懒惰。比如从新屋到老屋，一定要常常走着去，不要坐轿骑马。又要常常去爬山，也可以锻炼筋骨。官宦人家，如果不积聚钱财，就会让子女们觉得没有什么可依凭的，一天不勤劳，就会有饥寒之患，这样，子女们就会渐渐懂得勤劳，知道通过什么办法自立了。

【解读】

曾国藩一生自奉清俭，所以在钱财问题上看得很开，认为对之不应过分追求。因此，在子弟没有做官时，曾国藩教育他们正确对待八股文和科举；子弟做官之后，曾国藩又常常教育他们正确对待权位和富贵。他对那位有几分傲气又有几分贪财的九弟常常反复开导，显得颇为突出。同治元年（1862年）五月，湘军攻下安庆，正包围金陵，他警告两个弟弟说："若一面建功立业，外享大名；一面求田问舍，内图厚实，二者皆有盈满之象，全无谦退之意，则断不能久。此余所深信，而弟宜默默体验者也。"金陵即将攻破之时，他又告诫两个弟弟说："古来成大功大名者，除千载一郭汾阳外，恒有多少风波，多少灾难，谈何容易！愿与吾弟兢兢业业，各怀临深履薄之惧，以冀免于大戾。"他劝勉弟弟在即将成功的时候，一定要谨小慎微，以免功败垂成。

曾国藩还反复教育子弟不要贪财。他自诩"阅历数十年，于人世之穷通得失思之烂熟"，认为"祸咎之来，本难逆料，然惟不贪财、不取巧、不沾名、不骄盈四者，究可弥缝一二"。贪财之人迟早会招来祸患，这两点都是被自古以来无数事实所证明了的。所以，他告诫儿子说："大约世家子弟，钱不可多，衣不可多，事虽至小，关系颇大。"为什么事小而关系颇大呢？因为"未有钱多而子弟不骄者也"，而骄者易败，亦是历史的必然规律。

但是，值得我们注意的一件事是，曾国藩自己不求财，却对别人尤其是九弟曾国荃掠夺财富的行为加以包庇和纵容，这实在让人颇为费解。

金陵攻破后，湘军在金陵城内"见人即杀，见屋即烧，子女玉帛，扫数悉于湘军，而金陵遂永穷矣"。曾国荃于金陵攻陷的当天就进了

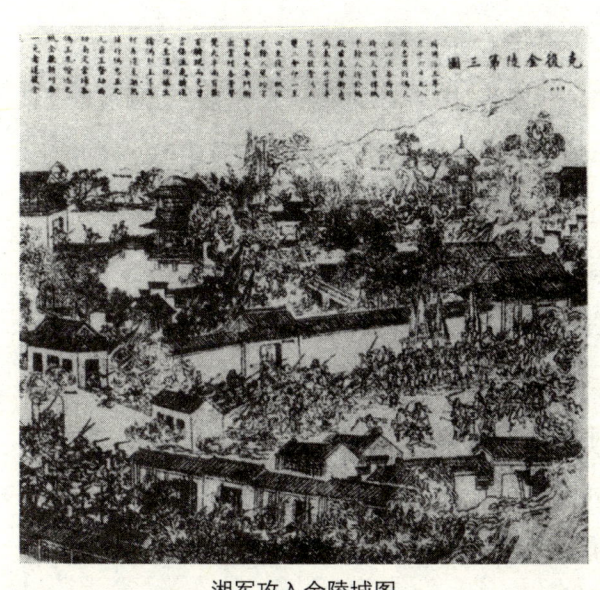

湘军攻入金陵城图

城,与他同时进城的赵烈文见各军入城后疯狂掠夺,肆意烧杀,一片混乱,唯恐发生事变,劝曾国荃加以弹压。曾国荃当时极其疲乏,"闻言意颇忤,张目曰:'君欲余何往?'余曰:'闻缺口甚大,恐当亲往堵御。'中丞(指曾国荃)摇首不答"。这说明曾国荃是有意纵容的。第二天,赵烈文拟出四条禁令,中有"止杀"一条,曾国荃坚决不同意。至第七天,曾国荃虽然勉强同意张贴了告示,但诸将均相应不理,"惟知掠夺,绝不奉行",曾国荃一律听之任之。他本人不仅有部下来"孝敬","获资数千万","悉辇于家",而且据称席卷了太平天国的金库。这年七月十一日,清廷下令追查天京所贮金银财宝的下落,但最终亦不了了之。赵烈文对曾国荃等人的贪婪颇感愤愤不平,后来,他旁敲侧击地对曾国藩说:"沅帅坐左右之人累之耳!其实子女玉帛,无所与也。各员弁,自文案以至外差诸人,则人置一簏,有得即开簏藏纳,客至则倾身障之,丑态可掬。"曾国藩说:"吾弟所获无几,而老饕之名遍天下,亦太冤矣!"曾国藩虽然为曾国荃叫屈,但他承认自己的弟弟有所获,只是"所获无几",说明他对曾国荃之贪财是心知肚明的。倒是曾国藩的小女儿曾纪芬说得坦率:"忠襄公(曾国荃)每克一名城,奏一凯战,必请假还家一次,颇以求田问舍自晦。"这不正是在战争中掠取财物的活生生的形象吗?曾国藩自己也在信中说:"沅弟昔年于银钱取与之际不甚斟酌,朋辈之讥议菲薄,其根实在于此。"

从上文还可以看出，曾国藩对于馈赠之事极为重视，曾国藩重视馈赠，主要是把它作为惜福之道，即通过这种方法来积累阴德，以更长久地享受福气。而历史上有个叫疏广的人，他的想法竟然和曾国藩一模一样，只是做得比曾国藩更为大方。

金朝时，疏广弃官回家以后，每天令家里人预备好菜好酒，请来族人故旧，四方宾客，举杯畅饮，尽情娱乐。这样的日子过了有一年多了。疏广的儿孙们看到钱财如流水般白白散失掉，非常心疼。他们偷偷找来一个疏广所信赖和爱戴的老人，对他说："儿孙们都要长大成年了，想趁老爷健在的时候多置备些产业。可现在每天饮食花销巨大，钱财都要挥霍尽了！请您老劝一劝老爷，让他用剩下的钱买些田宅吧！"老人于是把这番话讲给疏广听。说了几次，也不见疏广有所改变。一天，老人又向他提起这个意见。疏广十分感慨和郑重地说："我难道是老糊涂了而不念及子孙们的前途吗？但是有句俗语说：'贤而多财则损其志，愚而多财则益其过'，财产多了，能使贤者丧失远大志向，让愚者更加愚陋不堪，这也是金圣主所以赐给老臣如此丰厚的财物以让老臣养老的缘故啊！如今，我与整个家族共享这份恩赐，直到用完为止，难道不是很好的事吗？"

可见，如何正确地看待财富，如何正确地使用财富，实在是人生的一个大学问。

八、败家覆身之八途

【原文】

士大夫之家不旋踵而败，往往不如乡里耕读人家之耐久。所以致败之由大约不出数端。家败之道有四，曰礼仪全废者败，兄弟欺诈者败，妇女淫乱者败，子弟傲慢者败。身败之道有四，曰骄盈凌物者败，昏惰任下者败，贪刻兼至者败，反复无信者败。未有八者全无一失而无故倾覆者也。

——《曾国藩全集》

【译文】

士大夫之家有的很快就衰败，往往还不如乡里耕读人家的家运持久。造成衰败的原因，大约不出这样几个方面。家庭衰败的原因有四个：彻底废弃礼仪之家衰败，兄弟相互欺诈之家衰败，妇女淫荡秽乱之家衰败，子弟骄傲轻慢别人之家衰败。一个人衰败的原因也有四个：骄傲自满、欺凌别人的人衰败，昏聩懒惰、轻信下人的人衰败，贪婪刻薄的人衰败，反复无常、不讲信义的人衰败。从来没有见过没有上述八种弊病而无故败家覆身的事情。

【解读】

曾国藩在此主要论述了造成家败身败的八种原因。在另一处，曾国藩这样论述"居家四败"：妇女奢淫者败，子弟骄怠者败，兄弟不和者败，侮师慢客者败。其意思与上文差不多，只是具体内容略有出入：妇女淫乱改成了妇女奢淫，兄弟欺诈改成了兄弟不和，子弟傲慢改成了子弟骄怠，礼义全废改成了侮师慢客。

从上述曾国藩关于居家之道的论述可以看出，曾国藩对家教是极为重视的，而从历史事实来看，他的家教也是颇为成功的。儿子曾纪泽，是清末著名的外交家，1881年在与沙皇俄国的交涉中，为收回新疆特克斯流域大片领土立下了功劳。另一个儿子曾纪鸿，淡于功名，精研数学，有代数著作数种。而孙辈和曾孙辈中也颇多学者名士，学有所成。因此曾国藩的家教，历来被世人重视。

在此，我们具体讲一下他的儿子曾纪泽和女儿曾纪琛的故事，由此人们可见曾国藩的家教是如何获得成功的。曾纪泽，道光十九年（1839年）十一月初二生于湖南荷叶乡。其时曾国藩正在家乡休假。

咸丰二年（1852年），曾纪泽的祖母去世。翌年春，他随母回荷叶，先后于黄金堂、大夫第读书，业师为邓寅皆。这期间，曾国藩家信甚多，内容多为督促儿女发奋读书。曾纪泽年幼时患过病，记性不太好，但悟性较强，曾国藩要求塾师"每日点五六百字，教一遍，解一遍，令其读十遍而已，不必能背诵也"。曾国藩更重视教育后代如何做人。他告诫曾纪泽"总以习劳苦为第一要义"，规定曾纪泽由新宅黄金堂到老宅白玉堂，一定要走路，不要坐轿骑马；又要常常登山，以锻炼筋骸。曾国藩还规定儿辈"不许坐轿，不许唤人取水添茶等事。其拾柴、收粪等事，须一一为之；插田莳禾等事，亦时时学之"。

曾纪泽像

曾纪泽严遵父训，在家读经史，苦攻诗文，练字习画，在咸丰八年（1858年）的乡试中，年仅十八岁的曾纪泽中了举人，曾国藩获悉大喜，写信给弟弟："湖南乡试榜发，吾邑得中者三人。傅泽鸿不知即邓师之徒否？黄南坡之世兄、麓溪之世兄皆中。麓溪年甫四十，而子已登科，可谓早矣！"

曾国藩对儿女的婚事，历来要求甚严。咸丰六年（1856年），曾纪泽与贺氏成婚时，他即规定："招赘之日，七日即回湘乡，尚不为久。诸事总须节省，新妇入门之日，请客亦不宜多。"并给弟弟们写信："新妇始至吾家，教以勤俭，纺绩以事缝纫，下厨以议酒食。此二者，妇职之最要者也。"

同治四年（1865年）秋，曾纪泽为修葺富厚堂，奉父命回到老家。

第二年，富厚堂建成，曾纪泽偕母亲及弟弟妹妹住进新屋。新屋前大门后还有三重大门，曾纪泽将中门进中厅取名"八本堂"，亲自把曾国藩所谕"八本"用隶书写在正墙上。这一年，湘乡修县志，各界人士荐举曾纪泽负责纂修。曾国藩知道这一事情后，立即写信告诫曾纪泽："尔学未成就，文甚迟钝，自不宜承认，然亦不可全辞。一则通县公事，吾家为物望所归，不得不竭力赞助；二则尔惮于作文，正可借此逼出几篇。天下事无所为而成者极少，有所贪有所利而成者居其半，有所激有所逼而成者居其半。尔篆韵抄毕，宜从古文上用功。余不能文，而微有文名，深以为耻，尔文更浅，而亦获虚名，尤不可也。或请本县及外县之高手为撰修，而尔为协修。"

同治十一年（1872年）春，曾国藩病逝于两江总督任上，曾纪泽扶灵回籍。光绪二年（1876年）冬，他离开长沙入京。翌年被袭封一等毅勇侯爵。光绪四年（1878年）六月，奉旨赏戴花翎，任英国、法国钦差大臣。赴任前，西太后在养心殿召见他，两人间有这么一番对话。西太后说："办洋务甚不容易，闻福建又有焚教堂房屋之案，将来必又淘气。"曾纪泽答："办洋务难处，在外国人不讲理，中国人不明事势。中国臣民常恨洋人，不消说了，但须徐图自强，乃能为济，断非毁一教堂、杀一洋人，便称报仇雪耻。"西太后说："这些人明白这道理的少。你替国家办这点事，将来这些人必有骂你的时候，你都要任劳任怨。"曾纪泽说："臣从前读到'事君能致其身'一语，以为人臣忠则尽命，是到了极处。观近来时势，见得中外交涉事件，有时须看得性命尚在第二层，竟须拼得将声名看得不要紧，方能替国家保全大局。即如前天津一案，臣的父亲先臣曾国藩，在保定动身，正是卧病之时，即写了遗嘱吩咐家里人，安排将性命不要了。及至到了天津，又见事务重大，非一死能了事，于是委曲求全，以保和局。其时京城士大夫骂者颇多，臣父亲引咎自责。寄朋友的信常写'外惭清议，内疚神明'八个字，正是拼却声名以顾大局。其实当时事势，舍臣父之所为，更无办法。"西太后问:"你现在在总理衙门居住?"曾纪泽答:"总理衙门事务势不能不秘密,臣等从前未敢与闻。现因奉旨出使,须将英国、法国前后案件查考一番,并须摘要抄录一点。其全案虽在郭嵩焘处,然臣在路上必有外国人交接应酬,若言谈之际全然不知原委,未免不便。"西太后听后颇为满意,说:"你办事倒很细心。"

曾纪泽在常驻英、法大臣任内,刻苦攻读英语、法语,深入了解各国历史、国情,研究国际公法,考察西欧各国工商业及社会情况。他还将使馆由租赁改为自建,亲自负责图书、器物的购置,务使使馆规模不失大国风度,亦不流于奢靡。

在外交宗旨上,他则表明自己要遵孔子所说的"言忠信,行笃敬,虽蛮貊之邦行矣"的教诲。这种谦虚谨慎和诚实笃敬的作风,深为外国人所敬重。

光绪六年(1880年)正月,曾纪泽被补授大理寺少卿,除任驻英、法大臣以外,还兼任驻俄大臣,赴俄谈判收复新疆伊犁地区的问题。曾纪泽赴俄之前,崇厚已与俄国签订了丧权辱国的《里瓦几亚条约》,朝野哗然。因此,曾纪泽这次出使,举国瞩目。六月,他行抵俄京,前后谈判达十个月,反复争辩达数十万言。经他的据理力争,于光绪七年(1881年)正月达成《中俄伊犁条约》,与崇厚原订条约比较,虽然伊犁西境霍尔果斯河以西地区仍被沙俄强行割去,但乌宗岛山及伊犁南境特克斯河一带,均予收回,废除俄人在松花江行船、贸易,保卫了中国的内河主权,等等。

光绪十年(1884年)三月,曾纪泽卸驻法大臣职,升为兵部右侍郎,仍为驻英、俄大臣,与英国议定《洋烟税厘并征条约》。此约为清政府每年增加烟税白银200多万两。

光绪十二年(1886年)六月,曾纪泽回国,帮办海军事务。不久,迁兵部左侍郎,命总理各国事务衙门行走。

光绪十六年(1890年)闰二月二十三日,曾纪泽卒于京师户部任内，终年51岁，谥惠敏。

接下来再说说曾国藩的女儿曾纪琛。曾纪琛与罗兆升的婚事，是使曾国藩头疼的一件事，他俩于同治元年（1862年）四月成婚。曾纪琛到罗家后，严守家风，勤劳节俭，孝敬翁姑，深得罗家欢喜，夫妻生活亦较美满。但由于罗兆升性格暴躁，凡事稍不如意，常大发雷霆，曾纪琛婚后不到一年，即受到罗家歧视，其夫妻感情亦产生了裂痕。尽管如此，曾国藩还是在信中用传统道德告诫女儿忍耐顺受：

> 罗婿性情乖戾，与袁婿同为可虑，然此无可如何之事。不知平时在三女儿之前亦或暴戾不尽人情否？尔当谆嘱三妹柔顺恭谨，不可有片语违忤。三纲之道，君为臣纲，父为子纲，夫为妻纲，是地维所赖以立，天柱所赖以尊。故《传》曰："君，天也；父，天也；夫，天也。"《仪礼》记曰："君至尊也，父至尊也，夫至尊也。"君虽不仁，臣不可以不忠；父虽不慈，女不可以不孝；夫虽不贤，妻不可以不顺。吾家读书居官，世守礼义，尔当告诫大妹、三妹忍耐顺受。吾于诸女妆奁甚薄，然使女果贫困，吾亦必周济而抚育之。目下陈家微窘，袁家、罗家并不忧贫，尔谆劝诸妹，以能耐劳忍气为要。吾服官多年，亦常在耐劳忍气四字上做工夫也。

做完对女儿的训诫工作后，曾国藩又加强了对罗婿的教育工作。为了使罗兆升有根本性的改变，曾国藩曾于同治四年（1865年）春将三女和罗兆升招至金陵督署，经过多次谈话后，罗兆升有了较大的改变。此时，曾纪琛已身怀有孕，并于是年三月十八日在署中生一子，这使罗兆升在精神上得到安慰。罗兆升准备离署时，曾国藩还亲书"忍敬"二字训诫。但在曾纪琛与罗兆升离开金陵时，却突然发生一件不幸的事。这一天，曾国藩奉朝命带兵北上"剿捻"，女儿女婿亦选定这个日子携子回湘。出署登舟之际，全城水陆军举炮送行，炮声震天，曾纪琛怀抱之子受惊生疾，后请医生抢救无效而夭亡。

此事给曾纪琛的打击很大。虽然回到家乡后又生了一胎，却是个女孩，故更为罗家所歧视，而夫妻关系也愈显紧张。在此情况下，曾纪琛力劝丈夫纳妾，并帮助在乡间找到一贤惠少女洪氏为妾。罗兆升后来又在陕西官廨纳一张氏为妾。但张氏一直不能生育，罗便想接曾纪琛去官廨，然曾纪琛见洪氏比自己年轻十多岁，更有可能生育，便劝其前往，自己则在家操劳家务。光绪十四年（1888年）二月，洪氏身怀有孕，但罗兆升却死于任上，时年43岁。后张、洪二妾将其棺运回老家安葬。丈夫的早逝，罗门之将衰，使得妻妾三人终日以泪洗面。曾纪琛在悲伤之余，常以婉言劝慰洪氏，望其保重身体，如能生一子，尚可为罗家传宗接代。不久，洪氏果真生一遗腹子。曾纪琛对此欣喜不已，为子取名长焘。

自从有了长焘之后，曾纪琛按其家训，每日操持家务，事无巨细，必亲自为之。当时，由于时常有曾国藩及罗泽南的旧友前来造访，以致门前车水马龙，但曾纪琛均处理得井然有序。闲暇之余，曾纪琛又博览群书，闾里莫不称其为贤者。曾纪琛对待洪、张二氏一直宽大为怀，亲如姐妹，相依为命，一心扑在抚孤工作上。其子稍长，曾纪琛即延师入学，并视长焘为亲生，谆谆教诲。此后，一直到长焘成家生子，都是曾纪琛一手操持。

曾纪琛一生恪守三纲五常，诚以待人，严于律己。虽出身名门望族，但勤劳节俭，艰苦朴素，毫无贵妇习气。从现在的眼光来看，曾国藩劝曾纪琛夫为妻纲，凡事均以忍字为先，当然显得过分。但是，在晚清时期，曾纪琛的所作所为，无疑是中国妇女传统美德的最好体现。而曾纪琛之所以能这样做，与曾国藩严格的家教有极为密切的关系。

第三章
为官须浑厚明强

一、勤俭二字为做好官的秘诀

【原文】

勤、廉二字看似平浅,实则获上在此,信友在此,服民亦在此。舍此二字,上司即偶然青盼,亦不能久。欲求寅僚之敬佩,百姓之爱戴,即袭取于偶然,亦不可得矣!欲请廉字,须从俭字下工夫。用人宜少,官气宜轻,常如教官衙门规模。所以既少,所人自可不苟。欲请勤字,须从清理词讼下工夫。当限定每日讯结几起,作为自己工课。

……

惟俭可以养廉,惟勤可以生明。此二语者是好做官的秘诀,即是做好人的命脉。

……

古之成大业者,多自克勤小物而来。百尺之楼,基于平地;千丈之帛,一尺一寸之所积也;万石之钟,一铢一两之所累也。文王之圣,而自朝至于日中昃,不遑暇食;周公仰而思之,夜以继日,幸而得之,坐以待旦;仲山甫夙夜匪懈。其勤若此,则无小无大,何事之敢慢哉?诸葛忠武为相,自杖罪以上皆亲自临决;杜慧度为政,纤密一如治家;陶侃综理密微,虽竹头木屑,皆储为有用之物。朱子谓为学须铢积寸累,为政者亦未有不由铢积寸累而克底于成者也。秦始皇衡石量书,魏明帝自紊行尚书事,隋文帝卫士传餐,皆为后世所讥,以为天子不当亲理细事。余谓天子或可不亲细事,若为大臣者,则断不可不亲。陈平之问钱谷不知,问刑狱不知,未可以为人臣之法也。凡程功立事,必以目所共见者为验。苟有车,必见其轼;苟有衣,必见其敝;苟为博物君子,必见其著述满家,抄撮累箧;苟为躬行君子,必见其容色之睟盎,徒党之感慕;苟善治民,必见其所居民悦,所去民思;苟善治军,必见其有战则胜,有攻则取。若不以目所共见者为效,而但凭心所悬揣者为高,则将以虚薄为辩而贱名检,以望空为贤而笑勤恪。何晏邓扬之徒,流风相煽,高心而空腹,尊己而傲物,大事细事,皆堕坏于冥昧之中;亲者贤者,皆见拒于千里之外。以此而冀大业之成,不亦悖哉!

——《曾国藩全集》

【译文】

勤、廉这两个字看起来似乎很平淡、浅显,实际上无论是被上司看中,还是让朋友信任,让百姓信服,都需要靠它。不具备这两种品质,即使偶然被上司看中了,也不会长久受重用。想得到同僚的敬重,百姓的爱戴,即使想侥幸有所得,也不可能!想做到廉,必须从俭字上下工夫。使用的人要少,官气要轻,常常像教官衙门一样的规模。人既然少了,所用的人自然不敢马虎。想要做到勤,要从清理积压官司上下手。必须限定每天结清几起官司,并把此作为自己每天的功课。

……

只有俭可以养廉,只有勤可以带来明察。这两句话是做好官的秘诀,也是做好人的关键。

……

古代成就大事业的人,都是从小事情上克勤克俭开始的。百尺高的楼阁,起自平地;千丈长的绢帛,是一尺一寸累积起来的;一万石的钟,是一铢一两积聚起来的。文王被称为圣明,因为他常常整天为公事顾不上吃饭;周公为国事操劳,日夜不停,若有所得,则坐待天明;仲山甫时时刻刻都为公事不懈怠。他们如此勤劳，那么无论大事小事，对什么事会轻慢地对待呢？诸葛亮担任丞相，只要是需要击杖之刑罚他都要亲临决断；杜慧度处理政事，如同治理家庭一般缜密；陶侃治事细密，即使像竹片木屑之类的东西，都储存起来，以备万一之用。朱熹称从事学问必须一铢一寸地积累，其实为政也是通过一铢一寸地积累而达成功的。秦始皇衡石量书，魏明帝亲自从事尚书的工作，隋文帝为卫士递饭，都被后世之人讥评，认为他们贵为天子，不应该亲自办理这些琐碎之事。我认为也许天子可以不亲自办理这些琐碎之事，但作为大臣，则万万不可不亲自来办理。陈平不知钱谷，不知刑狱，这不是作为臣子应当效法的。做事是否成功，一定要以大家有目共睹为效验。假如有车，一定要能看到车辙；如果有衣服，一定能看到它旧的时候；如果是博学的君子，一定能看到他满屋子的著作，满箱子抄录的材料；作为实践道德的君子，一定能看到他容色淳厚，并受他的信徒们的敬慕。如果一个人擅长政事，一定能看到他辖内的居民很高兴，而他离开其治辖范围时人们会很想念；假如一个人擅长带兵，一定能看到他战则胜、攻则克。如果不以大家有目共睹的事情为效验，而只靠内心来臆测高明，就会崇尚虚浮而轻实际，崇尚玩空而轻勤劳。何晏、邓扬这些人，造成一种风气，心很高，腹中却无才学，自高自大，看不起别人，无论大事小事，都一窍不通；无论亲人和贤人，都拒之于千里之外。想这样去成就大业，不也太荒谬了吗？

【解读】

曾国藩认为，一个君主或官员，要想获得百姓的爱戴，勤、廉两个字一个都不能少。曾国藩的这句话并非泛泛而论，而是对历史经验的正确总结。因为历史上的许多君主和臣子，就是毁于不能勤、廉上。

晋武帝司马炎是西晋王朝的君主。他的祖父司马懿、伯父司马师、父亲司马昭都是曹魏的权臣。他们为司马炎打下了基础，使他能登上皇帝宝座，并统一全国。

晋武帝统一全国后,在政治、经济诸方面进行了一些改革,取得了一定成绩,但是他缺乏远大志向,又骄奢淫逸,贪图财利,使得西晋王朝很快就走向了腐朽和灭亡。

太康三年(公元282年)正月,晋武帝在南郊祭典结束之后,对司隶校尉刘毅说:"我与汉朝哪个皇帝相似?"刘毅直言不讳地回答说:"与汉桓帝、汉灵帝相似。"武帝说:"我怎么会到这种地步呢?"刘毅回答道:"桓帝、灵帝卖官鬻爵,钱入官库;而陛下您卖官鬻爵,却钱入私门。凭这点来说,您还不如他们。"由此可见晋武帝的贪财已到何等程度。

晋武帝的骄奢淫逸也是历史上罕见的。奉始九年(公元273年)六月,他下诏遴选公卿以下人员的女儿,以备六宫之用,有藏匿女儿者以不敬罪论处;并规定采选没有完毕时,暂时禁止天下人嫁娶。这次选宫女,连司徒李胤、镇国大将军胡奋、廷尉诸葛冲的女儿也未能幸免。灭吴之后,晋武帝又选吴帝孙皓的宫女五千人入宫。

当时,晋武帝整天游玩,不理朝政,后宫妃妾将近万人之多。他宠爱的人很多,晚上竟不知道该到哪位嫔妃处过夜为好。于是,他想了个办法,就是乘坐羊车,在宫内随便行走,羊车停在哪里就在哪里设宴住宿。妃妾们为了取得皇帝的宠爱,得知羊爱吃盐和竹叶,便竞相将竹叶

晋武帝乘坐羊车临幸嫔妃图

插在窗户上,将盐汁洒在地上,以此吸引羊车停到自己门前。可见晋武帝的生活已荒淫到何等地步!

在晋武帝的影响下,西晋王朝奢靡成风。大官僚何曾,每天吃饭要花费一万钱,还嫌没有可下筷的菜。他的儿子何劭"食必尽四方珍美,一日之供,以钱二万"。晋武帝的女婿王济,请岳父吃饭,用一百多个艳装女子擎食,以代替餐桌。他蒸的小猪味道极美,武帝询问原因,他说是用人奶喂养而成的。最能表现西晋士族腐朽荒淫的还是石崇和王恺斗富的丑剧。

王恺是晋武帝的舅父,家门豪富,又仗着自己是皇帝国戚,根本不把别人放在眼里。石崇任散骑常侍、荆州刺史,财产无数,享尽荣华富贵,连厕所里都专门设有十余个丽服藻饰的女婢,手举沉香等物,供入厕的达官贵人使用。

石崇、王恺都以为自己比对方富有,就变着花样显示自己,以压倒对方。王恺用糖水涮锅,石崇用蜡烛代柴烧火;王恺用紫丝做成步幛四十里,石崇用锦帛做成步幛五十里;石崇用调味的椒料涂屋,王恺用赤石脂抹墙。晋武帝不但不加制止,反而想帮助舅父获胜。为此他赐给王恺一株世间罕见的二尺左右高的珊瑚树。王恺得意洋洋地向石崇显示,但石崇连看都不看,即用铁如意将它击碎。王恺大怒,认为对方是嫉妒自己的宝物,但石崇却说:"不值得这么恼恨,现在我就还给你。"说罢,就让家人将自己所有的珊瑚树都搬出来,其中高达三四尺的有六七株,像王恺那种二尺高的就更多了,任王恺挑选。见到如此情景,王恺怅然若失,不得不甘拜下风。

王恺、石崇之流的豪强大族,不仅挥金如土,而且视人命如儿戏。石崇宴请宾客,规定用美女劝酒,若客人不饮,就杀掉美女。大将军王敦故意不肯饮酒,石崇果然一连杀掉三个劝酒的美女。王恺请客吃饭,必找女妓吹笛伴酒;若吹笛之人稍有忘韵吹错之处,王恺即令将女妓拉到台阶下打死。而王恺却照常饮酒,谈笑不变。

为了维持这种醉生梦死的生活，他们必然要千方百计地聚敛财富。晋武帝就是通过卖官而自肥的。司徒王戎是通过贪污勒索而致富的，当他田园遍天下之后，仍然每天晚上与他老婆在灯下算账，锱铢必较。石崇更是无所不用其极，在荆州刺史任上，竟然派人假扮强盗，抢劫来往商客的财物。

以晋武帝为首的西晋统治者，是这样一群贪婪残忍、挥霍无度的恶棍，他们怎么能治理好一个国家呢？

晋武帝的儿子、惠帝司马衷是一个弱智儿。他在园中听到蛤蟆的叫声，竟问身边的人："这个鸣叫的蛤蟆是官府的呢，还是私人的呢？"有人敷衍他说："在官地上的就是官府的，在私地上的就是私人的。"等到国家荒乱，百姓饿死时，惠帝竟说："为什么不吃肉粥？"立这样一个神志不清的人继位，天下能治理好吗？

所以，晋武帝死后不久，就爆发了"八王之乱"，宗室之间、后妃之间相互残杀，给人民带来了无穷的灾难，西晋王朝也在这场大混战中归于灭亡。西晋从晋武帝死时算起，只存在了26年，而短命的祸根就在晋武帝身上。

然而，历史上那些能忠实遵循勤、廉二字的君主、官员，他们不但使国家富强，保一方平安，而且自己也因此而名垂青史。

汉文帝刘恒在位23年，一直过着节俭的生活，宫室、苑囿、车骑、服御等衣食住行必需的设备和物品，仍和过去一样，没有什么增加。发现有对百姓不便的事情，就立即改正，务求有利于民众。他曾想建造一个露台，召来工匠一核算，需花费百金。文帝说："百金，相当于中等人户十家的财产。我继承先帝的宫室，常常感到恐惧、羞愧，为什么还要修建露台呢？"按当时的条件，修建这样一个露台是不成问题的，造价也不高，不会产生什么不良结果，而文帝却认为过于破费，竟放弃了这个想法。他经常身穿用黑色粗丝绸缝制的衣服，连他最宠爱的慎夫人，穿的衣裙也不许拖地，所用的帷帐都不得用绣花装饰，用自己的俭

《帝鉴图说》中的《露台惜费》图，描绘了汉文帝因爱惜钱财而不造露台的情形

朴为天下人做出表率。在为自己修造陵墓时，他命令都用瓦器，不准用金、银、铜、锡等贵重金属为装饰；还命令顺着山势建造，不准堆积高大的坟墓。他在死前还留下遗嘱说："当今之世，咸嘉生恶死，厚葬以破业，重服以伤生，吾甚不取。"并一再叮嘱丧事从简。

汉文帝的节俭为群臣树立了榜样，从而使当时的社会风气崇俭尚德，为"文景之治"的形成奠定了基础。

对雍正帝继位是否为康熙帝的本意，人们众说纷纭，然而，对于他的为政之勤，却是众口一词的。雍正帝处理朝政，自早至晚，很少休息。大体上是白天同臣下接触，议定和实施政事，晚上批览奏章，经常至深夜。即使在吃饭和休息的时候，他也不敢贪图轻松安逸。他的这种工作作风，年年如此，寒暑不断。经雍正帝亲手批阅的奏章，现存台北故宫博物院的就有2.2万余件，而且还不是其全部。雍正帝自己所写的谕旨及对大臣奏章的批示，现已选刊者即不下数十万言，其未刊者则更多。雍正元年（1723年）五月初一，雍正帝连续颁发11道训谕，对总督、督学、提督、总兵、布政司、按察司、道员、参将、游击、知府、知州、知县等各级地方文武官员提出了明确的要求。一道谕旨就洋洋万言，若非勤政之君，实难办到。

雍正帝之勤政，又与他以治天为己任是分不开的。他在位期间，一直以"万机待理"的责任感而勤奋工作。他自己曾明确讲过，他之所以勤政，并非以此博取令名，而是"为社稷之重"。就是说，他是感到治理大清江山的责任重大，故而勤于政务，不敢稍有懈息。正是因为雍正帝以社稷

雍正帝像

为重，以国事为先，他才能够如此勤勉。雍正六年（1728年）夏，他写了《夏日勤政殿观新月作》七律一首：

勉思解愠鼓虞琴，殿壁书悬大宝箴。
独览万几凭溽署，难抛一寸是光阴。
丝纶日注临轩语，禾黍常期击壤吟。
恰好碧天新吐月，半轮为启戒盈心。

雍正帝因早年曾中过暑，遂形成畏暑心理。每一年酷热之际，意欲休息，但一想到前贤的箴言、帝王的责任，便不敢浪费一点时光，进而勉励自己努力去从事政务。

雍正帝这种勤政的精神，以及持之以恒的毅力，在封建帝王中堪称楷模，清史专家孟森先生曾说："自古勤政之君，未有及世宗（即雍正帝）者，其英明勤奋，实为人所难及。"这一评价，对雍正帝来说是很恰当的。

对于雍正帝的这种做法，曾国藩也许有不同看法："余谓天子或可不亲细事。"但作为臣子的曾国藩则认为必须要这么做："若为大臣者，则断不可不亲。"而在这一方面，我们认为曾国藩可以说是问心无

愧了。

曾国藩自从统领湘军以后，无日不在忧患中，也无日不在顽强地奋斗着。他所取得的一系列成功，与他的勤奋有直接的联系。下面我们从曾国藩镇压太平天国和"剿捻"这两个事例来看一看曾国藩是如何勤于为官的。

湘军自咸丰八年（1858年）十月三河镇大败后，元气严重受挫。不得已之下，曾国藩的弟弟曾国荃在湖南募集了近6000名湘勇，前往支援曾国藩。也是因祸得福，曾国荃居然英勇善战，带领湘勇连克坚城，给曾国藩带来很大的安慰。

其时石达开已率重兵离开洪秀全，向四川挺进。咸丰帝怕石达开在四川成事，令曾国藩率兵进剿。但曾国藩却把目光盯在收复南京上，所以抗旨不从，终使咸丰帝收回成命。咸丰九年十月，曾国藩定下了四路围攻南京的作战计划，但因咸丰十年四月清军江南大营溃败，计划破产。但曾国藩却因此更受朝廷倚重，于咸丰十年四月升至兵部尚书，署理两江总督。六月二十四日，又奉诏补授两江总督，授为钦差大臣，督办江南军务。成为权倾一时的封疆大员。

当然，曾国藩并没有辜负朝廷的期望，经过湘军几年的浴血苦战，终于在同治三年（1864年）攻下了太平天国的首都南京，为清政府消除了心头大患，成为当之无愧的晚清第一中兴名臣。下面我们来看一下曾

湘军攻破金陵图

国藩攻破南京的大致过程。

咸丰十一年（1861年），当曾国荃率军攻克安庆时，即把目标指向了南京（即金陵）。当时，曾国藩令曾国荃继续回乡招兵，以扩大他的吉字营。同治元年（1862年）五月，曾国荃率众三万余人进驻雨花台，南京攻防战自此打响。

关于南京攻防战的简要过程，我们还是以《曾国藩事略》为据，作一介绍。文中称太平军为"贼"，这是由原作者的立场决定的：

五月初一日，公弟国荃进攻秣陵关。秣陵关者，金陵之雄镇，亦大胜关之右辅也。维时贼备未严，官军掩至，守关贼酋举关降。官军绕出三汊河后进逼大胜关，编木作桥。初二日，国荃派军先伏桥边，而以后队六营掩旗疾进。贼见我军抄后，惧为长围所困，乘夜纵火，弃巢而走，官军追击败之，遂夺大胜关、三汊河两垒平之。时彭玉麟驻金柱关，闻国荃悬军深入，恐为贼乘，急调水师策应，由烈山驶近头关。适国荃亦于初三日昧爽整旅而来，水师于狂风巨浪之中排炮仰击无少休，陆军乘之，立拔头关。玉麟进攻江心洲。洲有石垒双峙，屹若坚城。水师飞炮入垒，贼亦穴墙还击。战至日晡，水师挟火具登岸，蛇行芦苇中，逼垒纵焚，火光烛天。我军跃入贼墙烧剃，群丑扑火溺水，横塞江流。水师乘胜鼓飞行，立夺蒲包洲，遂泊金陵之护城河口。国荃由陆路倚护水师驱军直入，逼扎雨花台，距城仅四里耳。公弟贞驻三汊河江东桥一带，傍水筑垒以保西路粮道。是为规取金陵之始。初四日，鲍超攻寒亭、管家桥逆垒，悉破平之。十二日，贼纠众二万犯雨花台营，公弟国荃设伏击却之。十五日，鲍超击贼于抱龙关，进攻宁国府。

同治二年四月初二日，鲍超、刘连捷等击贼于六安州。苗沛霖围寿州，公檄蒋凝学、毛有铭援之，贼解围去。初七日，公弟国荃、彭玉麟会克东关贼垒，遂克铜城闸。

公弟国荃攻克雨花台伪城，及聚宝门外石垒九座皆下之。初，伪忠王李秀成自六安败后率众东窜，声言回救苏州。李鸿章函商公弟国荃力攻上游，以分贼势。国荃度忠逆不回援苏巢，即窜犯扬州里下河，计莫如急争金陵老巢，攻其所必救，使城中之贼不暇远趋苏郡，而北岸之贼亦不敢专注扬州。及于四月二十七日激励各军：先登者赏，退后者诛。漏甫二下，齐队出濠，六路并进。各路以一营为前锋，两营为策应。令李臣典、赵三元、武交清等专攻雨花台石城，赵清河等攻聚宝门外南卡石垒，晏澧周等攻西卡石垒，何玉贵等攻东卡石垒；又令陈出中路应之，萧孚泗出右路应之，易良虎出左路应之。前锋各营于三更时匍伏蛇行，偷近石城石垒，束草填壕，架梯欲上。贼遽惊觉，燃炮外击，我勇中炮而踣者五人，众勇辟易。李臣典立斩二卒，搴旗直前，军中无敢少后者。群以火箭火球盘空飞掷，悉入石城。天渐向明，赵三元率中军亲兵从炮台下蚁附而升；李臣典、武交清率所部从中、右两路肉薄齐登。维时敌楼火发，贼方争相奔救，不料烟霾中人声鼎沸，乱锋交下，我军已夺伪城一座矣。诸将乘胜猛攻东、西、南各卡，九垒皆克，群贼溃奔。萧孚泗、易良虎、陈追击于长干桥，蹙逼入水者无数。国荃以雨花台地段辽阔，近接城，贼所必争，乃抽四营驻守石城，增修六新垒以接各营之气。未几，城贼大出，潜匿附郭屋舍以诱敌，我军蓄锐不发。贼不得逞，遂绕雨花台，乘我新营未定，悉锐猛攻，抵死不退。我军四面搏击，死者大半，余贼负创，鼠窜入城。是役也，俘获二百余名，歼戮六千余人，夺获炮械无数，贼势从此衰减矣。

同治三年五月三十日，公弟国荃攻克龙膊子山石垒，贼所称地保城也。我军自得天保城后，城中防守益密，地保城扼在要害，百计环攻不下。国荃遣李祥和等攻克之，遂筑炮台其上，日发大炮俯击贼。居高临下，城中形势皆在掌握矣。

正是在这种情况下,到六月十六日,湘军终于攻入了南京城。

朝廷对曾国藩取得的这一胜利欣喜若狂。在接到曾国藩的奏折后,即赏给曾国藩太子少保衔,封一等侯爵,世袭罔替。

官场中人,尤其是掌握实权的地方督抚,想要发财是轻而易举的事。又加上官官相护的关系,一个官员贪点钱财,也实在是极为平常之事。所以,想在贪嗜成风的官场保持清廉,确属难能可贵,因为为官者一般只有两条路可走,或同流合污,或保持清廉,成为贪嗜者嫉恨的对象,以致不得善终。既享清廉之名,又能在官场腾达,只有具极高为官艺术者才能做到。曾国藩似乎就属这类人。

曾国藩一生以清廉闻名,而他自己也常常以清廉要求自己。他认为,清廉不仅对于官场中人是至关重要的,对于治家也是不可或缺的。他在一封家信中,就曾对家人大谈"廉谦劳"的内容与价值:

什么是自我约束的方法?不外乎"清慎勤"这三个字,近来我把"清"字改为"廉"字,"慎"字改为"谦"字,"勤"字改为"劳"字,显得尤为明白浅显,有可以切实下手之处。沅弟以前对银钱取与之事,考虑不多,朋友们因此讥议小看你,根源其实就在于此。去年冬天买犁头嘴栗子山的事,我也不认为对。以后应该一分一毫都不妄取,不把银钱寄回家,对亲族不多赠送,这就是"廉"字的功夫。"谦"藏于内,人们不易知道,它向外显露时,约有四种方式:面色、言语、书函和仆从下属。沅弟一次招兵6000人,季弟没有向我禀明,也一下子招了3000人,这在其他统领是很难做到的,而你还能成事,而且处理得也较顺手。而你们每次来信索要帐篷、药等物品时,语中常常有讥讽之语和不平之词。你们给我的信函尚且如此,给别人的信函就更不用说了。沅弟的手下仆从和随员,气焰颇为嚣张,他们与人应酬时的脸色和语言,我没有看到过,而申夫曾对我说过他们当年对他的言词和气色,至今想起来仍觉遗憾。以后应该在这四个方面痛下功夫，这是"谦"字的功夫。每天临睡之时，默想今天劳心的有几件事，劳力的有几件事，就会感到所从事的事不多，就会更加努力去做，这是"劳"字的功夫。我因为名位太高，常常怕把祖宗积贮下来的福让我一个人享尽，所以常常用"劳谦廉"三个字自我惕厉，也希望两位贤弟也用它来进行自我约束。

曾国藩确实是终身自奉寒素，过着清淡的生活，在这方面堪称为官场的楷模。他早起晚睡，布衣粗食，每餐仅一荤，非客至不增一荤。同治年间，曾国藩出将入相了，且年近垂暮，却依然在"俭"字上常常针砭自己。

曾国藩所处的晚清官场，腐败成风，像他这样能保持清廉之风的，实属凤毛麟角。

二、担当大事，全在"明强"二字

【原文】

吾兄弟常存此兢兢业业之心，将来遇有机缘，即便抽身引退，庶几善始善终，免蹈大戾乎？至于担当大事，全在"明强"二字，中庸"学问思辨行"五者，其要归于"愚必明，柔必强"。弟向来倔强之气，却不可因位高而顿改。凡事非气不举，非刚不济，即修身齐家，亦须以"明强"为本。

……

"强"字原是美德，余前寄信，亦谓"明强"二字断不可少。第"强"须从"明"字做出，然后始可不屈挠。若全不明白，一味横蛮，待他折之以至理，证之以后效，又复俯首输服，则前强而后弱，京师所谓"瞎闹"也。余亦并非不要强之人，特以耳目太短，见事不能明透，故不肯轻于一发耳。

——《曾国藩全集》

【译文】

我们兄弟心中常常存有这种兢兢业业的心情，如果将来遇到机缘，就可以抽身引退，这样大概就能善始善终，避免大的罪戾吧？至于担当大事，则全靠"明强"这两个字，《中庸》中说的"学问思辨行"这五项，从根本上都归于"愚必明，柔必强"。你素来具有的倔强之气，不要因为身居高位而立刻改变。凡事没有气就不能办，没有刚就做不成，即使是修身齐家，也要以"明强"为本。

……

"强"字本来是一种美德，我上次寄去的信中，也说"明强"两个字绝不能少。只是"强"要来自"明"，然后才能不屈不挠。如果不明事理，只是一味蛮横，等到为对方的道理折服，又被事实所证明，然后再服输，那么就是前强后弱，京城中人称之为"瞎闹"。我也不是不要强的人，只是因为耳目不够聪明，见事不能透彻，所以不敢轻发一言。

【解读】

曾国藩提倡的自强、倔强，这都是大丈夫立世所不可或缺的。然而，值得我们注意的，则是曾国藩在自强、倔强的基础上提出的明强的概念。明强的意思，不外乎既要自强，又不能盲目自强；既要超过别人，又要注意一定的条件和场合。

一个人才识超群，或机敏过人，便想在别人面前显露，以图施展自己的才能，这是人之常情，无可厚非。然而，在一些特殊的环境和场合下施展才能，却往往会事与愿违，甚至还会招来杀身之祸。

隋代薛道衡，13岁便能讲《左氏春秋传》。隋高祖时，担任内史侍郎。隋炀帝时，任潘州刺史。大业五年，薛道衡被召进京，上《高祖颂》。炀帝看了颇不高兴，说："不过文词漂亮而已。"因为炀帝自认文才高而傲视天下之士，不想让他们超过自己。御史大夫乘机说薛道衡自负才气，不听训示，有无君之心。于是炀帝便下令把薛道衡绞死了。天下人都认为薛道衡死得冤枉。薛道衡之死，说明他只懂得"强"，而不知"明强"。

南朝刘宋的王僧虔，是东晋王导的孙子，宋文帝时官为太子中庶子，武帝时为尚书令。年纪很轻的时候，王僧虔就以善写隶书闻名。宋文帝曾看过他写在扇子上的字，赞叹道："不仅字超过了王献之，风度气质也超过了他。"当时，宋武帝一心想以书法名闻天下，王僧虔便不敢露出自己的真迹，故而常常把字写得很差，因此才得以平安无事。

杨修曾是曹操的主簿，他是一位思维敏捷的官员和敢于冒犯曹操的才子。

一次，曹刘两军在汉水一带对峙。曹操屯兵日久，进退两难。一日，适逢厨师端来鸡汤。曹操见碗底有鸡肋，有感于怀，正沉吟间，有人入帐禀请夜间号令。曹操随口说："鸡肋！鸡肋！"人们便把这当做号令传了出去。行军主簿杨修即叫随行军士收拾行装，准备归程。身边的人都对此感到不解，杨修解释说："鸡肋者，食之无肉，弃之有味。今进不能胜，退恐人笑，在此无益。来日魏王必班师矣。"大家听后很信服，营中诸将纷纷打点行李。曹操知道后，怒斥杨修造谣惑众，扰乱军心，便借机把杨修斩

《三国志像》中的曹操忌杀杨修图

了。

后人写诗叹杨修，其中有两句是"身死因才误，非关欲退兵"，这是很切中杨修之要害的。

原来杨修为人恃才放肆，曾数次冒犯曹操，让曹操很不高兴。

曹操曾命人造花园一所，造成后，曹操去观看时，不置褒贬，只取笔在门上写一"活"字。杨修说："门内添活字，乃阔字也。丞相嫌园门阔耳。"于是重建。曹操再看后很高兴，但当得知是杨修的建议后，内心已忌杨修了。又有一日，塞北送来酥饼一盒。曹操写"一合酥"三字于盒上，放在台上。杨修入内看见，竟取来与众人分食。曹操问为何这样？杨修答说，您明明写"一人一口酥"嘛，我们岂敢违背您的命令？曹操虽然笑了，内心却十分厌恶。曹操生怕有人暗杀他，便常对手下的人说，他好做杀人的梦，凡他睡着时不要靠近他。一日他睡午觉，把被子蹬落地上，有一近侍慌忙拾起给他盖上。曹操跃起身来拔剑杀了近侍，然后又上床睡去。不久他起来后，假意问谁杀了近侍。大家告诉他实情后，他痛哭一场，命厚葬之。因此众人都以为曹操梦中杀人。只有杨修知曹操的真实用意，于是便一语道破天机。凡此种种，皆是杨修的聪明触犯了曹操；杨修之死，源于他自恃聪明而不知深藏。

唐代的顺宗在当太子时，亦好作豪言壮语。太子有盛名，服人心，自然容易使自己顺利当上皇帝。但太子胜过父皇，又往往有逼父退位之嫌，所以又常会因遭父皇的猜忌而被废黜。聪明的太子因此必须不能表现出太强的才干、造成太响的名气。顺宗做太子时，一日曾对僚属说："我要竭尽全力，向父皇进言革除弊政的计划！"但慕王叔文却告诫他："作为太子，首先要尽孝道，多向父皇请安，问起居、饮食、冷暖之事，不宜多言国事，况且改革一事又属当前的敏感问题，你若过分热心，别人会以为你邀名求利，招揽人心，如果皇上因此而疑忌于你，你将何以自明？"太子听后醍醐灌顶，于是闭嘴不言改革之事。德宗晚年荒淫而又专制，太子始终不声不响，直熬到继位，方有了唐后期著名的顺宗改革。

这种含才不露、不显身手的风格，就是"明强"，也就是知道如何恰当地显示自己的特长，在这个问题上处理得较好的历史人物大概应推范蠡了。范蠡在助越王勾践灭吴之后，就急流勇退，放弃了上将军之职，退隐于齐，改名换姓，以经商为业，后成为大富之人。范蠡之所以辞官退隐，就是考虑到不要让尊名大利给自己带来身家性命之忧。事实上他的忧虑是有道理的。与他共扶勾践灭吴的文种就因不听范蠡的规劝，希图在越国长享富贵，结果死在勾践手下。

曾国藩饱读史书，对历史上这种因显示才能而招来杀身之祸的例子早已了熟于胸，尤其是身处官场，又值乱世，各种激烈的矛盾冲突随时会把自己卷入旋涡，因此，曾国藩无论是在官场，还是在带兵之际，都时时提醒自己要小心谨慎，不让自己处在太显眼的位置。

从曾国藩的一生来看，他确实屡获朝廷倚重，对此，他除在一些家信中偶尔表现出沾沾自喜外，更多的则是惕惧。如慈禧上台后不久，便命曾国藩于钦差大臣、两江总督之外，统辖江苏、安徽、江西、浙江四省军务，所有四省巡抚、提督以下各官，均归他节制，同时，曾国荃也以记名按察使赏给头品顶戴。对于这种殊遇，曾国藩一则以喜，一则以忧。一方面，他知恩图报，正如他写给沅弟的信中所说："前此骆、胡、王、薛诸人，皆以巡抚赏头品顶戴，今弟以记名臬司获此殊恩，宜如何感激图报？"另一方面，他又深恐自己突遭不测之灾，甚至杀身之祸。他写道："余自十五至二十二日，连接廷寄谕旨十四件，倚畀太重，权位太尊，虚望太隆，可悚可畏！""日内思家运太隆，虚名太大，物极必衰，理有固然，为之悚惶无已。读陶诗《饮酒》诸篇，为之心折。"所谓的"陶诗《饮酒》诸篇"，即陶渊明在《饮酒》诗中说："衰荣无定在，彼此更共之……寒暑有代谢，人道每如兹。"

当然，曾国藩并没有和陶渊明一样辞官不做，而仍然在调兵遣将，日夜盘算着如何攻克天京。他于咸丰十一年（1861年）十一月二十五日上疏说:"臣自受任两江以来,徽州失守,祁门被困",并且"受命年余,尚无一兵一卒达于苏境,是臣于皖则无功可叙,于苏则负疚良深……至于安庆之克,悉赖鄂军之功,胡林翼筹画于前,多隆阿苦战于后,并非臣所能为力。"攻克安庆,主要是其弟弟曾国荃的功劳。他却把它完全算在满人多隆阿身上,而绝不提曾国荃,这实在是用心良苦。因此,慈禧等人在十二月十四日的上谕中说他"谦卑逊顺,具见悃忱真挚,有古大臣之风"。

但是,这尚不能使曾国藩放下伴君如伴虎的那颗悬着的心。所以,他又于同治元年(1862年)正月初十上疏再辞节制四省军务之命。他在奏折中写道:"所以不愿节制四省,再三渎陈者,实因大乱未平,用兵至十余省之多,诸道出师人将帅联翩,臣一人权位太重,恐开斯世争权竞势之风,兼防他日外重内轻之渐。"朝廷在用人之际,当然不会同意曾国藩所请,甚至进一步加封曾国藩为协办大学士。

同治元年秋天,湘军中瘟疫流行,光鲍超一军驻宁国,病者达六千多人,死者数千;张运兰一军驻太平,病者尤多,"即求一缮禀之书识,送信之夫役,亦难其人"。而且鲍超、张运兰等主将也相继病倒。对此曾国藩上奏说,此时"战守皆无把握","若皖南藩篱一坏,江西内地空虚,毫无足恃",因此,他请求朝廷派在京亲信大臣,驰赴江南,与自己会办诸务,并"求德器远胜于臣者主持东南大局,而臣亦竭力经营而左右之"。他的意思是要使自己退居主持东南大局的次要人物的位置。这一方面是因为面临的困难太大,担心月盈则亏,为自己预留退路;一方面也是为了试探清廷对自己的态度。朝廷在上谕中针对曾国藩的隐情,明确表示:"此无可如何之事,非该大臣一人之咎。"并且慰留说:"环顾中外,才力气量如曾国藩者,一时实难其选。"使曾国藩一颗悬着的心终于安定下来。

而当天京城破以后,曾氏兄弟的威望更是如日中天,达于极盛。曾国藩不但头衔一大堆,而且实际上指挥着30多万人的湘军,还节制着李鸿章麾下的淮军和左宗棠麾下的楚军；除直接统治江苏、安徽、江西三省，浙江、湖南、湖北、福建以至广东、广西、四川等省的湘军将领也在他控制之下，满清王朝的半壁江山已落入他的手掌之中。当时，湘军将领已有10人位至督抚，凡曾国藩所举荐者，朝廷无不如奏任命。此时的曾国藩，真可谓权倾朝野。

在这种情况下，曾国藩今后的政治走向如何，各方面都在为他设想、谋划。作为朝廷，当然不会允许曾国藩长久享有如此大的权力，只是削权需要时间，不能操之过急。自然也有一批利禄之徒，极力怂恿曾国藩更创大举，甚至自称皇帝。何去何从的问题，当然也早在谙熟历史的曾国藩的思虑之中了。他准确地估计自己"用事太久，兵权过重，利权过广，远者震惊，近者疑忌"，所以他在安庆接到湘军攻下金陵的咨文时，竟然"思前想后，喜惧悲欢，万端交集，竟夕不复成寐"。

而事实上，曾国藩每获重位时表现出来的那种战战兢兢的心态，也并非杞人忧天，因为据说当湘军克复武汉时，咸丰皇帝曾仰天长叹道："去了半个洪秀全，来了一个曾国藩。"当时洪秀全的太平天国，已是走下坡路，而曾国藩的声威，正是如日中天，两人又都是汉人，无怪咸丰帝有此慨叹。所以当清廷委署曾国藩为湖北巡抚时，便出现了戏剧性的一幕。任命书下达时，曾国藩只是照例谦辞一番，然而奏章尚未出门，朝廷即已收回成命，仅嘱咐他以礼部侍郎的身份统兵作战。

而当清廷不得不任命曾国藩为两江总督后，又采取了两方面的措施：一方面迅速提拔和积极扶植曾国藩部下的湘军将领，使之与曾国藩地位相当，感情疏远，渐渐打破其从属关系，如对左宗棠、李鸿章等人的提拔重用，即有此意。另一方面，对于曾国藩的胞弟曾国荃，则采用完全不同的做法。同治二年（1863年）五月，曾国荃升任浙江巡抚之后，虽仍在雨花台办理军务，但照例是可以单折奏事的。曾国藩遂让曾国荃自己上奏军情，以便在攻陷天京后抢先报功。不料，奏折刚到立遭批驳。清政府以其尚未赴巡抚任，不准单折奏事，以后如有军务要事，仍须报告曾国藩，由曾国藩奏报。

曾国荃攻陷天京后，当天夜里就上奏报捷，满心以为会大受赞扬，不料上谕却指责曾国荃破城之日晚间，不应立即返回雨花台大营，以致让千余太平军突围。事情发生后，曾国荃部下各将都埋怨赵烈文，以为是他起草的奏折中有不当言词引起的。赵烈文则认为，这与奏折言词无关，而完全是清政府猜疑，有意吹毛求疵。

而且，清廷并未就此了结，而是步步进逼。数日之后，清政府又追查天京金银的下落，令曾国藩迅速查清，报明户部，以备拨用。尤其严重的是，上谕中直接点了曾国荃的名，称要防他"骤胜而骄"："曾国藩以儒臣从戎，历年最久，战功最多，自能慎终如始，永保勋名。惟所部诸将，自曾国荃以下，均应由该大臣随时申儆，勿使骤胜而骄，庶可长承恩眷。"

曾国藩具有丰富的政治经验和历史知识，熟悉历代掌故，当然能品出这些话的分量。因而，攻陷天京前后，曾国藩心里十分明白，如何处理好同清政府的关系，已成为能否保持其权力和地位的关键。

为此，他采取了一系列的应对措施。一是叫攻克金陵的"首功之臣"曾国荃挂冠归里。他对曾国荃说："弟回籍之折，余斟酌再三，非开缺不能回籍。平日则嫌其骤，功成身退，愈急愈好。"二是裁减湘军使曾国荃所部只剩几千人。三是奏请停解广东、江西、湖南等省的部分厘金至金陵大营。除此之外，曾国藩甚至还打算辞去钦差大臣和两江总督之职。

虽然后来曾国藩没有疏辞钦差大臣和两江总督，但上述三条措施，正中清廷的下怀，因而立即一一批准。在攻克南京的大喜日子里，不被胜利冲昏头脑，而能敏锐地看到险象，又巧妙地消除隐忧，在这方面，曾国藩显示了过人的清醒与智慧。

虽然如此，清廷对湘军将领们的疑忌仍不能解除。如俞曲园曾对彭玉麟说："在同治五、六年间，因为湘军已多被资遣，你又辞高官不

彭玉麟像

就，朝中官吏多说你矫情，目中无人，因此清廷早已暗中派人监视你的行动，时刻没有放松。一旦抓到你的小纰漏，便会'小题大做'，会给你颜色看的，到那时，你再分辩，也是白搭，我劝你何妨现为'为文训子'，立碑在祠堂，表示忠民君国，并无二心，不妨对朝廷多方歌功颂德，自可买静求安，博取慈禧的欢心，减少不必要的麻烦。"彭玉麟从善如流，马上照办。

也正是基于上述形势，《曾国藩家书》才刊行世间，借以表明曾国藩忠心为清廷效命，以塞众臣之口。不然，曾国藩训子之家书，何必刊刻行世、公之于众呢？

三、居高位当以知人晓事为职

【原文】

大抵莅事以明字为第一要义，明有二：曰高明，曰精明。同一境而登山者独见其远，乘城者独觉其旷，此高明之说也。同一物而臆度者不如权衡之审，目巧者不如尺度之精，此精明之说也。凡高明者欲降心抑志以遽趋于平实，颇不易易。若有事事求精，轻重长短，一丝不差，则渐实矣。能实则渐平矣。

……

凡利之所在，当与人共分之；名之所在，当与人共享之。居高位以知人晓事二者为职。知人诚不易学，晓事则可以阅历黾勉得之。晓事则无论同己异己，均可徐徐开悟，以冀和衷。不晓事则挟私固谬，秉公亦谬；小人固谬，君子亦谬；乡愿固谬，狂狷亦谬。重以不知人，则终古相背而驰，决非和协之理。

——《曾国藩全集》

【译文】

处事大致以明为第一重要，明有两种：高明和精明。同一个地方，只有登上高山的人，才能看得很远，只有登上城楼的人，才能感到眼前空旷。这就是高明。同一件东西，主观猜测的人，就不如用衡器测得准确，眼力好的人不如尺子量得精确，这就是精明。大凡高明的人，想要降低他的心志来求得平实，是很不容易的。如果能事事求精，轻重长短，一点都不差，就会渐渐地实在了。能实在也就能平和。

……

凡是利益，应当与人共分；凡是名誉，应当与人共享。身居高位的人，应当以知人、晓事这两件事为职责。知人确实是不容易学到的，晓事则可以通过增加阅历和勤奋学习而做到。晓事则无论是志同道合的人还是异己之人，都可以慢慢地开导和教育他们，以求得和衷共济。不晓事则会挟私怨而办错事，即使秉公执法也会办错事；小人不晓事要办错事，君子也一样；没有原则的人要办错事，狂狷之人不晓事同样会办错事。如果再加上不知人，则办事始终背道而驰，这决不是和协之道。

【解读】

曾国藩把明分为两种，一种是高明，一种是精明。概括地说，高明就是比别人看得远，精明就是比别人看得准。反映在具体事物中，就是要有知人之明，处事之能，要与人共享名利，如此等等。而一个人如果既高明又精明，就会举重若轻，处理任何棘手的问题都会得心应手。

在曾国藩的官场经历中，有许多值得人们称道的精明之事，在此我们择取两件：一件是他因结交穆彰阿而官升十级，一件是他与肃顺的交往，来看看他处事是如何既高明又精明的。

在日常生活中，我们往往会发现这样一种现象，一个人想学某项本领的时候，只要跟随有这项本领的顶尖高手学习，你很快也能成为高手。否则，如果你想自学成才，或跟只有二三流或不入流的师傅学习，那么，你一辈子基本上都会默默无闻。正如一个人想赚钱，最好是给最有钱的老板当学徒；一个人想从政，最好是给最高领导人当秘书；一个人想搞学问，最好是给最高权威的学者当助手……从曾国藩的发迹来看，他是很精于此道的。

曾国藩在仕途上的发展是颇为一帆风顺的。他于道光十八年（1838年）中进士，两年后授翰林院检讨，过七年即超擢内阁学士兼礼部侍郎衔，过两年又授礼部右侍郎，并于此后四年之中兼兵、工、刑、吏各部侍郎。

十年七迁，连跃十级，这在当时是很少见的。对于长于深山、出身"寒门"的曾国藩来说，真可谓是平步青云。而曾国藩的这一系列官场升迁，都离不开一个名叫穆彰阿的人。

穆彰阿，字鹤舫，号子朴，别号云浆山人，满洲镶蓝旗人。历任各部侍郎、工部尚书、兵部尚书、户部尚书，拜文华殿大学士，任军机大臣领班。穆彰阿门党极多，曾国藩亦属其门党。但咸丰帝继位后，下诏革去他的一切职务，永不录用，罪名是："保位贪荣，妨贤病国，小忠小信，阴柔以售其奸；伪学伪才，揣摩以逢主意。"不过，在道光年间，穆彰阿无疑是权倾朝野的第一人。对此，《春冰室野乘》中专门有"穆相权势之重"一篇：

> 顺德罗椒生尚书惇衍，泾阳张文毅公芾，云南何根云制府桂清，三人同年登第，入翰林，年皆未弱冠，且同出汤海秋农部房，海秋为之狂喜，赋《三少年行》者也。时道光末造，穆鹤舫相国彰

阿执政，炙手可热，张、何两公皆附之，独椒生尚书绝不与通。散馆后，初考试差，三人皆得。差命既下，尚书往谒潘文恭，文恭问见穆中堂否，曰："未也。"文恭骇然曰："子未见穆相，先来见我，殆矣。"尚书少年气盛，不信其说，亦不竟往。次日，忽传旨罗衍年纪太轻，未可胜衡文之任，著毋庸前往，另派某去，人皆知穆所为也，其权力回天如此。国朝已放差而收回成命者，尚书一人而已。实则张、何之年，皆小于罗也。

道光末，五口通商之约，穆一人实专主之。王文恪既薨，祁文端尚力争，然文端在军机为后进，且汉大臣，不能决事，故穆愈得志。然王、祁两公之忠，宣庙未尝不深知之。传闻和局既定，上退朝后，负手行便殿阶上，一日夜未尝暂息。侍者但闻太息声，漏下五鼓，上忽顿足长叹，旋入殿，以笔草草书一纸，封缄甚固。时宫门未启，命内侍持往枢廷，戒之曰："俟穆彰阿入直，即以授之。"并嘱其毋为祁隽藻所知，盖即谕议和诸大臣画押订约之廷寄也。自是上遂忽忽不乐，以至弃天下。

蒲城王文恪公鼎，道光末，以争和议，效史鱼尸谏，自缢死。其遗疏严劾穆相彰阿，穆大惧，令其门下士，以千金文恪公子伉，且以诡词胁之，遂取其遗疏去，而别易一稿以进。人皆知为泾阳张文毅芾所为，而不知其谋实定于文毅同县人聂之手。聂字雨帆，以拔贡朝考一等，官户部主事，入直军机处，为穆相所深倚，既得文恪遗疏，穆相面许以大魁酬之，是时聂已捷京兆试矣。及礼部试届期，穆相授以关节，且遍嘱四总裁、十八同考官。时同考官有某侍御者，晋人也，凤倜强，生平未尝趋谒穆相。得穆嘱，阳诺之。及入闱，聂卷适分某侍御房，侍御亟扃诸箧中，而固之。榜既定，独不得聂卷，主司房考，相顾错愕，群知为侍御所匿也，因议搜遗卷。至某侍御房，侍御故为憔状曰："吾某夕不谨，致一卷为火所烬，榜发后不得不自请议处矣，公等所求者，得非即此卷

乎?"众知无可为,废然而返。聂此岁亦补缺,不复应礼部试。后聂官至太常少卿,穆败,聂亦谢病归。回匪之乱,首扰泾阳,泾阳为西北商旅所辐辏,繁盛亚汉皋,贼故首趋之。众谋城守,议广积刍粟,聂以官贵为众绅领袖,谓贼可旦夕平,城决无久守理,而其家有积粟数千石,可规善价也。乃倡议贼无苦乏食,故所至抄掠,今积粟城中,是招之便来也。力争不令一粟得入城。后贼围城年余,城中食尽,守御具一无缺,独人皆饿仆,莫能乘城,城遂陷,所失以数千万计。泾阳不守,而西北之元气尽矣。嗟夫!金壬之为祸也烈哉!文恪诸子,既卖其父,后来文恪墓志,撰文者仍穆彰阿也,于力争和议事,竟不及一字,文恪其不暝矣。

曾国藩之所以投靠穆彰阿,也正是看到了他炙手可热的权势。道光十八年(1838年)曾国藩参加会试,道光二十三年参加翰詹大考,穆彰阿都是总考官。曾国藩在道光十八年的会试中,中第38名贡士;在殿试中,列三甲第42名,赐同进士出身。科场得意的曾国藩对这一成绩颇不满意,因为按当时规定,列三甲者不能进翰林院,而入翰林院正是曾国藩的理想,因为只有进入翰林院,才能为以后的仕途打下坚实的基础。后来,曾国藩就是走了穆彰阿的门子,才进入翰林院。而到道光二十三年翰詹大考时,穆彰阿则直接向曾国藩索要考卷,从而在师生之间建立了直接而密切的联系。而据《清稗类钞·荐举类》载,曾国藩自从与穆彰阿拉上关系后,得到了许多意想不到的好处:

穆彰阿曾汲引曾文正公国藩,每于御前奏称曾某遇事留心,可大用。一日,文正忽奉翌日召见之谕。是夕,宿穆邸。及入内,内监引至一室,则非平时候起处。逾亭午矣,未获入对。俄内传谕:"明日再来可也。"文正退至穆宅。穆问奏对若何,文正述后命以对,并及候起处所。穆稍凝思,问曰:"汝见壁间所悬字幅否?"文正未及对。穆怅然曰:"机缘可惜。"因踌躇久之,则召于仆某，谕之曰："汝亟以银四百两往贻某内监，嘱其将某处壁间字幅，炳烛代录，此金为酬也。"因顾谓文正，仍下榻于此，明晨入内可。洎得觐，则玉音垂询，皆壁间所悬历朝圣训也，以是奏对称旨。并谕穆曰："汝言曾某遇事留心，诚然。"而文正自是向用矣。

正是因为有了权相的直接关照，曾国藩的仕途极为顺遂，在短短的五年中，就由七品跃升为二品。对此，曾国藩在家书中极为自豪地说："由从四品骤升二品，超越四级，迁擢不次，惶悚实深。""近来中进士十年得阁学者，惟壬辰季仙九师，乙未张小浦及予三人。"

但是，曾国藩是个极为小心谨慎的人，他与穆彰阿的这种至为密切的师徒关系，当然是不会向外宣扬的，也正因此，当咸丰帝登基、穆彰阿彻底失势后，曾国藩并未因此受到什么牵连。然而，从曾国藩早期的信函中，我们还是能找到一些其与穆彰阿交往的蛛丝马迹。如在道光二十五年（1845年）他致陈源的信中说："竹伯近已得国史馆提调，外间颇有浮言，吴子序与之不甚熟，闯然登门，责以近于躁进，竹伯面告穆师，并辞提调。穆师次日招子序至园，亦不能斥其非，但告以系杜云巢荐贤自代，派定万无纹理，嘱其好为调停而已。"又在道光二十七年致陈源的信中说："穆师寄奠金百两，前书已经道及。兹将师信奉呈，其银已交郭筠仙弟带归。"

官场斗争的最大特点就是残酷无情，成者青云直上，败者则沦为阶下囚。但官场斗争的成败往往是很难预料的，当一切没有水落石出以前，谁也无法判定谁肯定会失败。

在曾国藩的官场生涯中，对他提携最多的，前有穆彰阿，后有肃顺。然而，曾国藩在对待自己恩人的态度上，却极为审慎，不轻易给他们写感恩信、效忠信，这一条，为他日后的宦途顺遂带来了许多切实的好处。

肃顺，字裕亭、雨亭，郑亲王乌尔恭阿之子，曾官任户部尚书、御前大臣、内务府大臣、协办大学士。肃顺才识双全，敢于任事，太平天国起事后，他力主起用汉人，用汉人去打汉人，才使曾国藩、左宗棠、李鸿章等一大批汉人有了施展才能的机会。曾国藩与肃顺的关系至少可以追溯到咸丰二年（1852年），当时曾国藩正奔丧在家，太平军围攻长沙，形势危急。湖南巡抚张亮基去信给曾国藩，请他出来训练团练，以保乡土。正当曾国藩犹豫不决之际，接到上谕，命他出任湖南团练大臣。与此同时，曾国藩也从官场得到消息，朝廷之所以有如此任命，完全是肃顺全力推荐的缘故。因此曾国藩对肃顺充满感激之情。

　　然而，说到曾国藩对肃顺的真正感激，则是在咸丰十年（1860年）四月。当时，在太平军的凌厉攻势下，清军江南大营彻底溃败，两江总督何桂清逃跑，江苏、浙江两省告急。朝廷在盛怒之下，逮捕了何桂清，因此，谁能继任两江总督，就成了当时官场关注的一大热点。两江总督是当时对太平天国作战的最高指挥，权倾一时，因此，谁能当上两江总督，意味着谁就将掌握东南数省的命运。朝廷自咸丰二年起，虽然鼓励各地办团练，但对付太平天国，依靠的还是绿营兵，团练只是起一个辅助和补充的作用。江南大营的溃败，则意味着朝廷只能依靠团练。果然，在四月十九日，距江南大营溃败没多少天，朝廷即下谕旨，命正率领湘军围攻安庆的曾国藩署理两江总督：

> 昨因常州被围，苏城危急，当谕曾国藩赴援苏、常，扼截江面，以顾大局。本日据何桂清奏，常州失利，和春等退至浒墅关，何桂清退守常熟。已明降谕旨，将何桂清革职，来京听候审讯，并命曾国藩署理两江总督矣。现在常州岌岌可危，无锡又有贼踪，可以径犯苏城，江南大局，几同瓦解。曾国藩接奉此旨，即统率所部兵勇，取道宁国、广、建一带，径赴苏州，相机兜剿，以保全东南大局，毋稍迟误。道员刘于淳一军，所带兵勇四千余人，颇多精

锐，现驻东流一带，地近江南，即饬令取道徽宁，随同赴苏州援剿。知府萧翰庆一军，现在规取池州，亦即飞调赴营，随同前进，不得调回湖北，致有贻误。此两军半系曾国藩旧部，均归节制，必能得力。此外湖南、湖北两省如有可调之兵，并着官文悉心筹画，酌量调拨，陆续进发，以厚兵力。江南粮台，迁移无定，军火缺乏，并着官文等筹备饷糈，源源接济，是为至要。目下军情紧急，曾国藩素顾大局，不避艰险，务当兼程前进，保卫苏、常，次第收复失陷之地方，重整军威，肃清丑类，朕实有厚望焉。

这对于曾国藩来说，无疑是天大的喜讯，因为这意味着他在日后的用兵中，可以调动江南数省的一切力量，而不再受什么掣肘，同时，也使他有可能获得攻克南京的首功。

然而，从当时的形势看，何桂清被拿问后，两江总督的人选并非只有曾国藩，至少像湖北巡抚胡林翼和薛焕等人，都是候选的对象。那么，清廷最终为什么会选定曾国藩呢？这完全是肃顺推荐的缘故。咸丰帝原是准备让胡林翼署理两江总督的，但他在向肃顺咨询时，肃顺推荐了曾国藩。肃顺还有意把此事写信告诉胡林翼，并让曾国藩同阅，目的无非是为了结纳这两个汉人中的佼佼者，为他日后所用。

但是，曾国藩知道这一内幕后，按理是应向肃顺表示感谢的。但是，他思虑再三，最终没有给肃顺写感谢信。因为当时咸丰帝身体不好，曾国藩早有耳闻，若咸丰帝去世，肃顺的命运又会如何，这是谁也无法预料的事，所以他不得不为将来打算。而曾国藩在肃顺被砍头之后，没有受到任何牵连，这充分显示了曾国藩官场经验的老到。

但是，不向肃顺写感恩信，并不代表他不感激肃顺，如他在咸丰十一年（1861年）十一月初四给曾国荃的信中即说："沅弟信中决气机之已转，世运之将亨，余意亦觉如此。盖观七月十七以后，八君子辅政，枪法尚不甚错，为从古之所难，卜中兴之有日。特余忝窃高位，又窃虚名，遐迩观瞻，深以为惧。"事实上，在这年的九月，慈禧即已勾结恭亲王发动政变，杀了肃顺。而对此事，曾国藩直到十一月十四日才得到消息，如他在当天的日记中写道："又抄示奏片一件，不知何人所奏。中有云，载垣等明正典刑，人心欣悦云云。骇悉赞襄政务怡亲王等俱已正法，不知是何日事，又不知犯何罪戾，罹此大戮也！写家信，澄、沅一件，甚长，季弟一件。中饭后，毕东屏来辞行，久坐。少荃来，道京城政本之地，不知近有他变否，为之悚仄忧皇。写对联数付。傍夕，至少荃、小泉处一谈。夜，清理文件，核改折稿一件。三更睡，稍稍成寐，四更二点醒。思陆放翁谓得寿如得富贵，初不知其所以然，便跻高年。余近浪得虚名，亦不知其所以然，便获美誉。古之得虚名，而值时艰者，往往不克保其终。思此，不胜大惧。将具奏折，辞谢大权，不敢节制四省，恐蹈覆餗负乘之咎也。"

从中我们可以看出，曾国藩在得知肃顺被杀后，更多地表现出惊惧，以及对自己前途的担心，而没有去关心事情的来龙去脉和是非曲直。因此，当他彻底了解此事后，便对胜利者表示衷心拥护："服皇太后之英断，为自古帝王所仅见。"至于肃顺曾经给过自己的帮助，也就只当没有过。

四、以菩萨心肠，行霹雳手段

【原文】

世风既薄，人人各挟不靖之志，平居造作谣言，幸四方有事而欲为乱，稍待之以宽仁，愈嚣然自肆，白昼劫掠都市，视官长蔑如也。不治以严刑峻法，则鼠子纷起，将来无复措手之处。是以壹意残忍，冀回颓风于万一。书生岂解好杀，要以时势所迫，非是则无以锄强暴而安我孱弱之民。牧马者，去其害马者而已；牧羊者，去其扰群者而已。牧民之道，何独不然。

【译文】

既然世风日下,人们各自都怀有不安分的心志,平时制造谣言,希望天下不安而自己可以从中作乱,稍微对他们宽大仁慈些,就更加嚣张放肆,光天化日之下竟敢在都市抢劫,无视官长的存在。不拿严厉的刑法处治他们,那么,坏人就会纷纷而起,将来就没有办法再来收拾了。因此才采取残酷的手段,希望来挽救这败坏已极的社会风气。读书人哪里懂得杀人,关键是被眼下的形势所逼迫,不这样就无法铲除强暴而安抚疲弱的人民。牧马的人,去掉害群之马就可以了;牧羊的人,去掉乱群的羊就可以了。治理民众的方法,不也一样吗?

【原文】

以精微之意,行吾威厉之事,期于死者无怨,生者知警,而后寸心乃安。待之法,有应宽者二,有应严者二。应宽者:一则银钱慷慨大方,绝不计较,当充裕时,则数十百万掷如粪土;当穷窘时,则解囊分润,自甘困苦。一则不与争功,遇有胜仗,以全功归之;遇有保案,以优奖笼之。应严者:一则礼文疏淡,住还宜稀,书牍宜简,话不可多,情不可密;一则剖明是非,凡渠部弁勇有与官姓争讼,而适在吾辈辖境,及来诉告者,必当剖决曲直,毫不假借,请其严加惩治。应宽者,利也,名也;应严者,礼也,义也。四者兼全,而手下又有强兵,则无不可相处之悍将矣。

【译文】

具有精细的用心,去实行威严凌厉的事情,务求达到使死去的人没有怨言,使活着的人知道警戒,这样内心才能获得安宁。具体的处置办法,应该宽的有两个方面,应该严的也有两个方面。应该宽的两个方面:一是对待银钱要慷慨大方,决不计较,在充裕时,即使数十万、上百万的钱也掷之如粪土;在穷困时,也要解囊而分,宁可自己吃苦。二是不与他人争功,遇到胜仗,把全部功劳归于别人;遇有保举的事情,则用优厚的奖励笼络他。应该严格的两个方面：一是礼节性的文书要少而平淡，来往要稀少，书信要简单，话不要多，交情不要过密；二是要讲明是非，凡是他的部下与官方争斗，而恰巧又发生在我们的辖境之内，又有来诉告的人，一定要弄清原委和是非曲直，毫不推诿宽容，请他严加惩治。应宽的是利、是名；应严的是礼、是义。这四方面都考虑全了，手下又有强兵，没有什么悍将是不能相处的。

【解读】

儒家思想提倡德治，然而，当天下大乱时，实力决定一切，此时，若再依靠道德来治民，便会显得苍白无力。因此，以儒家正统思想的继承者自居的曾国藩，此时也充分认识到了法家的严刑酷法的重要性和有效性，只不过他对此采用了一种合理的解释，即所谓乱世用重典，以菩萨心肠，行霹雳手段。

咸丰二年（1852年），太平军包围长沙，之后又挥师东下，清军节节败退。为了控制太平军势力的发展，清廷下令各地办团练，曾国藩因此被咸丰帝任命为湖南省团练大臣，在湖南兴办团练。

曾国藩奉旨出任团练大臣，在省城长沙设立审案局，招募勇丁，开始了他镇压太平天国的活动。

曾国藩上任伊始，便确定了自己的工作重点是严惩"土匪"。咸丰三年正月，他向湖南各州县发出了对土匪、逃勇格杀勿论的号令："其有素行不法，惯为猾贼造言惑众者，告之团长、族长，公同处罚，轻则治以家刑，重则置之死地。其有逃兵、逃勇，经过乡里动掠扰乱者，格杀勿论。其有匪徒痞棍，聚众排饭，持械抄抢者，格杀勿论。若有剧盗成群，啸聚山谷，小股则密告州县，迅速掩捕；大股则专人来省，或告抚院辕门，或告本公馆。朝来告，则兵朝发；夕来告，则兵夕发，立时剿办，不逾晷刻。除丑类以安善良，清内匪以御外患，想亦众绅耆所乐为效力者也。"

曾国藩之所以要把惩土匪和逃兵作为自己的首要任务，是因为随着太平军势力越来越大，湖南境内各会党伺机而起，平日受尽官吏欺压的百姓也趁机组织起来反抗官府。而清兵在战争中则屡战屡败，残兵败卒往往为害乡里。曾国藩作为地方团练大臣，在还没有实力与太平军较量前，便一面招募、训练兵勇，一面把注意力集中在镇压各地起义上。

那么，采用什么手段对付各地民众的反抗呢？曾国藩选择了严刑峻法，对敢于反抗者一律杀头。他在咸丰三年（1853年）二月十二日给朝廷的《严办土匪以靖地方折》中，用了大量触目惊心的话，诸如"无巢不破，无犯不擒"，"恭请王命，立行正法"，"若非严刑峻法，痛加诛戮，必无以折其不逞之志，而销其逆乱之萌。臣之愚见，欲纯用重典以锄强暴"，"即臣身得残忍严酷之名亦不敢辞"，等等。而咸丰帝在接到曾国藩的奏折后，对曾国藩的想法完全表示支持，朱批道："办理土匪，必须从严，务期根株净尽。"

得到了朝廷的支持，曾国藩镇压各地起义便"一意残忍"。他在同月给江忠源的信中称：

> 湖南本会匪卵育之区，去岁从洪逆去者，虽已公其强半，而余孽尚在伏莽。即素未入会之徒，习见乎粤匪、土匪之横行莫御，为所欲为，亦且嚣然不靖，思一逞其恣睢。若非痛加诛戮……则悍民不知王法为何物，而良民更无聊生之日。计今岁土匪窃发之事，殆将月月不免，而东南山多之地，行且县县相继。明知其为乞儿乌合，不直一剪，而无奈官民怯，相顾惊奔，偶一有事，不能不藉兵勇之力。

> 国藩在此，日内粗有条理。札各处绅士缚著名之痞匪，差为响应，至则斩刈，不复敢言阴。书生好杀，时势使然耳。

到了咸丰三年三月，在曾国藩的严厉镇压下，湖南各地的反抗活动开始收敛。而曾国藩也因此获得了残忍嗜杀的名声。但这个名声对他并不十分有利，因此，曾国藩又四处写信，为他的这一名声进行辩解、开脱。如三月十七日他给张荣组的信中说:"弟在省会亦乏善状,惟以练兵除匪二者为要。得不法之徒,立予磔死,以是获猛厉之名,实则所诛无几。人相率为优容,遂诧此为酷健。"同一天,他在给左宗棠的信中也说:"藩在此间,日事讼狱,不法痞匪,辄予磔死。以是得猛厉之名,实亦诛戮无几,少见多怪,俗人自生诧耳。"四月十六日,在给陈源的信中他又说:"因力与整顿,日以查拿匪人为事。公馆设审案局,讯得不法重情,立予磔死,或加枭示,邦人士遂谓为尽心,颇立声威,宵小敛戢。实则三月以来,仅戮五十人,于古之猛烈者,曾不足比数。世相承以因循,遂谓此为武健严酷耳。"

曾国藩的疯狂"剿匪",使湖南境内的起义终于平息下去,而他自己也因此赢得了"曾剃头"的美名。杀人好比剃头,既形容他杀人之轻易,又形容他杀人之多。因此《清史纪事本末·湘军陆师之编制》中称:"一时谤议四起,至有曾剃头之称。"

"曾剃头"并不是一个好的名声,但是,曾国藩并不因此而感到不快,他认为,镇压太平天国运动,就是要杀人,而且要多多杀人,否则,怎么能把太平天国运动镇压下去?

咸丰十一年(1861年),曾国荃率湘军攻破安庆。攻下安庆,是湘军历史上的一次重大胜利,它同时也使湘军威名大振。而同时使湘军名声大振的,还有他们在安庆之战中的残忍杀戮。这年五月,太平军刘林

湘军攻破安庆城图

部在安庆城外赤岗岭被湘军打败，其中三垒千余人投降。曾国藩闻知此事后，十分兴奋，便致信曾国荃，问他把这些人统统杀了没有："不知刘林一垒究竟如何，其已降之三垒，已杀之否？"

当他听说这三垒人已全部被杀之后，可谓高兴之极："此次杀三垒真正悍贼千余人，使狗党为之大衰，平日或克一大城，获一大捷，尚不能杀许多真贼，真可喜也。"

关于曾国藩嗜杀的品性，在他给曾国荃的信中可谓暴露无遗："目下收投诚之人，以不甚妥善，如挤疖子不可令出零脓，如蒸烂肉不可屡揭锅盖也。克城以多杀为妥，不可假仁慈而误大事。"

既然优待俘虏是假仁慈，那么杀俘就是理所当然的了。他在咸丰十一年六月十二日给曾国荃的信中再次强调："既已带兵，自以杀贼为志，何必以多杀人为悔？此贼之多掳多杀，流毒南纪；天父天兄之教，天燕天豫之官，虽使周孔生今，断无不力谋诛灭之理。既谋诛灭，断无以多杀为悔之理。幅巾归农，弟果能遂此志，兄亦颇以为慰。特世变日新，吾辈之出，几若不克自主，冥冥中似有维持之者。"

因此，当安庆城破，守卫安庆的太平军被屠戮净尽时，曾国藩便极其兴奋地向朝廷报捷，奏折中屡次用到的"无一人得脱"、"围杀净尽"、"实无一名漏网"等词，充分暴露了曾国藩试图用"霹雳手段"镇压民众反抗的心理。

五、居官当一味浑厚，绝不发露

【原文】

稍论时事，余谓当竖起骨头，竭力撑持。三更不眠，因作一联云："养活一团春意思，撑起两根穷骨头"，用自警也。余生平作自箴联句颇多，惜皆未写出，丁未年在家作一联云："不怨不尤，但反身争个一壁清；勿忘勿助，看平地长得万丈高。"曾用木板刻出，与此联略相

近，因附识之。

夜阅《荀子》三篇，三更尽睡，四时即醒，又作一联云："天下无易境，天下无难境；终身有乐处，终身有忧处。"至五更，又改作二联，一云："取人为善与人为善，乐以终身忧以终身"；一云："天下断无易处之境遇，人间哪有空闲的光阴"。

……

昔耿恭简公谓，居官以坚忍为第一要义，带勇亦然。与官场交接，吾兄弟患在略识世态而又怀一肚皮不合时宜，既不能硬，又不能软，所以到处寡合。迪安妙在全不识世态，其腹中虽也怀些不合时宜，却一味浑含，永不发露。我兄弟则时时发露，终非载福之道。雪琴与我兄弟最相似，亦所寡合也。弟当以我为戒，一味浑厚，绝不发露。将来养得纯熟，身体也健旺，子孙也受用，无惯习机械变诈，恐愈久而愈薄耳。

【译文】

在泛论时事时，我说应当挺起骨头，尽力支撑。三更时睡不着，于是作一联："养活一团春意思，撑起两根穷骨头"，用来自警。我一生中作过很多的联句自箴，可惜都没有写下来。丁未年在家写有一联："不怨不尤，但反身争个一壁清；勿忘勿助，看平地长得万丈高。"曾经用木板刻写出来，意思与这个联较近似，因此就附记在这里。

夜里读《荀子》三篇，三更过了才睡，四更时醒来，又作一联："天下无易境，天下无难境；终身有乐处，终身有忧处。"到五更时，又修改作两联，一联是："取人为善与人为善，乐以终身忧以终身"；另一联是："天下断无易处之境遇，人间哪有空闲的光阴"。

……

以前耿恭简公说，做官最要紧的是要坚忍，带勇也是一样的。我们兄弟俩在同官场之人打交道时，毛病都在于稍稍了解世态而又有满肚子的不合时宜，既不能硬，又不能软，所以到处显得孤立。迪安的好处在于全然不识世态，他虽然也常常不合时宜，但却一味浑厚，绝不外露。我们兄弟则常常外露，总不是带来福气的办法。雪琴与我们兄弟最相像，也到处少有投合的人。弟应当以我为戒，一直保持浑厚，永不外露。将来把这一性格养得纯熟，身体也会健康，子孙也能获益，不要沉湎于官场的机变诈伪，因为这样的话，恐怕越久德行就越浅薄。

【解读】

"忍"字在中国传统文化中的地位可谓特殊之至，因为它包含的内容极为广泛，小到忍受饥饿病痛，大到为争夺天下而忍辱负重，等待时机。一个"忍"字，似乎是人人必由之径，也是成大事者必不可少的素质，因此，有许多先哲便把这一"忍"字提炼出来，作为座右铭，作为修身功夫，作为有无德行的一个标志，作为能否成事的试金石。可以说，一个人要想成为圣贤，要想成佛作祖，要想得道成仙，要想称王称霸，离开了这个"忍"字，便都是空话一句。

这个"忍"字的作用究竟有多大？越王勾践卧薪尝胆的故事就是最好的回答。

忍，总是要付出代价的，但是，从坚忍所包含的实质内容来看，它的目的有时是让对方付出更大的代价。

春秋时郑国武公的妻子叫武姜，武姜有两个儿子，长子出生时难产，武姜受到惊吓，差点丧命，因此她给此子取名寤生，非常不喜欢他。按照成例，长子当然是太子，对此，武姜也没有办法。可是她喜欢小儿子共叔段，总是想方设法地为小儿子谋利益。武公在世时，武姜曾多次提出要易储，让共叔段当太子，都被武公拒绝了。武公一去世，寤生继位，成为郑国的国君，称为庄公。武姜于是与共叔段密谋取庄公而代之。为此，他们想首先建立一个根据地，武姜就对庄公说：你现在是一国之君，应该有权给自己的弟弟一块封地吧？庄公答应了，并且对她说，除了国家的军事重镇外，共叔段可以在国内随便挑选封地。

于是，武姜帮共叔段挑选了一座地势险要、经济发达的城市。庄公的谋臣对庄公说：你不该封给他这座城市！庄公却悠然地回答说：多行

不义必自毙。果然，共叔段得到了封地后，开始招兵买马，扩张势力，日夜筹划谋反庄公的策略，封地上的臣民对此人尽皆知。但是，郑庄公表面上对臣下们揭发共叔段的种种劣迹，只是一味地表示不相信，使武姜和共叔段更加明目张胆，谋反的工作进行得更加积极。

可是，庄公却乘他们毫无防备之时，暗中派人打探其谋反的进程，并对他们的行动了如指掌。直到得到了共叔段谋反启程的具体日期、武姜准备等共叔段打进都城时为其开门以里应外合的确凿证据后，庄公才突然起兵，打得共叔段措手不及。由于谋反的证据确凿，且国中已无人不知共叔段准备谋杀亲兄篡位的事实，所以共叔段与武姜根本就没法狡辩和抵赖，结果共叔段被杀，武姜被关进地牢，庄公的地位从此得到巩固。而郑庄公之所以能干净彻底地解决心头大患，正是他长期忍耐的结果。

历史上康熙帝除权臣鳌拜，也是一个因坚忍而成功的事例。康熙接位时，有四个辅政大臣，由于索尼年老，遏必隆软弱，苏克萨哈势力小而且与鳌拜不和，结果造成了鳌拜专权。鳌拜广植党羽，排除异己，于是，清廷中出现了"文武各官，尽出伊门"的情况。鳌拜依仗权势，专权横行，经常在少年天子面前发号施令，而且多次背着皇帝"出矫旨"，事事凌驾于其他辅政大臣之上。他甚至把官员给康熙皇帝的奏疏私自带回家中，同心腹亲信商议，"凡事在家议定，然后施

康熙帝像

行"。鳌拜恣意妄为,独断专行,俨然成了太上皇。

康熙五年(1666年),鳌拜以当年多尔衮在圈地时偏袒正白旗为由,提出要与正白旗换地,并声称,如果土地不足,就另圈民地补之,企图以换地为名,再次掀起大规模的圈地高潮。这实际上是要重演入关之初的虐政暴行。尽管这一主张遭到各阶层的反对,但鳌拜全然不顾,派遣自己的亲信到京畿一带踏勘旗地,并强令有关各旗办理圈换旗地的事务。此令一出,当地满汉人民十分恐慌,纷纷到衙门哭诉。对一些敢于反映群众情绪、请求停止换地的官员,鳌拜大施淫威,要求皇帝将这些人处死。康熙皇帝虽然不同意鳌拜的做法,但也阻止不了他的一意孤行。结果,反对换地、敢于直言的官员被绞死,家产被籍没。这次换地事件,严重地破坏了生产,使大批农民失去土地,激化了社会矛盾。

康熙六年,康熙帝亲政。按理说,辅政大臣应将权力移交给皇帝了,但鳌拜仍把持权力,不愿归政,企图把年轻的皇帝变成任凭自己摆布的傀儡。辅政大臣苏克萨哈鉴于皇帝已亲政,要求辞去辅政大臣的职务,把权力归还皇帝。鳌拜对此极为恼怒,为了保住既得的权势,他诬陷苏克萨哈"背负先帝"、"欺藐皇上"、"紊乱朝政",罗织了24大罪状,要把苏克萨哈斩首抄家。康熙帝不同意,骄横成性的鳌拜便在康熙帝面前挥拳捶胸,疾言厉色,以示要挟。最后,康熙帝也无法改变鳌拜的决定,苏克萨哈于是被绞死。

康熙皇帝虽已亲政,但不能亲掌大权,这使他极为痛苦。而鳌拜却不断将亲信安插到重要部门,企图继续架空皇帝。一次在群臣向康熙帝朝贺新年时,鳌拜身穿黄袍,俨如皇帝。还有一次,鳌拜托病不上朝,康熙帝亲自前往探视时,鳌拜卧在床上,席下置刀,根本不把皇帝放在眼里。这一切都深深刺痛着年轻的康熙皇帝的心。

康熙帝自幼读书,很有抱负,特别是亲政后,很想一展宏图。他痛恨鳌拜的专权跋扈、倒行逆施,但鉴于条件不成熟,还不能一下子除掉鳌拜。经过长期的思考,一个周密的计划在他脑海中酝酿成熟。为了夺回权力，康熙帝陆续将一些忠于自己的人安排在自己的周围，并将一批亲信提拔到要害部门，如提拔索额图为吏部右侍郎，提拔明珠为刑部尚书。这样，一个集团已悄悄地在年轻的皇帝周围形成。随后，康熙帝又派亲信掌握了京师的卫戍权。为了最后解决鳌拜，康熙皇帝精心挑选了一批少年侍卫，在宫中练习布库（摔跤）游戏，他自己也经常和这些布库少年摔打玩耍，故意做出一副胸无大志的样子以迷惑鳌拜。鳌拜每次上朝，都见到皇帝与少年们玩耍，竟以为康熙帝爱好玩耍，从而毫无戒备之心。

康熙八年（1669年）五月，康熙帝与索额图等人设下计谋，事先在宫中埋伏了布库少年，并约鳌拜进宫。当鳌拜只身入宫时，十几个少年连说带笑地迎了上去，声称要与他练练功夫。鳌拜以为这些少年与他逗闹，本想喝退了事，不料少年们近身之后立即动起手来。当鳌拜被五花大绑地推到康熙帝面前时，他才如梦方醒，不过为时已晚。接着，康熙帝宣布了鳌拜的30条罪状，将他永远拘禁，同时，迅速捉拿其兄弟子侄、心腹党羽，并全部处死。顷刻之间，鳌拜集团土崩瓦解。

从曾国藩一生的经历来看，曾国藩也是这么"忍"过来的。据说曾国藩在长沙岳麓书院读书时，与另一书生同居一室，那个书生性情怪僻，曾国藩的书桌离窗有数尺远，为了借光，便移近窗前，那个书生发怒道："把我的光都遮住了！"曾国藩道："那我搁在哪里？"书生指着床侧说："可以搁这里。"曾国藩依言搁在床侧。到了半夜，曾国藩仍读书不辍，那个书生又发怒道："平日不读书，这个时候了，还扰人清睡！"曾国藩便无声默念。

小不忍则乱大谋，对于官场中人尤其如此。曾国藩混迹官场几十年，对此更有痛切的体会。在他早年初任京官时，因为从事的政务极为琐碎无聊，曾国藩便把主要的精力用于埋首经书，修身养性，所以对此无深刻体会。至咸丰三年（1853年）出任团练大臣后，因做事毫无心机，参劾湖南军事长官，事事越俎代庖，得罪了湖南地方官，以致不能在长沙存身，只好躲到衡阳去练兵；咸丰六年，曾国藩在九江战败，湘军在江西陷于战争泥潭，又因一时不忍，参劾了巡抚陈启迈，以致与江西地方官长期不和；在与左宗棠的关系上，因双方互不服气，以致隔阂日深，好朋友几成路人。凡此种种，都让曾国藩深刻反省。特别是在奔父丧的将近两年时间里，因为朝廷弃之不用，他更是痛感自己以前逞一时之意气，极不明智，若顺此下去，必将永远不见容于官场。痛定思痛，他终于认识到：在目前这种暮气日重的官场里，只有和光同尘，忍人所不能忍，采取一切有利于自己宦途的手段，才能立于不败之地。

现在人们一说起曾国藩，很快便会想到他老到的官场经验、炉火纯青的为官艺术，殊不知，这一切的获得并非一朝之功，曾国藩也是从官场中受了无数的挫折、吃了无数的苦头，才有他最终的这番成就的。在此，最值得一提的，是他与江西巡抚陈启迈的明争暗斗。

咸丰四年（1854年）十二月，曾国藩在取得一系列军事胜利后，在九江城外遭受惨败，他投水自杀未遂，之后带着湘军在江西战场上与太平军苦苦周旋。在咸丰五、六两年中，几无战功可言。而同时，他却与江西官员钩心斗角，结下了很深的梁子。

当时的江西巡抚是陈启迈。陈启迈字子皋，与曾国藩同乡，二人曾在翰林院共事。陈启迈曾任国史馆总纂、庶常馆提调、江西按察使、直隶和江苏布政使。湘军进入江西后，给江西带来了沉重的负担，因为当时湘军水陆两师每月的粮饷需9万两银子之多，此饷以前由湖南省供给，但湘军进入江西后，因运输所限，许多支出就需江西地方政府提供。陈启迈与曾国藩虽系同乡同年，但各属不同的利益集团，尤其是作为江西巡抚，就要为江西的地方利益服务，而为湘军提供军饷，无疑是不利于江西利益的。正是基于这一原因，曾国藩与陈启迈摩擦不断，几成水火。

曾国藩在江西的地位本来就十分尴尬，因为江西对于他来说完全是人生地不熟，加上他的湘军又属团练，非朝廷正规军，其处境也就可

想而知了。咸丰七年十二月二十一日，他给曾国荃写信说："余前在江西，所以郁郁不得意者：第一不能干预民事，有剥民之权，无泽民之位，满腹诚心无处施展；第二不能接见官员，凡省中文武官僚，晋接有稽，语言有察；第三不能联络绅士，凡绅士与我营款惬，则或因吃醋而获咎（万篪轩是也）。坐是数者，方寸郁郁，无以自伸。"明确说出了自己在江西的难堪处境。连王安定在《湘军记》中也说："曾文正以客军羁江西，外逼石达开、韦昌辉诸巨寇，内与地方官相抵牾，其艰危窘辱，殆非人所堪。"

具体说来，曾国藩此时所受的"艰危窘辱"主要有：曾国藩要在江西重建水师，陈启迈却说江西省根本毋庸设立；曾国藩请河南候补知府刘于浔设立船厂，陈启迈则不断推阻；曾国藩调罗泽南部会攻湖口，陈启迈却调他防守景德镇，不久又调他西往义宁，回头又将他调往湖口，曾国藩几次都只好复信曲从。

而曾国藩与陈启迈的冲突，主要还是集中在军饷上。早在咸丰五年二月，曾国藩进入江西不久，就给朝廷提交了《请饬江西酌拨漕折银闽浙各筹协济银解营片》，内中称：

> 臣等一军，曾经奏请江西、湖南、四川三省劝捐助饷。今贼匪占踞汉口，臣军远隔下游，粮道已断，四川、湖南之饷，不能运解来营，即去岁奏准陕西协饷下欠十二万两，亦不复能解至臣军矣。仅恃江西一省捐项，臣等水陆万余人，殊不足以资接济。相应请旨饬下江西抚臣陈启迈在于四年漕折项下，每月酌拨银两以济臣军。如江北添一支劲兵，臣等奏准川、陕之款即可拨归江北一军应用。惟上游西通川、陕，北通河南，来源尚广，臣军仅取给于江西，来源太隘，势难久支。不揣冒昧，请旨饬下福建督臣王懿德、浙江抚臣何桂清，每月各筹银二万两解赴臣军，俾兵勇口食不匮，免生他虞。臣等不胜迫切待命之至。谨附片具奏请旨。

朝廷对曾国藩的奏折作了明确答复,同意让陈启迈酌量拨银:"至曾国藩等所需饷银,已谕闽、浙两省照数筹解,但恐尚需时日,着陈启迈于四年漕折项下每月酌拨银两,以济要需。四川、湖南等处饷银,仍当设法催提,俾资接济。"

但事实上陈启迈并未积极协助曾国藩办理此事,曾国藩为此大伤脑筋。在幕僚的建议下,他只好另出一招:以盐抵饷。因为食盐当时是完全由官方控制的,所以如果湘军能把盐搞到手,再转卖给百姓,也不失为一条生财之道。

然而,曾国藩终非商人,他买来的盐被人掺了假,结果不但没有赚到钱,反而赔了钱。在无可奈何的情况下,曾国藩只好在自己控制的地方设立厘局,抽取商人的税金。而曾国藩此举并未申请朝廷批准,加上设厘局等于是直接从地方政府的腰包里掏钱,所以他与陈启迈的关系就更加紧张了。

而导致曾陈二人彻底决裂的,则是如何对待举人彭寿颐一事。

彭寿颐是万载县举人,朝廷下令各地办团练后,他便在县内办团练。但彭寿颐因与县令结仇,县令便派捕快捉拿彭寿颐,彭寿颐只好出逃。后在曾国藩的幕僚刘蓉的引见下,彭寿颐见到了曾国藩。曾国藩与他交谈后,发现他是个人才,便决意留用他,并把此事通报给了陈启迈。陈启迈表面上表示同意,背后却指使按察使恽光宸将彭寿颐捉拿,横加折磨。至此,曾国藩实在是忍无可忍,便于咸丰五年六月十一日上奏朝廷,参劾陈启迈。

朝廷接到曾国藩的奏折后,很快便下了谕旨,决定将陈启迈革职:"曾国藩奏,巡抚劣迹较多,恐误大局一折。……陈启迈着即革职,恽光宸着先行撤任,均听候新任巡抚文俊查办。该抚到任后,着即将曾国藩所参各情节,逐款严查,据实具奏,不得稍有徇隐。钦此。"

曾国藩此举虽然以胜利告终,但给他带来的喜悦却是极为短暂的。因为他在此后的江西官场更难活动,行事处处受到掣肘。而咸丰七年

（1857年）二月，曾国藩在接到父亲死去的消息后，不待朝廷恩准，便离开队伍回家奔丧，这和他与江西官场的格格不入有极大的关系。应该说，这时的曾国藩在为官之道上还是不够精通的，尤其是与他后期的为官之道相比，有手段太过简单之嫌。然而，正是曾国藩善于总结经验，并深刻体悟到"忍"字在为官中的重要作用，才造就了他的官场楷模形象。

六、无好快意之事，常存省过之心

【原文】

知己之过失，即自为承认之地，改去毫无吝惜之心，此最难之事。豪杰之所以为豪杰，圣贤之所以为圣贤，便是此等处磊落过人。能透过此一关，寸心便异常安乐，省得多少纠葛，省得多少遮掩装饰丑态。

盗虚名者，有不测之祸；负隐匿者，有不测之祸；怀忮心者，有不测之祸。

……

吉凶悔吝，四者相为循环。吉，非有祥瑞之可言，但行事措之咸宜，无有人非鬼责，是即谓之吉；过是，则为吝矣。天道忌满，鬼神害盈，日中则昃，月盈则亏，易爻多言"贞""吝"，易之道，当随时变易，以处中当变，而守此不变，则"贞"而"吝"矣。凡行之而过，无论其非义也，即尽善之举，盛德之事，稍过，则吝随之。余官京师，自名所居之室曰"求阙斋"，恐以满盈致吝也。人无贤愚，遇凶皆知自悔，悔则可免于灾戾。故曰"震无咎者，存乎悔"。动心忍性，斯大任之基；侧身修行，乃中兴之本。自古成大业者，未有不自困心横虑，觉悟知非而来者也。吝则驯致于凶，悔则渐趋于吉。故大易之道，莫善于悔，莫不善于吝。吾家子弟，将欲自修而免于怨，尤有二语焉，曰："无好快意之事，常存省过之心。"

——《曾国藩全集》

【译文】

知道自己的过失，便加以承认，并毫不犹豫地予以改正，这是最难做到的事情。豪杰之所以成为豪杰，圣贤之所以成为圣贤，便是在这个问题上光明磊落，超过别人。如果能过了这一关，心里就会非常安乐，可以省去许多纠葛，避免许多遮掩装饰的丑态。

窃取虚名的人，将会有意料不到的灾祸；包藏罪恶的人，会有意料不到的灾祸；怀有嫉妒心的人，会有意料不到的灾祸。

……

吉、凶、悔、吝，这四者互相循环。吉，并不一定是要有祥瑞，只要办事时处置得恰当，没有人的非议和鬼神的责难，就是吉；越过了这一点，就是吝。天道忌讳盈满，鬼神讨厌盈溢，太阳到了中天就会偏斜，月亮满了就会亏缺，《周易》的爻辞中常常称说"贞"、"吝"，《易》的道理，是要求因时而变化，居中待变，如果死守不变，就由贞转化为吝了。做事过了头，不要说那些不义之事，就是尽善尽美的行为，完全符合道德的事情，只要稍稍过了头，悔恨也会随之而来。我在京城做官，把我所居住的房子取名为"求阙斋"，也就是怕因为盈满而招来悔恨之事。每个人无论贤能还是愚笨，碰到灾难都知道后悔，后悔就可以避免进一步的灾难。所以说："因震惊而没有祸患，是因为存有悔心。"冲击你的心灵，磨炼你忍耐的性情，这才是担当大任的基础；退身修行，这才是国家中兴的根本。自古以来成就巨大事业的人，没有不是从殚精竭虑、觉悟事理、知道悔过中走过来的。有悔恨之事而慢慢变为灾祸，知悔则渐渐转化为吉。所以《易》道以知后悔为最善，以不知悔改为最不善。我家的子弟，想要通过自我修养而免除灾难，特别要注重这么两句话："不要沉溺于快意的事情，要常常保持悔过的心态。"

【解读】

"知己之过失，即自为承认之地，改去毫无吝惜之心。"这是知

悔的核心内容。它包含两层意思，一层是从内心深处深切地感到自己错了，另一层是知错即改，而且这种改不是被迫的，而是主动的、发自肺腑的。诸葛亮挥泪斩马谡的故事是最符合"知悔"的本意的。马谡历任蜀国的竹县、成都县县令以及越嶲太守，能力过人，并好谈军国大事，诸葛亮很器重他。刘备在临死前，对诸葛亮说："马谡言过其实，不可大用，希望你能察觉此事。"由于诸葛亮对马谡印象很好，因此他非但听不进刘备的话，而且还任命马谡为参军。两人谈论军国大事，每每从清晨一直谈到深夜。公元228年，诸葛亮出师祁山，当时众大臣建议派魏延或吴壹为先锋，可是诸葛亮独排众议，任命马谡为先锋，统率大军与魏国的张郃交战于街亭，结果被张郃所击败。因为先锋大军败走，诸葛亮只好退守汉中。之后，诸葛亮做了两件事，一件就是挥泪斩马谡，以正军法，另一件就是向皇帝刘禅告罪，请求惩罚自己。

古人说，过而能改，善莫大焉。曾国藩所说的知悔，除了这个意思，还有更深的一层意思，就是对己，要时时知悔，做错了事，就要承认错了，就要追悔不已，一有改过的机会，就毫不犹豫地抓住；对人，就要不顾个人面子，对就是对，错就是错，没有任何姑息的成分。这些内容实际上也是曾国藩一生经历中的重要教训。

曾国藩从帮办湖南全省团练开始，就用木质关防，上面所刻大字为"钦命帮办团练查匪事务前任礼部侍郎

《三国志像》中的诸葛亮挥泪斩马谡图

之关防"。咸丰五年（1855年）八月秋补缺后，又换为"钦差兵部右侍郎之关防"。关防屡换，于是往往被人疑为伪造。湘军部将出差外省，外省地方官不仅不予信任，对盖有关防之公文不予理会，更有甚者还将出差的官员关押起来，加以侮辱。

为此，曾国藩希望朝廷能授予他实权。在他看来，"非位任巡抚，有察吏之权"，决不能治军，决不能兼及筹饷。

然而，根据当时的形势，自咸丰七年四月何桂清接替怡良为两江总督后，江南大营日有起色，清军正在进攻镇江，捷报频传。所以清廷便决定将长江上游战事责成湖广总督官文、湖北巡抚胡林翼负责，将下游战事、攻陷天京的希望寄托在何桂清与和春的身上。因此，当曾国藩因父亲去世回家奔丧后，朝廷便撤销了他兵部侍郎的职务，将他开缺在籍守制，消除了他的兵权。朝廷同时命署理湖北提督杨岳斌总统外江水师，惠潮嘉道彭玉麟协同调度。

曾国藩被削除兵权，却瓦解了湘军的斗志，涣散了湘军的士气，使江西湘军陷入群龙无首的局面。曾国藩被削除兵权后，尽管受到外界的讥讽、嘲笑与责骂，却获得了全体湘军官兵对他的同情与爱戴，使他在湘军中的威望空前提高。七月，湘军主要将领李续宾致书曾国藩说，一旦攻克九江后，"或则皖省，或援豫章，先生不出，续宾何敢独行前往？虽有厚庵、杨岳斌、彭玉麟，而水陆不一，且不能咨商群帅，难言之情，愿先生有以教之。先生带山，仍当恳带我归里"。

同时，在家乡守制的曾国藩也开始对自己的人生进行彻底的自我反省。曾国藩无时无刻不在怀念他一手创办起来的湘军，悔恨自己办事"有初鲜终，此次又草草去职，致失物望，不无内疚"。每念及此，"夜间终不能酣睡，心中纠缠，时忆往来，愧惶憧扰，不能摆脱"。在这段时间里，他日夜在悔恨自己的去职失权，迫切期待着有朝一日朝廷命他重掌湘军。

他在咸丰八年（1858年）四月初九写信给远在江西吉安的曾国荃

说：此次军务，如杨、彭、二李、次青辈皆系磨炼出来，即润翁、罗翁亦大有长进。因此，他希望曾国荃"兢兢业业，日慎一日，到底不懈，则不特为兄补救前非，亦可为吾父增光于泉壤矣"。对于曾国藩当时的心态，《湘军志》中说："时国藩久谢事，无旧军，诸名将后出，率皆起罗、王部曲，独水军犹隶彭、杨，而杨载福已升提督，官品高于国藩，由是负沉滞重望，亦郁郁不自得，更欲以和辑收众心，颇悔前者所为。"正在这时，清廷谕江西巡抚耆龄令萧启江、张运兰、王开化等部驰浙江。在清军聚集浙江、互不统率、群龙无首的情况下，清廷亟需要物色一名声威素著之大员，督率各军。胡林翼早在咸丰七年十月就奏请起复曾国藩，未获朝廷允许。这次，他又继给事中李鹤章等人之后，趁机再次奏请起复曾国藩，故清廷于咸丰八年五月二十一日颁布诏谕，令曾国藩复出。

曾国藩于咸丰八年六月初三日接到上谕，考虑到以往的教训，便不再与朝廷讨价还价，也不再提统兵者非位兼巡抚的话，初七便第二次墨绖从戎。咸丰帝看到他的《恭报起程日期折》后，于七月初五朱批道："汝此次奉命即行，足征关心大局，忠勇可尚。"此次复出，也为他日后建功立业、荣膺高位带来了良机。

然而，在曾国藩的官场生涯中，最让他痛感悔恨的，是他对天津教案的处理方式。

曾国藩在镇压太平天国运动的过程中，可谓一往无前，从未心慈手软过。可是，在对待外国势力挑战的问题上，他却一直是主张忍辱负重、息事宁人的，如道光帝签订《南京条约》时，国内无数爱国人士都指为丧权辱国，曾国藩却这样评论："此次议抚，实出于不得已。但使夷人永不犯边、四海晏然安堵，则以大事小，乐天之道，孰不以为上策哉！"

天津望海楼教堂建于咸丰十年（1860年），教堂建成后，教士因强占民地，仗势欺人，与附近百姓结下了很深的仇怨。同治九年（1870

年）五月，在法国天主教堂设立的仁慈堂里，一下子死了三四十个教堂收养的婴孩。此事在附近百姓心目中引起了很大的震动，他们纷纷传言这些孩子是被教堂拐去后，抉目挖心而死的。同时，百姓们又逮住了用药迷拐孩童的武兰珍，把他扭送官府。武兰珍承认他迷拐幼童是受了教会的指使。五月二十三日，天津地方官便带着他前往教堂对质，当时聚集在教堂门口的民众已达万人。法国驻天津领事丰大业闻讯后，蛮横地要求三口通商大臣崇厚派兵镇压，崇厚未予同意。丰大业从崇厚衙门出来，恰好碰上前去维持秩序的天津知县刘杰，丰大业便上前辱骂刘杰，并拔枪向他射击，打死了刘杰的随从高升。旁观的百姓怒不可遏，当场将丰大业和他的秘书西蒙打死。同时焚毁了法国的领事署、天主教堂和仁慈堂，连英、美设在天津的几座教堂也一并被毁，另有20名外国人被打死。这就是天津教案的简要经过。

事发后，法国联合各国外交官向清政府提出抗议，并且在天津、烟台一带集结兵舰，声言若清廷在此事的处理上不满足法国的要求，将轰平天津。

清廷闻知此事后，颇感事态重大，便于五月二十五日令身为直隶总督的曾国藩前往天津与崇厚协同办理。谕旨这样写道：

> 崇厚奏，津郡民人与天主教起衅，现在设法弹压，请派大员来津查办一折。据称天津地方有匪徒迷拐人口，牵涉法国教堂情事，经崇厚与法领事丰大业等约定于五月二十三日，令天津道府县带同匪犯武兰珍亲往天主教堂面见教士谢福音，并带该犯指勘所历地方房屋与该犯原供不符，亦即带犯而回。旋据教士谢福音至崇厚处商量以后，查办之法商妥去后，是日未刻忽闻教堂之人与观看之人口角争殴，正在派委武弁前往弹压，法领事丰大业忽来署中，神气区悍，带有洋枪二杆，后跟一外国人，手执利刃，出言不逊，将洋枪向崇厚施放，幸未被中。该领事将桌上物件信手砍损，咆哮不

止。崇厚以其时民情汹汹，恐激成事变，劝令该领事不可出去，丰大业竟飞奔出署。天津县知县在彼弹压，当面劝阻。该领事即对其放枪，将该县知县家人打伤。百姓激于众怒，将该领事群殴致死，并焚毁教堂等处房屋，现在民情稍戢等语，仍着崇厚督同地方文武将该民人等设法开导，妥为弹压，毋令聚众再滋事端。曾国藩病尚未痊，本日已再行赏假一月，惟此案关系紧要，曾国藩精神如可支持，着前赴天津与崇厚悉心会商，妥筹办理。匪徒迷拐人口，挖眼剖心，实属罪无可逭。既据供称牵连教堂之人，如查有实据，自应与洋人指证明确，将匪犯按律惩办，以除地方之害。至百姓聚众将该领事殴死，并焚毁教堂，拆毁仁慈堂等处，此风亦不可长，着将为首滋事之人查拿惩办，俾昭公允。地方官如有办理未协之处，亦应一并查明，毋稍回护。曾国藩务当体察情形，迅速持平办理，以顺舆情而维大局。原摺着抄给曾国藩阅看，将此由五百里各密谕知之。钦此。

曾国藩接旨后，即于五月二十九日给朝廷上奏，提出了他处理此案的初步看法，认为该案最关键之处在于"武兰珍是否果为王三所使，王三是否果为教堂所养，挖眼剖心之说是否凭空谣传"，并表示虽然自己年迈多病，仍将勉力前往天津处理此事。

曾国藩左思右想，觉得此事实在很难妥善解决。且不管事实真相如何，就目前情况而言，若得罪法国，则难免引起中法之间的战争，这种结果是朝廷不愿意看到的，也是他曾国藩所无力承受的；若得罪天津百姓，则将背上"卖国贼"之类的罪名。正是在这种情况下，曾国藩感到自己可能会在此事上送掉老命。于是，在六月初四，他给自己的儿子纪泽、纪鸿写去一信，信中提到自己若死，此信即自己的遗嘱。他在信中写道：

> 余即日前赴天津，查办殴毙洋人、焚毁教堂一案。外国性情凶

悍，津民习气浮嚣，俱难和叶，将来构怨兴兵，恐致激成大变。余此行反复筹思，殊无良策。余自咸丰三年募勇以来，即自誓效命疆场，今老年病躯，危难之际，断不肯吝于一死，以自负其初心。恐邂逅及难，而尔等诸事无所禀承，兹略示一二，以备不虞。

余若长逝，灵柩自以由运河搬回江南归湘为便。中间虽有临清至张秋一节须改陆路，较之全行陆路者差易。去年由海船送来之书籍、木器等过于繁重，断不可全行带回，须细心分别去留。可送者分送，可毁者焚毁，其必不可弃者，乃行带归，毋贪琐物而花途费。其在保定自制之木器全行分送。沿途谢绝一切，概不收礼，但水陆略求兵勇护送而已。

余历年奏摺，令夏吏择要抄录，今已抄一多半，自须全行择抄。抄毕后存之家中，留于子孙观览，不可发刻送人，以其间可存者绝少也。

余所作古文，黎莼斋抄录颇多，顷渠已照抄一份寄余处存稿，此外黎所未抄之文寥寥无几，尤不可发刻送人，不特篇帙太少，且少壮不克努力，志亢而才不足以副之，刻出适以彰其陋耳。如有知旧劝刻余集者，婉言谢之可也。切嘱切嘱。

六月十日，曾国藩抵达天津。当时，天津城内人心浮动，人人都在等待朝廷的裁决。同时，洋人与当地居民亦仍处于剑拔弩张之状态。曾国藩在十一日给儿子的信中说："天津士民与洋人两不相下，其势汹汹。缉凶之说，万难着笔，办理全无头绪。"在曾国藩看来，安定人心乃眼下第一要务，因此，他于十一日发出了《谕天津市民》的告示：

自咸丰三四年间，本部堂即闻天津民皆好义，各秉刚气，心窃嘉之。夫好义者，救人之危难，急人之不平，即古所谓任侠之徒是也。秉刚气者，一往直前，不顾其他，水火可赴，白刃可蹈之类是也。斯固属难得之质，有用之才，然不善造就，则或好义而不明理，或有刚气而无远虑，皆足以偾事而致乱。即以昨五月二十三日之事言之。前闻教堂有迷拐幼孩，挖眼剖心之说。尔天津士民忿怒洋人，斯亦不失为义愤之所激发，然必须访察确实。如果有无眼无心之尸实为教堂所掩埋，如果有迷拐幼孩之犯实为教堂所指使，然后归咎洋人，乃不诬枉。且即有真凭实据，亦须禀告官长，由官长知会领事，由领事呈明公使，然后将迷拐知情之教士、挖眼剖心之洋人，大加惩治，乃为合理。今并未搜寻迷拐之确证、挖眼之实据，徒凭纷纷谣言，即思一打泄忿。既不禀明中国官长，转告洋官，自行惩办；又不禀明官长，擅杀多命，焚毁多处。此尔士民平日不明理之故也。我能杀，彼亦可以杀报；我能焚，彼亦可以焚报。以忿召忿，以乱召乱，报复无已，则天津之人民、房屋，皆属可危。内则劳皇上之忧虑，外则启各国之疑衅。十载讲和，维持多方而不足；一朝激变，荼毒万姓而有余。譬如家有子弟，但逞一朝之忿，而不顾祸患入于门庭，忧辱及于父兄，可乎？国有士民，但逞一朝之忿，而不顾干戈起于疆场，忧危及于君上，可乎？此尔士民素无远虑之故也。

……

本部堂奉命前来，一以宣布圣主怀柔外国、息事安民之意；一以劝谕津郡士民，必明理而后可言好义，必有远虑而后可行其刚气，保全前此之美质，挽回后日之令名。此后应如何仰体圣意，和戢远人，应如何约束同侪，力戒喧哄，如何而惩既往之咎，如何而靖未平之气，仰读书知理君子悉心筹议，分条禀复。特谕。

当时，协助曾国藩办理此案的是三口通商大臣崇厚，此人与洋人打交道多年，慑于洋人的威势，养成了奴颜婢膝、奉承洋人的秉性。曾国藩虽为官多年，但很少与洋人打交道，所以对崇厚依赖较多。据崇厚的意思，还是以尽量满足洋人的胃口为上策。曾国藩在左右为难的情况下，亦感到崇厚的建议不妨一试："崇帅欲余撤道、府、县三官以悦洋人之意，余虽知撤张守即大失民心，而不得不勉从以全大局。"

但这么做无疑会使自己失去民心，而且有违曾国藩做人的一贯原则，所以他的内心亦是十分矛盾的。在六月十七日的家信中，他说："天津事尚无头绪，余所办皆力求全和局者，必见讥于清议。但使果能遏兵，即招谤亦听之耳。"至六月二十一日，曾国藩对崇厚过分谄媚洋人的做法开始警觉，他在给儿子的信中又说："崇帅事事图悦洋酋之意，以顾和局，余观之殊不足恃。死生置之度外，徐俟其至而已。"

虽然如此，但偏向洋人，牺牲国人，已是曾国藩的既定方针，因为当时各国的军舰正不断向天津驶来。正是在这一方针的指导下，他于六月二十三日上奏朝廷，认为"挖眼剖心则全系谣传，毫无实据"，"英法各国乃著名大邦，岂肯为此残忍之行"。因此，"惟有委曲求全之一法"，"兵端决不可自我而开"。

正是在这种思想的支配下，曾国藩于八月二十三日和九月十三日两次上奏朝廷，汇报了他处理天津教案的最后决定：处决天津市民20人，充军25人，天津知府张光藻和知县刘杰交刑部治罪，革职充军，赔偿法国白银50多万两，崇厚前往法国赔礼道歉。奏折写道：

> 常例群殴毙命，以最后下手伤重者当其重罪。此案则当时众怨齐发，聚如云屯，去如鸟散，事后追究，断不能辨其孰先孰后，孰致命孰不致命。但求确系下手正凶，不复究其殴伤何处，此变通办理之一端也。常例断狱决囚，必以本犯画供为定。其本犯供词狡展，则有众证确凿，即同狱成之例。此案则各犯恃无尸亲，坚不吐实，旁人又不肯轻易指质，众证亦殊难得。臣等议定本犯无供，但得旁证二人三人指实，取具切结，亦即据以定案，此又变通办理之一端也。计讯定证供确实者十一人，无供而有确证者四人，共计可以正法者十五名。拟办军流者四人，拟办徒罪者十七人，共计可科

轻罪者二十一名。除即日将各犯供折咨送总理衙门暨刑部外，谨先缮具清单恭呈御览。其情节较重，讯有端倪，供证均未确实者，尚有十六名，拟归于第二批办理。情节较重，在逃未获者，尚有十一名，一并开单先呈御览，以释宸廑。将来第二批奏结，或再办首从犯各数名，或与洋人订定抵偿实数，中国如数办到，请旨敕下总理衙门核定行知臣等，以便遵循。此次定拟各犯，若遂速行处决，将来拿办愈难，应与洋人商定，统俟续奏二批后并案办理。所有臣等审明第一批人犯分别定拟缘由，谨缮折具陈，伏乞皇太后、皇上圣鉴训示。

曾国藩在天津教案中的这种处理方式一经宣布，国内舆论大哗，上自朝廷，下至民间，纷纷谴责曾国藩这种辱国残民的行为，如时任陕甘总督的左宗棠即指责曾国藩的处理方式存在严重失误："虽受迷无据，而幼童百许、童贞女尸适从何来？王三虽未承招，武兰珍则生供具在，不得谓无其人无其事也。"仓植指责说："诚恐上损国体，下失民心，为今之计，当不应尔。"连在京的湖南同乡也把他书写的悬挂在湖广会馆的楹联愤怒地撕毁了。

杀戮天津士民是曾国藩在他一生的"剃头"生涯中最后一次较大规模的"剃头"活动，然而，这次"剃头"为他赢来的并不是什么荣誉，而是积年清望毁于一旦。连他自己也愧悔不已，他在同治九年（1870年）十一月十一日给彭玉麟的信中追悔莫及地说："仆自问四五年剿捻无功，即当退处深山。六年春重回江南，七年冬莅任畿辅，皆系画蛇添足。此次再来江南，则画虎不成，反类犬矣。"回顾曾国藩的一生，他似乎总在无可奈何地违心做事：不想杀人，却杀人如麻；不想做官，却一直做官到死。所谓身在江湖，身不由己，对于官场中人，似乎亦可作如是观。

但是，话又说回来，曾国藩此次对天津教案的"杀国人以媚洋人"

的处理方式，虽然受到来自各方的责难，他自己也愧悔不已，但从当时的条件来看，毕竟是用"较小"的代价换来了较"圆满"的结果：避免了一次战争的灾难。所以，清廷对曾国藩的处理方式还是极为满意的，因为在清廷最高决策者看来，中国人有的是，杀掉几个闹事的中国人是无足轻重的，而一旦惹怒了洋人，则是要危及自身统治的。另外，平心静气地说，在当时中国实力如此贫弱的情况下，对洋人采取强硬政策，结果确实也会更加糟糕。即连当时对曾国藩反对得最为起劲的清流派代表人物张之洞，当他在湖广总督任上面临同样的"教案"事件时，采取的还是与曾国藩同样的处置方式，并对当初自己对曾国藩的指责颇感惭愧，此即明证！因此，这是当时中华民族的悲哀，曾国藩只是其中的代表而已。

七、处逆之道，唯有委曲求全

【原文】

处逆境之道，惟西铭"无所逃而待烹，申生恭也；勇于从而顺令者，伯奇也"等句，最为亲切！

……

古人办事掣肘之处，拂逆之端，世世有之，人人不免。恶其拂逆，而必欲顺从，设法以诛锄异己者，权奸之行径也；听其拂逆，而动心忍性，委曲求全，且以无敌国外患而亡为虑者，圣贤之用心也。借人之拂逆，以磨砺我之德性，其庶几乎！

——《曾国藩全集》

【译文】

对待逆境的方法，只有《西铭》中所说的"像申生那样无处逃遁就束手待烹，像伯奇那样勇于追随而顺从命令"等话，说得最亲切！

……

古人办事，也往往有人干扰阻挠，这种违拗的情况，代代都有，人人难免。因为厌恶别人违拗自己的心意，定要别人顺从自己，从而设法诛除异己，这是权奸的行径；听任其违拗自己，借此砥砺自己的德性，培养自己的耐心，委曲求全，并且以没有敌国外患的威胁为虑，这就是圣贤的用心。借助别人的违拗，来磨砺我的德性，这样才差不多！

【解读】

正如胜败乃兵家常事，官场中的升迁顺逆亦系家常便饭。话虽如此，然观古往今来的官场中人，大多于顺境时意气风发，一遇挫折，便垂头丧气，意志消沉，而最终失去东山再起之机会。纵观曾国藩的官场生涯，虽最后荣极而终，但均是从逆境、挫折中走过来的。细析他应对逆境的办法，却都平平无奇，因为只有一个字：挺！然而，千万不可小看此一"挺"字。若非意志坚强者，在逆境面前是很难挺得住的。那么，曾国藩是如何从逆境中挺过来的呢？

曾国藩关于处逆境之道的最著名的论述，莫过于他的"挺经二十四法"，我们来看看其中的第一条：

一家子，有老翁请了贵客，要留他在家午餐。早间就吩咐儿子前往市上备办肴蔬果品，日已过巳，尚未还家。老翁心慌意急，亲至窗口看望，见离家不远，儿子挑着菜担，在水塍上与一挑京货担子的人对峙，彼此皆不肯让，就钉住不得过。老翁赶上前，婉语曰："老哥，我家中有客，待此具餐。请你往水田里稍避一步，待他过来，你老哥也可过去，岂不是两便么？"其人曰："你叫我下水，怎么他下不得呢？"老翁曰："他身子矮小，水田里恐怕担子浸湿，坏了食物；你老哥身子高长些，可以不至于沾水。因为这个理由，所以请你避让的。"其人曰："你这担内，不过是蔬菜果品，就是浸湿，也还可将就用的；我担中都是京广贵货，万一着水，便是一文不值。这担子身份不同，安能叫我让避？"老翁见抵说不过，乃挺身就近曰："来，来！然则如此办理，待我老头儿下了水田，你老将货担交与我，我顶在头上，请你空身从我儿旁岔过，再将担子奉还，何如？"当即俯身解袜脱履。其人见老翁如此，作意不过，曰："既老丈如此费事，我就下了水田，让尔担过去。"当即下田避让。他只挺了一挺，一场争竞就此消解。这便是《挺经》中开宗明义的第一条。

关于《挺经》的这第一条，理解起来委实不易，因为很难说清曾国藩的本意所在。若说"挑京货担子的"好，那么他最终不是让了吗？那么意在树立老翁吗？似乎也没什么值得称道的。那么，曾国藩的用意究竟是什么呢？我们来看以下这两种理解。一种是唐浩明的长篇小说《曾国藩》中的理解：

"《挺经》有二十四条经文，我先给你们讲第一条，"曾国藩放下小汤碗，右手作五指梳，缓缓地梳理着胸前的长须，慢悠悠地说，"荷叶塘有个老头，一天，家里来了贵客。老头儿叫儿子到蒋市街买酒菜款待客人。儿子挑一担空箩筐出去了，一直到太阳偏西还不见回来。老头子急了，自己出门去找，在半路一丘水田田塍上遇到了儿子。"

曾国藩说到这里停下来，又端起小碗喝汤。大家尖起耳朵听着，不知老头的儿子买东西和"挺"有什么关系。"谁知儿子担着一担东西站在那里，在他对面也站着一个挑担子的人。两人你望着我，我望着你，都不动。老头一见急坏了，板起面孔骂儿子：'你这不成器的东西，家里等你的酒菜，等得人都跳起来了，你却死了一样地站在这里不动，你到底要做什么？'儿子委屈地说：'他不让我过去。'老头对那人说：'兄弟，你下田放他过来吧！'那人怒道：'你好偏心！你为什么不叫他下田，放我先过去呢？'老头说：'兄弟，你人高，他人矮，你可以下田，他不能下田；再说你是杂货，他是吃的东西，你的货可以浸水，他的货不能浸水。'那人越发气了：'你看不起我的货，他小我大，他应要让我，我不能让他。'老头也气了：'罢，罢！只有我下田了。'老头脱去鞋袜，站到水田里，用手托过那人的担子，这才把那人打发了，和儿子挑着担子回来。这就是《挺经》中的第一条。"

由此可见，唐浩明的理解重点是在挑京货担子的那个人，因为他这一挺，弄得父子俩只好让他。

还有一种是李鸿章的僚属吴永的理解，他说："予当时听之，意用何在，亦不甚明白；仔细推敲，还是曾公说得好：'大抵谓天下事在局外呐喊议论，总是无益，必须躬自入局，挺膺负责，乃有成事之可冀。'"从吴永的观点看，他认为曾国藩的着意点在老翁，所谓必须"躬自入局"。

那么着意点究竟在何处呢？曾国藩要强调的究竟是谁的"挺"呢？因为上段曾国藩的《挺经》第一条着笔较多的是老翁和挑京货担子者，所以人们往往容易把注意力集中到他们两人身上，尤其是文中的"挺上一挺"一句，更容易让人把注意力集中到挑京货担子的人身上。其实，我们只要客观地问上一句：这三个人谁是赢家？答案就会迎刃而解了：老翁脱了鞋袜，要下水田去接担子，当然是输家；担京货担子的人过意不去，当然也是输家；唯一获胜的是老翁的儿子，他只在那儿一动不动，最后别人还是给他让了道。

而且，有意思的是，这老翁的儿子也只能一挺到底：因为他个子矮，无法下到水田里，否则就会毁了食品。所以我认为，这老翁儿子的"挺"才是曾国藩真正的用意所在。

在中国历史上，晋代文学家左思以勤补拙，与曾国藩所传《挺经》的宗旨可谓有异曲同工之妙。

晋代著名文学家左思，自幼反应迟钝，不善言辞。父亲让他学习书法和弹琴，都没有学成。一次，他父亲当着他的面对朋友说："这孩子脑子太慢了，不如我小时候。"左思听了很不服气，于是发愤读书，经过刻苦努力，果然大有进步。他自知脑子慢，就以勤补拙，不怕多花时间。曾用一年时间写成《齐都赋》，虽说时间长了一些，但由于反复推敲，文章可谓满篇锦绣，字字珠玉，气势宏伟，壮丽无比。

写成《齐都赋》后，左思又想写《三都赋》。当时，江东著名才子陆机也在洛阳为官，也想写《三都赋》。他听说左思的想法后，觉得很可笑，写信给其弟陆云说，这里有个丑八怪想作《三都赋》，他写的文章只能给我盖酒瓮。

左思并未被陆机的名气吓住，写文章的决心毫不动摇。他自知读书不多，就请求担任掌管国家图书经籍的秘书郎，并充分利用条件，夜以继日地读。没去过成都，他就向阅历丰富的张载请教，了解那里的山川地理，风土人情。为写好这篇文章，他像着了魔一样，无论做什么事，想的都是《三都赋》；无论是官府办公的地方，还是家里的门里门外，连厕所里也都放了纸笔，只要想出一个好句子，就随时随地记下来。这样，经过十年努力，他终于写成了《三都赋》。左思的十年苦功没有白费，他的《三都赋》震动了京城洛阳，不少名士为《三都赋》作序、作注。陆机看了《三都赋》之后，佩服得五体投地，认为若自己再写一篇《三都赋》，无论怎样也无法超过左思，只好搁笔。于是，洛阳城中的达官显贵们都竞相抄写《三都赋》，一时之间，洛阳的纸价都上涨了。后来便有了"洛阳纸贵"这一成语，一直流传至今。

从上述《挺经》第一条的内容及曾国藩关于如何面对逆境的论述来看，曾国藩于处逆境之道是颇有心得的，它们都是曾国藩对自己一生官场经历的真切总结。

在此，我们将特别提一下曾国藩两次自杀的经历。

咸丰四年（1854年）二月，新组建的湘军从太平军手中夺得了岳州，但不久又被太平军夺回。岳州之役后，石达开之堂弟石祥祯与林绍璋率领的太平军乘胜进击,夺得距长沙城北仅50里的靖港,三月二十七日又夺得距长沙城西南仅90里的湘潭。对此,王闿运在记述中说:"当是时,寇若从湘潭上游乘春水攻省城,及从靖港乘北风来攻,皆不过二十刻。"与此同时,衡州、永州、郴州、桂阳及两粤诸地本已很活跃的会党,更加活跃起来。当此之时,省城内外,官府上下,日夜不安,因而昼闭城门,自断饷道。曾国藩于是集众计议。鉴于当时曾国藩手下的湘军人数不多,不能兼顾靖港、湘潭两处,因此,首先应用兵何处,当时出现针锋相对的意见。有人建议先夺取靖港的太平军大营。曾国藩也觉得若能败靖港太平军,便可沿江北向。但是幕友们多不赞同,认为湘潭是大商埠,军需所资,理宜先夺取湘潭;若攻靖港大败,再退回省城,便是置自己于死地。曾国藩听到此种意见后,觉得比第一种意见合理,便下决心先攻湘潭,于三月二十八日派补用副将塔齐布、蓝翎守备周凤山带1300多人向湘潭方向增援。次日,又派候补知府褚汝航等管带水师五营逆湘江而上,夹击湘潭,并且约定由曾国藩于第二天自带五营继进。

当天晚上,突然长沙县乡团的士绅来报,称靖港只有数百名太平军,应乘机剿灭之。曾国藩一听,立即动了心,认为:"潭城贼被官军水陆痛剿,专盼靖港之贼救援,亟应乘机攻剿,俾贼逆首尾不能相顾。"于是变更计划,在第二天率领大小战船40多只、陆勇800名向靖港进发。

出发前,李元度极力劝阻说:"兵之精者已调剿湘潭,早晚捷音必至。此间但宜坚守,勿轻动。"曾国藩不听,李元度和章寿麟都请求同行,他也不同意,并且将一份遗疏和一份2000多字的遗嘱秘密交给李元度,托李元度在他死后将遗疏交湖南巡抚代陈,遗嘱则请交他的弟弟们。又说:"营中军械辎重,船百余艘,子善护之。"曾国藩大有孤注一掷之势。然而,湘军船队刚接近太平军军营,就被密集的炮火轰击,不敢近岸,乃急令后退。却因风大水急,难以逆水而上,只得牵缆徐行。而缆绳又不断被太平军士兵砍断，水师因此大乱，溃散一半，船炮也失去三分之一；800名陆师与团丁合军进击时，因团丁见太平军旗号便往回跑，陆师也随之溃逃。曾国藩见这兵败如山倒的情形，手持利剑，站在桥头，立下令旗，大喊："过旗者斩！"但湘勇都绕旗而过，抱头鼠窜，根本不听号令。曾国藩见败局已定，乃投水自尽。正在曾国藩行将灭顶之时，座船后舱跳出一个人来，一手把他拉上岸。此人叫章寿麟，亦在曾氏幕府供职。曾国藩出战前，陈士杰、李元度估计，如曾国藩兵败，必死，乃由章寿麟潜藏于曾氏座船船尾。对于章寿麟把自己从水中救起，曾国藩极为恼怒，问道："你来干什么？"章寿麟随口编出话来说："湘潭战事已经胜利，特来报捷。"曾国藩半信半疑，但毕竟有了可以不死的理由。第二天早晨，左宗棠缒城出，到船上会见曾国藩，劝慰他说："事尚可为，速死非义。"他瞪目不语，只在纸上写明所存军械、弹丸、火药的数量，叫左宗棠代为检点。

　　靖港之败的消息在长沙传开后，人言籍籍，纷纷指责曾国藩无能。布政使徐有壬惊恐万状，绕室徘徊，一直到第二天天亮。他与按察使陶恩培一起给巡抚骆秉章发文，请求弹劾曾国藩，并且罢遣湘勇。只因骆秉章认为此举不妥，才罢。本来，曾国藩办团练出征，因触犯了某些官僚的尊严和权益，常遭讥讽和冷遇，自有靖港之败后，更是为朝野唾骂，即使是他的一些同窗好友，也多敬而远之。他邀请郭嵩焘专办湖南捐输，郭嵩焘引嫌避怨，不肯与他共事；他邀请刘蓉来省，刘蓉不久亦托辞归去。因此，他写信给诸弟说："兵凶战危之地，无人不趋而避之。平日至交如冯树堂、郭云仙等尚不肯来，则其他更何论焉！现除李次青外，诸事皆兄一人经手，无人肯相助者。"

　　曾国藩自靖港归省后，弃舟上岸，独居城南妙高峰上，想起湘军成师以来，初战失利于岳州，继而挫败于靖港，悲观至极，料必被朝廷科以重刑，便写好了遗折和遗片，随时准备自裁。然而，天无绝人之路，正当曾国藩一心待死之时，他派去湘潭的队伍却屡获胜仗，太平军死伤

4000余人，炮械、战船也损失不少，败退岳州，主将林绍璋被革职。湘军的这一胜利，使曾国藩仿佛捞到了一根救命稻草，他笑着对幕友说："死生盖有命哉！"

曾国藩第二次投水自尽则完全是由湘军的骄傲造成的。咸丰四年（1854年），湘军由于在岳州、城陵矶、武昌、罗家墩等地连战连胜，便觉不可一世。咸丰四年九月，水陆两师先后从武昌等地拔营起行，一路攻克大治、兴国、蕲州。十月，又在半壁山大获胜仗，逼太平军移屯下游之富池口。半壁山对岸为田家镇，在长江之北。太平军在此驻有重兵，约4万多人，且在江面上横亘铁锁链四道。铁锁链上游有战船三四十只，铁锁链下游约60里处，则屯集各类大小船只。田家镇沿岸上下六七里，都安有炮台，由燕王秦日纲统领。湘军十月初在半壁山获胜后，于十月十三日发起了新的进攻，斩断了江上的铁锁链，焚烧了太平军船只4000多只。驻田家镇的太平军因而下撤。与此同时，在田家镇上游的蕲州，由检点曾凤传、陈玉成率领的太平军，闻田家镇失守，也于次日深夜弃城东撤。此次田家镇之役，湘军的屠杀极其残忍，曾国藩自称："自半壁山以至富池口，中间沙州数里，前此初四、初五之战，尚有千余贼尸未收，至于焚溺半死之贼，复混杂于沙际水滨，残骸堆积，

绘于清代的《田家镇及蕲州战图》

断肢漂流……又三十里至龙岸，时已三更，凡烧船约四千余号，百里内外火光烛天，皆该逆历年听掳民船，同归浩劫。"

田家镇之役，使太平军失去了九江、安庆上游之屏障，水师损耗殆尽，西征的计划再次受挫。而在湘军方面，"自有此军以来，陆路杀贼之多，无有过于初四之战，水路烧船之多，无有过于十三之役"，因此，一个个骄横无比。这就为接下来的失败埋下了祸根。1855年1月29日，水师在小胜之后冒险突进，120多只轻便战船载着2000多水勇，尽除鄱阳湖口障碍，驶入湖内。当时，只听一阵锣响，湖口两侧的太平军一齐冲出，飞速设垒设卡，断了这支水师的退路，使一时所向无敌的湘军水师从此被截为外江和内湖两部分。处于外江者，"多笨重船只，运棹不灵，如鸟去翼，如虫去足，实觉无以自立"，李孟群、彭玉麟只得放弃这些笨重船只，退逃上游。

这天三更，林启容与罗大纲的太平军，各抬数十只小船入江，乘着夜黑，冲入湘军船帮，进行火攻。湘军大乱，"自九江以上之隆坪、武穴、田家镇，直至蕲州，处处皆有战船，且有弃船而逃者，粮台各所之船，水手尽行逃窜"。曾国藩坐上舢板督阵，号令不许开船，可是令不行禁不止。湘军战船被焚百余条，曾国藩的座船也被太平军所获。曾国藩对此痛心疾首，便投水自尽。结果又被幕客派人救起，送入罗泽南陆军营内。

正是这两次自杀经历，让曾国藩对"死生由命"的宿命论观点极为信服，既然一切由命，又有什么可怕的呢！所以此后曾国藩无论遇到什么挫折，再也没有想过一死了之。

自曾国藩两次自杀以后，他接下来遇到的最大的逆境是湘军三河镇之败。1858年，太平天国各路部队在枞阳大会之后，陈玉成、李秀成指挥的大军于8月收复皖北重镇庐州（今合肥市）；9月25日在滁州乌衣镇歼清军江北大营三四千人；9月26日在江浦县小店歼清军江南大营援师5000人，进而在浦口向江北大营进击，歼敌1万多人，使江北大营溃不

成军。太平军又乘胜克复江浦、六合、扬州、天长等重镇，使金陵与大江以北的交通得以恢复。同时，陈玉成部由潜山向武汉进发，石达开大军进入湖南境内。在太平军击破江北大营前后，湘军李续宾曾率部从湖北猛攻安徽，连陷太湖、潜山、桐城、舒城等县，攻势极猛。但当他进攻太平天国的后勤基地三河镇时，陈玉成、李秀成、吴如孝会同捻军张乐行共十余万人，将湘军6000余人团团包围，并予以全歼，曾国藩的弟弟曾国华也死于此役。

对于这一惨败，曾国藩日夜忧伤，9月28日，他给在乡间的弟弟们写信说："金陵大营去冬即有克复之望，今年六七月间贼势尤极穷蹙。八月间，逆匪忽破浦口，德钦差营盘失陷，又破江浦、天长、仪征三县。扬州被围，并有失守之说。南京之贼接济已通，气势复旺。天下事诚有非意料所及者！"

但是，曾国藩仍然是镇定而冷静的。咸丰八年（1858年）十一月，他分析当时的形势，确定了舍东舍南而图北的战略方针，这是曾国藩很重要的一着棋，为他后来进军安徽、包围金陵开辟了前进的道路。

八、身居高位之道

【原文】

居高位之道约有三端：一曰不与，谓若于己毫无交涉也；二曰不终，古人所谓日慎一日，而恐其不终，盖居高履危，而能善其终者鲜矣；三曰不胜，古人所谓懔乎若朽索之驭六马，栗栗危惧，若将陨于深渊，盖惟恐其不胜任也。

……

自古高位重权，盖无日不在忧患之中，其成败祸福则天也。

……

谆谆慎守者但有二语，曰"有福不可享尽，有势不可使尽"而已。

福不多享,故总以俭字为主,少用仆婢,少花银钱,自然惜福矣;势不多使,则少管闲事,少断是非,无感者亦无怕者,自然悠久矣。

余斟酌再三,非开缺不能回籍。平日则嫌其骤,功成身退,愈急愈好。

——《曾国藩全集》

【译文】

担任高官要注意的有三个方面:一是不参与,好比事情与自己没有任何关系;二是不善终,古人曾说每天都要谨慎,唯恐不能善终,因为身居高位险地,而又能善终的人很少;三是不能胜任,古人曾说要小心谨慎,好比在朽板上驾驶六匹马,战战兢兢,就像随时都要坠入万丈深渊,怕的就是自己无法胜任。

……

自古以来,身居高位、掌握大权的人,每天都处在忧患之中,至于他的成败祸福,则完全取决于天。

……

告诫大家谨慎遵守的只有两句话,这就是"有福不可享尽,有势不可使尽"。有福而不过分享用,所以总是以俭字为主,仆人奴婢少用,银钱少花,自然就是珍惜福分了;有势不多使,就会少管闲事,少评判是非,没有人感谢你也没有人怕你,则自然可以长久了。

我再三考虑,不辞职就不能回老家。以前曾经嫌这样太急促,而功成身退,则是越快越好。

【解读】

清朝建立以来,对汉人一直采取防范和拉拢利用的政策。之所以要防范,是因为汉人的势力实在太大,清政府要统治庞大的汉人群体可谓如履薄冰、如临深渊,一不小心,就会葬送在汉人力量的汪洋大海之中;之所以要利用,是因为汉人多才俊之士,其智谋权变,往往超出满

人,而拉拢一些智慧超群的汉人去统治数量众多的汉人,亦属极为明智之举。正是基于清政府的这一立国之策,汉人在清廷为官的人数虽极其众多,但真正掌握军政大权的官员则少而又少。

有清一代,首先获得清廷信任,并倚之极重的汉人大臣当数张廷玉。张廷玉是安徽桐城人,康熙时曾以翰林院检讨入直南书房,雍正时为翰林院学士、国史馆总裁、会典总裁。他因在雍正争夺帝位的斗争中坚定地站在雍正一边而极得雍正信任,被晋升为大学士。大学士地位恰如宰相,因清代不设宰相,所以大学士已是位望极高的文臣。雍正朝许多著名的皇帝谕旨,就是由张廷玉代拟的。乾隆帝即位后,张廷玉受命辅政,为总理事务大臣。乾隆元年(1736年),复为大学士、军机大臣。二年,进三等伯。这在汉人文臣中,已是前所未有。

雍正帝曾有谕旨:张廷玉为人始终不渝,待朕死后,著配享太庙。乾隆帝也把雍正帝的谕旨写入遗诏,足见皇恩浩荡。因为朝臣配享太庙,即使满洲贵族,亦只寥寥几人,而汉人配享太庙,整个清朝,也只有张廷玉一人。

但是,张廷玉的晚年却并不顺遂,乾隆十三年(1748年),张廷玉已73岁,因年老体弱,请求退休,乾隆帝不准。第二年,张廷玉再次请求休息,乾隆帝很不高兴,最后勉强同意张廷玉退休,张廷玉却没有上朝谢恩,只让自己的儿子入朝代谢。乾隆帝对此很恼怒,便削去了张廷玉的伯爵衔。第三年,张廷玉请求回老家,乾隆帝又对他严词斥责。这充分证明清廷对汉人官员纯粹是一种利用的关系,汉人官员一旦没有利用价值,便会被一脚踢开。

然而,自从鸦片战争,尤其是太平天国运动爆发以来,汉人在清廷中的处境却有了明显的变化。首先,他们从处处受人控制的文臣一变而为掌握千军万马的军政要员;其次,他们不再是某个人因机缘巧合而受朝廷重用,而是作为一个群体,掌握着清政府的统治命脉。而其中最杰出的代表人物当数曾国藩。

曾国藩出生于1811年，1833年中秀才，1834年中举人，1838年赐同进士出身，任翰林院庶吉士。1849年升授礼部右侍郎，兼署兵部右侍郎。1850年兼署工部左侍郎、兵部左侍郎。1853年被任命为湖南团练大臣帮办，训练湘军，镇压太平天国运动。1860年，因清政府围困南京的江南大营、江北大营彻底溃败，清政府赏加曾国藩兵部尚书衔，署理两

曾国藩像

江总督。到8月，清政府实授曾国藩两江总督，并授为钦差大臣督办江南军务，所有大江南北水陆各军均归他节制。咸丰帝去世后，1861年11月，两宫太后更是对曾国藩恩宠有加，命他统辖苏、浙、皖、赣四省军事，四省巡抚、提镇以下，悉归节制。这样，曾国藩便获得了清朝立国以来汉人所能拥有的最大权力。

尤其是在太平天国的首都南京被攻破后，曾国藩更是享受了极高的荣耀：赏太子太保，封一等勇毅侯爵。

然而，面对高位，曾国藩并没有显示出多少得意和兴奋，而是常常为之忧心忡忡。因为历史的事实告诉他：高处不胜寒，居高位而能善终的人实在太少。由是，曾国藩不断提醒自己要功成身退，越快越好。而且，特别值得一提的是，正因为曾国藩的这种"恐高症"，他坐失了一次唾手可得的千古良机——自己称帝。

1863年，湘军攻下南京后，当时的曾国藩已是清朝统治集团中举足轻重的人物，就军事实力而言，他已远远超过了清廷：他当时可直接调动指挥的人马已达30万，其中有5万多是曾国荃率领的嫡系湘军，李鸿

章的5万淮军也是他的忠实依靠；还有左宗棠的楚军，关键时刻，也不至于与他作对。而清廷呢？清廷当时的主要依靠是僧格林沁，可他的部队已被北方的捻军牵制得筋疲力尽。此时若曾国藩以建立汉人天下相号召，成功的可能性是很大的。但曾国藩除了在一些具体问题的处置上没有顺从朝廷，却没有在反朝廷的问题上跨出实质性的一步。而且，在攻下南京后，他很快就把湘军大批裁撤，使朝廷彻底去除了后顾之忧。曾国藩为什么要这么做，他当时究竟是一种什么心态？他有没有反朝廷的想法？对这些问题，正史中除了讲他如何忠于朝廷，是不可能有别的记述的。我们只有在当时的一些笔记中，才能找出一些蛛丝马迹。

据说南京城破后，颓垣败瓦，满目凄凉。有一个晚上，大约十一点钟，曾国藩亲审李秀成后，进入卧室休息，30多位湘军的高级将领忽然齐集大厅，请见曾国藩。曾国藩即问身边人员：九帅（即曾国荃）有没有来？答复说未见九帅，曾国藩即传令召曾国荃。曾国荃这天刚好生病，可是兄长召唤，也只好抱病来见。曾国藩听说曾国荃已到，这才步入大厅。曾国藩态度很严肃，令大家就座，彼此间均未说话。如此相对片刻，曾国藩乃命巡弁取纸笔，就案挥笔，写了一副对联，然后一语不发地从容退入后室。众将屏息良久，曾国荃趋至书案前，见曾国藩写了14个大字："倚天照海花无数；流水高山心自知！"

曾国荃读联语时，起初好像很激动，最后则显得很惶然。众将围在曾国荃之后，观读联语，有点头的，有摇头的，有叹气的，表情不一。曾国荃于是黯然对大家宣布说："大家不要再讲什么了，这件事今后千万不可再提，有任何枝节，由我一人担当好了。"

这段记录显示，南京城破后，湘军确曾有过拥立曾国藩做皇帝的念头，可是这种想法过于敏感，故将领们也不敢说出口。曾国藩明知众将的来意，也不说破，只用十四字联语作答，相互之间都不点破。

其实，早在安庆之役后，曾国藩的部将即有劝进之说，据说胡林翼、左宗棠都属于劝进派。劝进最得力的有王闿运、郭嵩焘、李次清等。当安庆攻克后,湘军将领们写对联贺曾国藩,李次清第一个撰成,其中写有"王侯无种,帝王有真",曾国藩见到后立即撕毁,并斥责了李次清。

而据《投笔漫谈》,王闿运曾公开向曾国藩劝进,称"彼可取而代之"。曾国藩正襟危坐,以食指蘸杯中茶汁,在几上有所点画,不多时,曾国藩起立更衣,王闿运站起来窃视几上他写的字,只见依稀尽是"妄"字。

还有传说,曾国藩寿诞,胡林翼往贺,告别后留一小纸条在几上,上写:"东南半壁无主,我公其有意乎?"曾国藩见到这一字条,惶恐无言,悄悄地撕成碎片。

左宗棠也曾有一联,说:"神所凭依,将在德矣;鼎之轻重,似可问焉!"

左宗棠写好这一联稿后,专门派人送给胡林翼,请转交曾国藩。胡林翼读到"似可问焉"四个字,心中明白,乃一字不改,加封转曾。曾阅后乃将下联的"似"字用笔改为"未"字,原封送还胡。胡见到曾的修改,乃在下面批了八个字:"一似一未,我何词费!"

曾国藩的门生彭玉麟,曾派人把一封信送给曾国藩,上面只有12个字,文说:"东南半壁无主,老师岂有意乎?"

据传,曾国藩见此信后,面色立变,他颇为恼怒地说:"不成话,不成话!雪琴(彭玉麟的字)他还如此试我。可恶可恶!"接着,曾国藩便将信纸搓成一团,咽到肚里。

从以上记述来看,曾国藩的朋友、部下、亲族确有拥曾国藩为帝的想法,但这些想法谁也不敢挑明,所以常常需要人们去揣摸。那么曾国藩自己又是怎么看待这件事的呢?假如他的部下真的做出赵匡胤陈桥兵变时的"黄袍加身"之举,曾国藩又会如何处置呢?曾国藩对当时的形势又是如何判断的呢?对于这些问题,当然不可能有明确的记载。从现有资料来看,对此问题探讨最多的,便只有唐浩明写于20世纪90年代的

长篇历史小说《曾国藩》了。

该书中设置了诸多各色人物劝曾国藩称帝的情节。这些情节当然大多是小说家的虚构，或据笔记作的发挥，但这些虚构以具体的历史背景为依据，以具体的人格特点为基础，有一定的合理性。

首先是南京被攻破后，面对朝廷的一系列指责，曾国荃于愤懑之下对曾国藩的劝说：

"大哥，"曾国荃小声而神秘地呼唤，曾国藩觉得有点异样，"依我看，新的大乱就要到来，我们得先下手为强。"

"你说什么？"新侯爵已觉察到新伯爵的反常。

"我们学他。"曾国荃伸出左手掌，右手在掌心上划出一个字来。曾国藩顺着他的手势看着看着，不觉屏息静气，最后紧张得连大气都不敢出一口。

原来，曾国荃在掌心上划出的是一个"赵"字。毫无疑问，这指的是陈桥兵变黄袍加身的宋朝开国皇帝赵匡胤。

"沅甫，你疯了！"曾国藩冷冷地看着因情绪激昂而红了脸的弟弟，生气地说。

"大哥，"曾国荃压低声音，焦急地说，"这桩事，打下安庆后我就想过了。我也晓得润芝、雪琴以及左宗棠都旁敲侧击试探过你，大哥那时不同意是对的，因为时机不到，而现在时机到了。吉字大营攻下长毛盘踞十多年的老巢，军威无敌于天下，所有八旗、绿营都不是我们的对手。现在朝廷要追查金银下落，吉字营上下怨声载道，正是我们利用的好时候。吉字大营五万，雪琴、厚庵水师两万，还有鲍春霆的两万，张运兰、萧启江的三万，这十二万人是大哥的心腹力量，再加上李少荃的淮军，只要大哥登台一呼，大家都会死心塌地跟着干。左宗棠要是不从，就干掉他！大哥，你把这支人马交给我，不出两年，我保证叫天下所有的人都向大哥拱手称臣。"曾国荃越说越得意忘形，曾国藩越听脸色越阴沉。曾国荃心想，大哥素来谨慎，这样的大事，他怎么会轻易做出决定，不做声，便是在心中盘算。他进一步撩拨："大哥，大清立国以来，只有吴三桂、耿精忠几个汉人手里有过军队，这些军队一直是朝廷的眼中钉。后人都说吴三桂不安分造反，其实他们哪里知道，那是朝廷逼出来的。"

曾国藩心里猛一惊，觉得弟弟的话有道理，过去自己也是指责吴三桂的。也可能事实真的如沅甫所言，吴三桂造反是逼出来的。

"朝廷也在逼我们了，"曾国荃气得咬牙切齿，"走了一千多号人，与打下金陵相比算得了什么？如此声色俱厉地训斥，居心何在？口口声声追查长毛金银的下落，无非是说我们私吞了，好为将来抄家张本。大哥，这十二万湘军在你的手里，朝廷是食不甘味、寝不安神呀！飞鸟尽，良弓藏，狡兔死，走狗烹，想不到今日轮到我们兄弟了。"曾国荃长叹一声粗气后，恶狠狠地对着曾国藩说："大哥，我们这是何苦来！百战沙场，九死一生，难道就是要做别人砧板上的鱼肉吗？盛四昨日对我讲，家里起新屋上大梁时，木匠们都唱：'两江总督太细哩，要到北京做皇帝。'又说当年太公梦的不是蟒蛇，而是一条龙，因怕官府追查，才谎说是蟒蛇。大哥。"曾国荃扯着曾国藩的衣袖口，紧张得说不出话来，好一会才慢慢地吐出："满人气数已尽，你才是真正的真龙天子呀！"

曾国藩坐在对面，听着弟弟这一番令人毛骨悚然的心里话，仿佛觉得阴风阵阵，浑身发冷。他突然意识到不能让他无休止地说下去，这里面只要有一句话被人告发，就可能立即招来灭族惨祸。此时自己已被搅得心烦意乱，难以说服他。办法只有一个，便是马上离开。

"老九，你今天情绪有点失常，可能是湿毒引起心里烦躁的缘故。你静下心来，好好躺着，我叫人来给你看看病。"说罢，不等曾国荃回答，便匆匆地走了。

回到房里，第一件事就是要荆七把盛四叫来。"盛四……"问明属实后，曾国藩气极了，"你也是三十多岁的人了，怎么这样蠢；这种话也是随便能说的？假若你不是我的亲外甥，我今天就一刀杀了你！"盛四一听，吓得忙跪在大舅的脚下叩头不止。"你明天一早就回荷叶塘去，警告那些胡说八道的人，若哪个敢再说半句做皇帝、真龙天子的话，就要四爷割他的舌头，听明白了吗？"

打发了盛四后，曾国藩才略为定了定神。他燃起一枝安魂香，盘腿坐在床上，将这两天来发生的一切细细地深深地思考着。老九的分析，很大部分都是对的，但要自己做赵匡胤，却万万不能接受。这种话，曾国藩已经是第五次听到了。第一次出自王闿运之口，他为之心跳血涌。第二次是彭胡左等人的劝说试探，他置之不理。第三次是王闿运为肃顺当说客，他视之为狂妄。第四次是王韬的无知妄言，他不客气地加以训斥。难道这一次就如沅甫所说的时机成熟了吗？曾国藩嘴角边露出一丝冷笑。时机，对于他来说，这一辈子都没有成熟的可能性。这一点，他比所有劝他问鼎的人都清醒得多。如果说，朝廷对于长毛的起事，对于吏治的腐败，对于民生的凋敝，对于洋人的欺凌，都是软弱无能、束手无策的话，对汉人的防范，尤其是对握有重兵的汉人的防范，却是老谋深算、戒备森严的。咸丰帝询问王世全赠剑事，衡州出兵前夕降二级处分，刚任命署鄂抚又急忙撤销，德音杭布由盛京派到军营，多隆阿从金陵来到武昌，这一件件一桩桩往事，刻在曾国藩的脑海深处，并时常冒出来，刺痛他的心。眼下虽然湘军兵力在苏、浙、赣、皖南等处占着绝对优势，但官文、冯子材、都兴阿等环伺四周，尤其是僧格林沁的蒙古铁骑虎视眈眈。所有这一切，似乎早就为着防备湘军而部署的，只等湘军一有反叛端倪，便会四面包围。还有左宗棠、沈葆桢，位列督抚，战功赫赫，对曾国藩的不满情绪早已暴露，而朝廷竭力笼络，有意扩大内部裂缝，从而达到分化的目的。可以说，从曾国藩手中掌握几千团勇的那天起，朝廷便对他存有相当大的戒备之心，到现在不但没有减弱，反而随着他的名声和功劳的隆盛而加强。

倘若与朝廷分庭抗礼，第一个站出来坚决反对的便是湘军内部的人,而这人一定便是目空一切、睥睨天下的左宗棠。曾国藩心想,老九太简单了,论打仗,不但老九比不上他,眼下海内将才,没有一个人是他的对手。到那时,左宗棠处极有利之形势,集全国之粮饷兵力,消灭曾氏家族的湘军,要比打败长毛容易得多。

一枝香燃完了,曾国藩下床来活动一下酸胀的双腿,又点燃一枝,重又盘腿坐到床上,继续着刚才的思索。

即使侥幸黄袍在身上穿稳了,这个心高气傲、倔强狠恶的老九,既然可以把黄袍披在自己的肩上,就可以随时把黄袍取走。斧声烛影,千古之谜,老九不就是赵光义吗?一向对兄弟知之甚深的曾家老大,有一百个把握相信自己的判断不会错。曾国藩上下两排牙齿在嘴里左右错动,发出一阵阵轻微的摩擦声,两腮时紧时松,双目木然冷漠。让我背上个乱臣贼子的千古骂名,他却轻轻松松地子孙相传,稳坐江山,老九的算盘拨得太精了。如同安魂香的轻烟袅袅直上,越来越淡,直到淡得没有了,曾国藩对弟弟也越来越看清楚了,直到看穿他的五脏六腑、灵府深处。

是的,曾国藩不能做董卓、曹操、王莽、赵匡胤那样无父无君、犯上作乱的叛臣逆子。三十年前,他还只是荷叶塘乡下一个农家子弟,卑微得像路边一根草,低贱得像桌下一条狗,如今贵为甲侯,权绾两江,声动四海,名重五岳,还不都是出自天恩,源于皇家吗?借助它给自己的一切,又来背叛它,反对它,良心何在?失败了,固然理所当然地要遗臭万年,猪狗不如;就算成功了,过去自己所说的那些忠诚敬上之类的话,不都是欺天瞒地的谎言假话?那些告诫子弟的谆谆家教,不都会成为后世训子的反面教材吗?一生抱负,千秋名节,都绝对不容许他曾国藩有丝毫不臣之念!

还有,金陵已攻下,举国都盼望早息战火,铸剑为锄,若自己再树起反旗,岂不又把千千万万的人重新拖入血火之中?出于一个儒家信徒的良知,曾国藩也不愿意这样做。

笔直上升的烟柱忽地断掉，第二枝香也已燃完，要细心思考的问题太多了，曾国藩下得床来，又点上一枝。既然不按沅甫说的办，就必须更加事事小心谨慎，务必取得朝廷的充分信赖。曾国藩想，最使朝廷放心不下的，便是手下这十多万水陆湘军。数百个军营皆系将官私募，三千里长江无一船不挂曾字旗，这在本朝是从来没有过的事，怎不令太后、皇上心神不安？卧榻之侧，岂容旁人安睡？哪朝哪代的君王不是如此！况且进城后湘军的表现，也足使曾国藩失望了。这样的军队，即使不撤，也不能打仗了。不如裁去五万八万，既令朝廷放心，也甩掉一个沉重的包袱。

曾国藩在大好机会面前不动心，这正是他的过人之处，也是他得以善终的根本原因。

曾国藩对清廷的忠诚，在他见慈禧太后的过程中更是表现得淋漓尽致。

同治七年（1868年）七月，李鸿章已剿灭捻军，曾国藩奉谕调任直隶总督，在赴任前，曾国藩恳请陛见，得到朝廷允许，于是，他从南京启程。对于曾国藩与慈禧太后见面的过程，《曾国藩传》中有这样的记述：

> 十二月十三日，至京，寓东安门外贤良寺。奉旨赏紫禁城骑马。十四日，召见养心殿。昧爽趋朝，见军机大臣于朝房。已正叫起，公山（由）带领入养心殿之东间，皇上向西坐，两宫皇太后在后黄幔之内，慈安太后在南，慈禧太后在北。公入门跪奏称："臣曾国藩恭请圣安！"旋免冠叩头，奏称："臣曾国藩叩谢天恩。"毕，起行数步，跪于垫上。
>
> 慈禧皇太后询问江南撤勇及直隶练兵事宜。
>
> 问："汝在江南，事都办完了？"
>
> 对："办完了。"

问:"勇都撤完了?"

对:"都撤完了。"

问:"遣散几多勇?"

对:"撤的二万人,留的尚三万。"

问:"何处人多?"

对:"安徽人多。湖南人也有些,不过数千;安徽人极多。"

问:"撤得安静?"

对:"安静。"

……

十月初一日,奉派入坤宁宫吃肉。寅正一刻入朝。卯正二刻传入乾清宫,与众王大臣立谈。三刻入,过交泰殿,至坤宁宫。皇上坐西南隅榻上,背南窗北向而坐;各王大臣以次向西而坐,以南为上。第一排南首为十亲王、恭王,以次而北;第二排又自南而北;公坐第五排之南首一位。初进盘、小菜、酱瓜之类一碟,次进白肉一大银碟,次进肉丝泡饭一碗,次进酒一杯,次进奶茶一杯。约二刻许退出。初九日趋朝请训,召对于养心殿。

慈禧皇太后问:"你几时起程赴江南?"

对:"臣明日进内随班行礼毕后三两日即起程前赴江南。"

问:"江南的事要紧,望你早些儿去。"

对:"即日速去,不敢耽搁。"

问:"江南也要练兵。"

对:"前任督臣马新贻调兵二千人在省城训练,臣到任当照常训练。"

问:"水师也要操练。"

对:"水师操练要紧。海上现造有轮船全未操练,臣去拟试行操练。长江之中拟择要隘处试造炮台。海面虽安静,也须设法防

守。"

问："你从前用过的人，此刻好将尚多么？"

对："好将现在不多。刘松山便是好的，今年糟蹋了。可惜！"

问："实在可惜。文职小官也有好的么？"

对："文职小官省省都有好的。"

问："水师还有好的么？"

对："好将甚少。若要操练轮船，必多求船主。"

太后少停未问，旋告六额驸曰："令他即可跪安。"公立起，退至帘前，复跪请圣安，旋即出。

这就是曾国藩的处高位之道。在太后面前如此之恭敬，太后焉有不放心喜欢之理。

九、师夷之智，为中国自强之本

【原文】

凡恃己之所有、夸人所无者，世之常情也；忽于所习见、震于所罕见者，亦世之常情也。轮船之速，洋炮之远，在英法则夸其所独有，在中华，则震于所罕见。若能陆续购买，据为己物，在中华，则见惯而不惊；在英法，亦渐失其所恃。……购成之后，访募覃思之士、智巧之匠，始而演习，继而试造，不过一二年，火轮船必为中外官民通行之物，可以剿发逆，可以勤远略。

……

师夷之智，意在明靖内奸，暗御外侮也。列强乃数千年未有之强敌，师其智，购其轮船机器，不重在剿办发逆，而重在陆续购买，据为己有。粤中猖獗，良可愤叹。夷情有损于国体，有得轮船机器，仍可驯服，则此方生灵，免遭涂炭耳。有成此物，则显以宣中国之人心，即隐以折彼族之异谋。各处仿而行之，渐推渐广，以为中国自强之本。

——《曾国藩全集》

【译文】

凡是凭借自己所有的东西而向没有这种东西的人炫耀，这是世之常情；对司空见惯的东西不经意，但对极少见的东西感到震惊，也是世之常情。轮船的快速，洋炮的射程之远，英法两国的人是炫耀他们独有的东西，而我们中国则对这种极少见的事物感到震惊。我们若能陆续购买这些轮船大炮据为己有，那么在我们中国就会对它们司空见惯而不会再感到震惊；相反，英、法则会逐渐丧失它的倚仗。……买回来这些东西之后，招募那些精思之士、机智巧妙之人，开始时慢慢地操练，然后尝试制造，不出一二年，火轮船一定会成为中外官民通行时的必备之物，既可以用来剿逆贼，也可以为国家的长治久安服务。

……

学习洋人的智慧，意在表面上用于平定内乱，暗中则为抵御列强的欺侮做充分的准备。列强是几千年来未有的强敌，学习他们的智巧，购买他们的轮船和机器，重点不是为了打击匪寇，而是为了陆续地购买，为我们国家所有。洋人在广东一带很猖獗，实在令人愤怒叹息。洋人的放肆有损于我们的国体，有了轮船机器，仍然可以驯服他们，那样，我们的老百姓就可以免遭劫难了。有了这些现成的机器，从表面来看，可以显示中国人的人心，实际上也是为了挫败列强的侵华阴谋。各地都仿照着这样做，渐渐推广，这是我们中国自强的根本所在。

【解读】

曾国藩所处的时代，正是内忧外患交织的特殊时期。内忧指的是太平天国，外患则是英法联军。尤其是外患，他们仗着船坚炮利，在中国为所欲为。那么，曾国藩对这些外国人是怎么看的呢？从上文可以看

出，曾国藩主张引进外国人的技术，主张在与外国人交往中向外国人学习，这些观点都没有什么错，关键是在实际行动中，我们来看看曾国藩做得怎么样。

同治六年（1867年），曾国藩重新担任两江总督的职务后，认为制造轮船是救亡图存的一种很重要的手段。他向友人说，轮船的建造非常有必要，轮船造成之后，国人定会信心倍增，外国人的不轨图谋也不能得逞。又说："中国自强之道，或基于此。"因此，曾国藩是为了自强救国、抵抗列强侵略才准备造船的。

同治二年（1863年），上海设立了江南制造局，专门用来制造机器设备。同治七年闰四月，曾国藩对江南机器制造局进行了视察，观看了所有的制造机器。虽然房屋不大，机器却很多。接着他又观看了正在制造中的轮船。

这年七月初，中国近代史上第一艘大型兵舰制造完成。曾国藩把这艘舰船命名为"恬吉"号，意为"四海波恬，厂力安吉"。"恬吉"号有十八丈五尺长，阔二丈七尺二寸。汽炉和船壳均由厂中自造，机器则购自外国。"恬吉"号造成后，先从吴淞口外试船，试船的时候由铜沙直开至浙江的舟山。接着于八月十三日把船开到了金陵，曾国藩非常高兴地坐在"恬吉"号上试航。该轮每小时逆水行70多里，顺水行120多里，并且船体坚硬灵活，可以跨洋越海。曾国藩在日记中对此记述道："中国初造第一号轮船，而速且稳如此，殊可喜也！"

曾国藩重视制造洋船，源于咸丰十一年（1861年）六月，当时英国人赫德、法国人哥士耆愿意协助清政府从国外购买火轮，清政府对此表示同意，并命曾国藩及两广总督劳崇光等人妥善地安排此事。曾国藩乃于七月十八日上《复陈购买外洋船炮折》，对此事发表了很多议论："购买外洋船炮，则为今日救时之第一要务。凡恃己之所有、夸人所无者，世之常情也；忽于所习见、震于所罕见者，亦世之常情也。轮船之速，洋炮之远，在英法则夸其所独有，在中华，则震于所罕见。若能陆续购买,据为己物,在中华,则见惯而不惊;在英法,亦渐失其所恃。康熙、雍正年间,云南铜斤未曾解京之时,皆给照商人,采买海外之洋铜,以资京局之鼓铸。行之数十年,并无流弊。况今日和议既成,中外贸易,有无交通,购买外洋器物,尤属名正言顺。购成之后,访募覃思之士、智巧之匠,始而演习,继而试造,不过一二年,火轮船必为中外官民通行之物,可以剿发逆,可以勤远略。"

"洋船"的进一步引进是在咸丰十一年十一月,在刚夺得的安庆城内,曾国藩设立了中国历史上第一家军械所,用于生产近代化的武器。这家军械所的前身是曾国藩大营里面的内军械所。

军械所贯彻曾国藩开始时演习、后来慢慢试着制造的意图,制造成了中国的第一台蒸汽机和中国的第一艘轮船。

与此同时,曾国藩又派容闳带着6.8万两白银,到西洋去买制造机器的母机。他告诉李鸿章说:"容委员闳,原名光照,号纯甫,往来花旗最久,熟悉语言文字,饬令前往购买机器。"容闳于同治二年十月二十六日启行,经过了两年的时间,于同治四年十月回到国内,将一百几十种机器都采购了回来。这是中国有史以来第一次大规模把西方的先进设备引进到国内。

但是,曾国藩也认识到,中国要自强,单纯依靠购买外国机器也是不行的。他说:"中国欲取其长,一旦遽图尽购其器,不惟力有不逮,且此中奥秘,苟非遍览久心,则本原无由洞彻,而曲折无以自明。"因此在他的建议下,

容闳旧照

清政府派出了中国历史上第一批公费留洋生，而容闳对促成此事起了重要的作用。容闳从小学到大学接受的都是西方资产阶级的教育，1847年1月，他求学去了美国，在耶鲁大学完成了学业，1854年11月始回国。他的观点是："借西方文明之学术以改造东方之文化，必可使此老大帝国一变而为少年新中国。"他于同治二年入曾国藩幕府后，亲自到美国采购机器，任务完成得非常圆满，从而受到曾国藩的赏识。同治七年，容闳建议在江南机器制造局附设兵工学校，招中国学生在其中学习，把工程上的理论与实验教给他们，以便使中国将来对外国机械及外国工程师不再有太多的依赖。曾国藩非常赞同他的意见，这使容闳感到兴奋异常，他写道："于江南制造局附设兵工学校，向所怀教育计划，可谓小试其锋。"于是，他趁机借助江南巡抚丁日昌之手向朝廷上了一个条陈，建议把一些天资聪颖的青年送出去留学，为国家培养所需的人才。

　　为了创建中国的近代化水师，曾国藩也付出了许多艰苦努力。还在同治元年与太平军作战的时候，他就详细设计了湘军水师的前途："将来事定之后，利器不宜浪抛，劲旅不宜裁撤，必须添设缺额若干，安插此项水师，而即以壮我江防，永绝中外之窥伺。"夺取金陵之后，曾国藩裁撤了大批湘军陆勇，却把几乎全部的水师保留了下来。同治八年（1869年）正月十七日，慈禧太后接见他时，还问他最近外省督抚有无谈及海防之事，他回答说："近来因长毛、捻子闹了多年，就忽略了洋人的事。"慈禧说："这是一件大事，却总是没有办成。"曾国藩回答说："这件大事最为重要。不定哪一天他就翻了，练兵是非常有必要的，哪怕一百年不开仗，练兵进行防备也是必须的。"早在同治七年四月，他便明确提出，水师应该按照西洋之法改革营制，每一船上设专门的官员，这样才有可能在海上取得胜利。同年十一月，他又制定了《江苏水师事宜》14条及《江苏水师酌改营制及拟裁官兵清单》，并向朝廷上了奏折。

　　总之，曾国藩为抵制外国侵略者的坚船利炮，从"学做炮弹、学造轮舟"入手，发展到从国外购买制造机器所需的母机，再发展为把国外的科学技术知识介绍到国内，再发展为直接把生员派到国外学习，而中国的近代化，正是起步于此。可以说，曾国藩完全继承并且实践了林则徐、魏源"师夷长技以制夷"的思想和官办船炮局的设想，是中国近代史上打破清朝的闭关状态、认真向西方学习并且取得了实际效果的第一人，是"洋务运动"的先行者和开拓者。

第四章
用兵以能战为本

一、拣选将才，必求智略深远之人

【原文】

带兵之人，第一要才堪治民，第二要不怕死，第三要不急急名利，第四要耐受辛苦。治兵之才，不外公明勤。不公不明，则兵不悦服；不勤，则营务钜细，皆废弛不治，故第一要务在此。不怕死，则临阵当先，士卒乃可效命，故次之。为名利而出者，保举稍迟则怨，稍不如意则怨，与同辈争薪水，与士卒争毫厘，故又次之。身体羸弱者，过劳则病；精神短乏者，久用则散，故又次之。

四者似过于求备，而苟阙其一，则万不可以带兵。故吾谓带兵之人顷智深勇沉之士、文经武纬之才。数月以来，梦想以求之，焚香以祷之，盖无须臾或忘诸怀。大抵有忠义血性，则四者相从以俱至；无忠义血性，则貌似四者，终不可恃。

带兵之道，勤恕廉明，缺一不可。

……

古来名将，得士卒之心，盖有在于钱财之外者。后世将弁，专恃粮重饷优，为牢笼兵心之具，其本为已浅矣。是以金多则奋勇蚁附，利尽则冷落兽散。

……

拣选将材，必求智略深之人，又须号令严明，能耐劳苦，三者兼全，乃为上选。

……

无兵不足深忧，无饷不足痛哭。独举目斯世，求一攘利不先，赴义恐后，忠愤耿耿者，不可亟得；或仅得之，而又屈居卑下，往往抑郁不伸，以挫以去以死。而贪鏖退缩者，果骧首而上腾，而富贵，而名誉，而老健不死，此其为浩叹者也。

——《曾国藩全集》

【译文】

带兵的人，第一要有治理百姓的才能，第二要不怕死，第三要不急于追求名利，第四要不怕辛苦。治兵的才能，不外乎公、明、勤这三个方面。如果办事不公正，赏罚不明，士兵就不会心悦诚服；如果不勤快，军营里的大小事务便会堆积，难以治理，所以，最重要的就是公正、勤快。不怕死，那么与敌人对阵时，才会身先士卒，士兵们也才能为你所用，所以这是第二重要的方面。如果是为了名利才出来带兵，那么保举功劳时稍不及时，稍觉不如意，便有怨恨之心，就会与同僚比薪水高低，与士兵斤斤计较，所以这是较下等的。带兵之人，如果身体不健康，稍有操劳，便会生病；精力不足的人，做事时间一长就会觉得精疲力竭，这是更下等的。

所说的这四个条件，看起来似乎过于求全责备，但如果缺了其中的一条，就千万不能让他带兵。所以我认为带兵的人，必须是智勇兼备、有文韬武略的人。几个月来，我不仅梦中在求，还焚香祷告，没有一刻忘怀。大概一个人有了忠义血性，这四个条件就都能够具备；没有忠义血性，即使表面上看来已具备了这四个条件，最终仍是靠不住的。

带兵的道理，勤恕廉明这四个方面，缺一不可。

……

自古以来的名将，能够得到士卒的衷心拥戴，主要原因不在于依靠钱财。后世的一些将领，专门依靠粮多饷多来笼络士兵，这样其军心就不巩固。所以钱多则人人奋勇归附，无利可图时就会作鸟兽散。

……

挑选将才，必须要找有深远智谋的人，而且要号令严明，能耐劳苦，这三个条件都具备，就是最好的人选。

……

没有兵不值得深感忧虑，没有军饷也不值得痛哭。只是我举目望这世界，想找一个见利不争先、赴义唯恐落后、忠心耿耿的人，却不能很快找到；即使能找到一个，却又因屈居低位，郁郁不得志，最终因为遭受挫折而离去，并因此而死。而那些贪婪退缩的人，却能飞黄腾达，享受荣华富贵和美名，并且健康长寿，这真是令人深深叹息的事情。

【解读】

对曾国藩关于将才及如何挑选将才的论述，蔡锷有这样的评价：

> 古人论将有五德，曰：智信仁勇严。取义至精，责望至严。西人之论将，辄曰"天才"，析而言之，则曰天所特赋之智与勇。而曾胡两公之所同倡者，则以为将之道，以良心血性为前提，尤为扼要探本之论，亦即现身之说法。
>
> 咸同之际，粤寇蹂躏十余省，东南半壁，沦陷殆尽，两公均一介书生，出身词林，一清宦，一僚吏，其于兵事一端，素未梦见，所供之役，所事之事，莫不与兵事背道而驰。乃为良心血性二者所驱使，遂使其"可能性"发展于绝顶，武功灿然，泽被海内。按其功事言论，足与古今名将相颉颃，而毫无逊色。
>
> 得非精诚所感，金石为开者欤？苟曾胡之良心血性，而无异于常人也，充其所至，不过为一显宦，否则亦不过薄有时誉之著书家，随风尘以殄瘁已耳，复何能崛起行间，削平大难，建不世之伟绩也哉？

右列各节，语多沉痛，悲人心之陷溺，而志节之不振。今日时局之危殆，祸机之剧烈，殆十倍于咸同之世，吾侪自膺军职，非大发志愿，以救国为目的，以死为归属，不足渡同胞于苦海，置国家于坦途。须其耿耿精忠之寸衷，献之骨岳血渊之间，毫不返顾，始能有济。果能拿定主见，百折不磨，则千灾百难，不难迎刃而解。若吾辈军人将校，则以跻高位享厚禄安福尊荣为志，目兵则以希虚誉处饷糈为志，曾胡两公必痛哭于九泉矣。

曾国藩在此确定了将才的一些重要标准，这些标准都是硬性的，而撇开了其他一些因素，如是否有道德，人际关系如何等等，这是很有见地的。因为从历史上来看，往往是"一将难求"，真正的将才决定着战争的胜负和国家的兴衰，所以不能苛求。

春秋时期，吴王寿梦正是因为毫无戒心地运用外国的将领，才实现了他的强国梦。

春秋中期，吴王寿梦因为拥有一支强大的水军，而使吴国跻身于大国之列。他还试图建立一支同样强盛的陆军，以实现称霸诸侯的夙愿。这时，北方强国晋国因与楚国矛盾激化，便想联合南方的吴国，前后夹击楚国，因此派大臣屈巫臣出使吴国。屈巫臣颇有韬略，又精通车战、步战的战法，是位十分难得的将才。吴王寿梦问："有什么妙计可以击败强大的楚国？"屈巫臣答道："可以同楚国的敌国晋国结盟。""晋国能给吴国什么好处？""晋国可以给吴国最急需的东西。""吴国现在最急需什么？""车战、步战的战法。"吴王寿梦一听大为高兴，当即邀请屈巫臣留在吴国充当军事教官。屈巫臣说："我身为晋国使臣，不能辜负君命，待我面君后再决定。"回国后，屈巫臣向晋景公禀告了出使吴国的经过，并告知吴王请他去任教官之事。景公认为帮助吴国训练陆军，对自己击败楚国十分有利，便欣然同意了。不久，屈巫臣带着儿子屈狐庸和百余名晋兵，乘九辆战车，来到吴国。吴王寿梦当即下令吴军将士拜屈巫臣为师，学习车战和步战之法，并告诫吴军将士要像敬重吴王一样敬重屈巫臣，谁敢怠慢，杀无赦。屈巫臣认真教演车法、阵法，吴王亲临练兵场督促吴军学习。数月后，吴军已习得中原的车法和阵法，一支强大的陆军建成了。楚王见吴国附晋反楚，便发兵攻伐吴国。吴军以屈巫臣所教的车阵之法迎击楚军，在吴国水师的配合下，大败楚军，一年之内七战七胜。楚国从此惊惧吴军的强盛，十余年内，不敢同吴军交锋。吴王寿梦由于重用晋臣屈巫臣，建立了强大的水师和陆军，使吴国成为春秋中后期的强国。

唐朝名相狄仁杰也以举贤荐能而名垂青史，尤其是他举用契丹降将的故事，更为时人所称许。李楷固、骆务整原为契丹大将，多次领兵侵扰唐朝边境，骁勇异常，深为唐军将士所忌恨。不久，李、骆二人因形势所迫，率军投降了唐朝。很多唐将主张斩杀此二人，以壮国威。有人说："这两名贼将历来与我朝为敌，为患边境，杀伤我军将士无数，不杀之，军心不服，朝野起怨。"狄仁杰却力排众议，他给朝廷上书说："楷固、务整骁勇善战，颇具将才，若能恕其不死，再授其官爵，他们必将怀着感恩的心情，为我朝南征北战，将功补过。若不分皂白，乱杀降将，势必逼迫敌将死战，至死不再投降我朝。这样一来，就会增加我军克敌的阻力。"皇帝认为狄仁杰说得对，便委任两将以官爵。数年后，李、骆二将奉命领军北伐契丹，他们因熟悉敌情和战法，统率唐军，势如破竹，大获全胜。武则天亲自在宫中设宴为两将庆功，此后，李、骆二将赤心效忠唐朝，屡立战功。

相反，有的君主，因为个人的恩怨，排斥将才，最后往往导致丧权辱国的下场。据《史记》记载，战国时，魏公子因窃取兵符帮助赵国而得罪了魏国国君，遭国君猜忌，被迫离开魏国，最后郁郁而死，魏国也随之而灭亡：

> 魏王怨恨公子偷他的兵符并假托命令杀死晋鄙，公子自己也知

道。在击退秦军保存赵国以后,派将领统率军队回到魏国,而魏公子独自和宾客留在赵国。赵孝成王感激魏公子假托命令、夺取晋鄙的军队而保存了赵国,就跟平原君商议,要把五座城池封给魏公子。魏公子听说这件事后,内心骄傲矜持,并流露出自以为有功劳的神色。宾客中有人劝说公子:"事物有的不可以忘记,有的不可以不忘记。别人对公子有恩德,公子不可以忘记;公子对别人有恩德,希望公子忘掉它。况且公子假托魏王的命令夺取晋鄙的军队去救援赵国,对赵国来说这是有功劳了,但对于魏国来说公子就不是忠臣。公子却骄傲地把它当做自己的功劳,我私下认为公子不应这样。"于是公子立即责备自己,觉得无地自容。赵王打扫道路,亲自迎接,指引公子走上西边的台阶;公子谦让地侧着身走,从东边的台阶上去。自称罪过,认为辜负了魏国,对赵国也没有功劳。赵王陪酒一直到傍晚,口中不忍心谈献出五座城池的事,因为公子太谦让了。公子终于留在赵国。

魏公子窃符救赵,是侯嬴帮他出的主意。此为魏公子与侯嬴交谈图

魏公子听说赵国有隐士毛公隐居在赌徒群中,薛公隐居在卖酒的人家里,公子想要会见这两个人,两人却躲了起来,不肯见公子。魏公子打听到他们居住的地方,就私下步行前往跟这两个人交往,彼此非常融洽。平原君听说这件事后,对他的夫人说:"当初

我听说夫人的弟弟魏公子天下独一无二,现在我听说他竟然跟赌徒和卖酒的人交往。公子是个荒唐的人。"平原君夫人把这些告诉了魏公子。魏公子就向平原君夫人告别,说:"当初我听说平原君贤能,所以辜负了魏王救援赵国,来满足平原君的心意。但平原君和人们的交游,只是一种装饰门面的举动罢了,并不是真正为了求贤士。我无忌在大梁的时候,时常听说这两个人贤能,到了赵国以后,唯恐不能见到他们。像我无忌这样的人跟他们交往,还恐怕他们不愿意,如今平原君竟然把此当做是羞耻的事情,实在是不值得跟他交往。"于是整理行装,准备离开赵国。平原君夫人把这些话告诉了平原君,平原君就脱掉帽子谢罪,百般挽留魏公子。平原君的门客听说这件事后,有半数人离开平原君来归附魏公子。

魏公子留居赵国十年不回国。秦国听说魏公子在赵国,日夜派兵向东去进攻魏国。魏王很忧虑,派遣使者去请魏公子。魏公子害怕魏王怨恨他,就告诫门客:"有谁敢替魏王的使者通报的,处死。"宾客都是背弃魏国来到赵国的,没有谁敢劝公子回国。毛公和薛公两人去见公子说:"公子之所以在赵国受到重视,闻名诸侯各国,只因为有魏国。现在秦国进攻魏国,魏国危急而公子不顾,假如秦军攻破大梁,毁平了先王的宗庙,公子将以什么面目立于世上呢?"话还没有说完,公子立刻变了脸色,吩咐准备车马赶快回去解救魏国。魏王见到公子,相对哭泣,然后把上将军的印信授予公子,公子于是任将。魏安釐王三十年,公子派使者通告各诸侯国。各国听说公子任将,分别派遣将领统率军队来救援魏国。公子统率五国的军队,在河外打败了秦军,赶走了蒙骜。于是乘胜追逐秦军到函谷关,堵住秦军,秦军不敢出关。在这个时候,公子的威名震动天下,诸侯各国的宾客进献兵法,公子都给它们题名,所以世人称为《魏公子兵法》。

秦王害怕魏公子,就送一万斤黄金到魏国去,寻找晋鄙的门客,让他们在魏王面前毁谤魏公子说:"公子流亡在国外十年了,现在提任魏国的将军,各国的将领都隶属于他,各国只听说有魏公子,没听说有魏王。公子也想趁这个时候决定南面称王。各国害怕公子的声威,正想共同拥立他。"秦国多次派人行反间计,假装祝贺公子,看魏公子有没有被立为魏王。魏王每天都听到这些毁谤的话,不得不相信,后来果然派人取代了魏公子上将军的职位。公子知道自己因为毁谤而被抛弃不用,就借口有病不入朝,跟宾客通宵达旦地饮宴,饮醇厚的酒,过多接近女色。这样日夜作乐狂饮达四年之久,终于因酒生病死了。

秦国听说魏公子死了,就派蒙骜攻打魏国,占领了二十座城池,开始设置东郡。这以后秦国逐渐蚕食魏国,十八年后俘虏了魏王,攻灭大梁。

将才是战争胜利的重要基础,历史上因为择将不当而造成战争失败的例子也不胜枚举,而其中最有代表性的莫过于诸葛亮对马谡的误用。

马谡是诸葛亮好友马良的胞弟,曾任绵竹成都令、越巂太守,史称其人"才器过人",深受诸葛亮的赏识,诸葛亮让他担任参军之职。马谡开始时也的确不负诸葛亮的倚重,在军事上曾屡有建树,如提出"攻心为上"的建议,为诸葛亮"七擒孟获"、顺利平定汉中立下了大功。然而,他毕竟缺乏实践经验,又不听从诸葛亮的指挥,终于造成了街亭惨败。

蜀汉后主建兴六年(公元228年),诸葛亮为了北定中原,光复汉室,统一中国,决定率师北伐。蜀汉大军出祁山,进展顺利,给曹魏政权造成很大的震动。魏明帝赶忙派遣宿将张郃前去阻击蜀军。

当时,马谡担任蜀军的先锋,占据战略要地街亭(今甘肃省秦安县东北)。在张郃全力来夺街亭的形势下,马谡能否守住街亭,也就成了北伐成败的关键。

民国时期马骀绘制的《街亭绝汲》图

诸葛亮深知街亭在整个北伐行动中战略地位的重要性，因此再三告诫马谡不可麻痹轻敌，命令他选择靠山近水的有利地形安营扎寨，以逸待劳，乘隙破敌。然而马谡在街亭实地布防时，却违背诸葛亮的调度，远离水源，将营寨扎在街亭附近的南山顶上。不久张郃率魏军进逼街亭，侦悉马谡上山驻扎，就当机立断，将马谡所处的孤山团团包围，切断水源。蜀军在孤山上饥渴难忍，军心动摇，不战自乱。张郃乘势发起攻击，蜀军力不能支，四散奔逃。魏军攻占了街亭，马谡大败而归。诸葛亮北伐失败，只好挥泪斩马谡。

有了这么多正反两方面的历史教训，曾国藩在选将时当然会慎之又慎。尤其值得我们重视的是，曾国藩在选将时与他独特的相人术相结合，显得更是神乎其神。

据传，清道光咸丰年间，曾国藩所用的人才，有的是经人推荐，有的是自愿投效。每当有人前来，曾国藩必定召见面试，谈话之后才决定是否起用。有一次，曾国藩约了三个前来求录用的人，让他们次日在会客室等候。然而，过了正午很久，尚未被召见。这三个人中，一人静坐沉思，一人走来走去，一人脸上十分生气，一副不耐烦的样子。到了傍晚时，曾氏派人告诉他们三个人，可以回家等候任命，不必见面了。那三个人心里不知何故，问道："为何不用召见，就被录用？"曾国藩跟传话的人说："此三人在屋内时，我已观察过了，那个沉思的人，心情不畅,活得不会长久,但为人却很稳重;来回踱步的,器度胆识不凡,刚强沉着,实在是不可多得之才;那个不耐烦的,英勇果敢,一定可败敌,然而有点心急,成功之后可能会殉国。这三人都是军中所需要的人才。"于是分配了他们的职责。后来的事实证明:沉思的人是王某,年余病发,功劳不显扬;踱步的是彭玉麟,立军功建水师,官至兵部尚书,人们皆佩服他;不耐烦的是江忠源,勇敢好战,常常打胜仗,官至安徽巡抚,在庐州三河镇力战殉国,加封号为忠烈。于是大家都佩服曾国藩慧眼识人,确实不同凡响。

在曾国藩选拔、培养的将才中,最有名的当数李鸿章,此外,他选拔江忠源,亦值得一提。

江忠源,字岷樵,湖南新宁举人。在北京时,郭嵩焘介绍他往见曾国藩。江忠源以"任侠自喜,不事绳检"著称。曾国藩初时只是和他谈些市井琐屑的事情,谈了一会儿,江忠源辞出,曾国藩以目送之,回头向郭嵩焘说:"京师求如此人才不可得。"既而又说:"此人必立功名于天下,然当以节义死。"当时承平日久,闻者都很惊疑。

有一天,江忠源告诉曾国藩说:"新宁有青莲教徒,天下将大乱了。"过了两年,江忠源又到北京,曾国藩问他:"你说教徒要肇乱,为什么现在没有动作呢?"江忠源就说:"我在家的时候,曾经把亲友丁壮都组织起来了,一旦有事,可以防御。"道光二十六年(1846年),青莲教首领雷再浩果然聚众起事,江忠源率领乡人一战就把他平定了,他也因功授知县,擢发浙江。

道光二十九年(1849年),江忠源正在秀水县任上,天地会党人李沅发又在新宁举事,曾国藩写信劝他弃官保家。但不久李沅发窜往广西境内活动,成了太平军起义的前驱。咸丰帝即位后,曾国藩应诏保举贤才,其中就有江忠源。不久,太平军攻桂林,赛尚阿奉命督师往剿,奏调江忠源赴营任差。江忠源募集士兵500人,称为"楚勇",在桂林打了一次胜仗。但赛尚阿不能采用他的战略,他就告病回家了。第二年,

太平军由永安溃围,又攻桂林,江忠源增募1000人赴援,又打了几次胜仗。太平军围攻长沙后,他从郴州往援,逼营督战,城得保全,太平军引兵北去。这时他的楚勇已增到2000人,在长沙是很得力的队伍。他们不仅靖卫乡里,而且出援邻省,成为湘军的先导。

二、为将之道,以法立令行为先

【原文】

古人用兵,先明功罪赏罚。

救浮华者莫如质,积玩之后,振之以猛。

医者之治痈疽甚者必割其腐肉,而生其新肉。今日之劣弁羸兵,盖亦当为简汰,以割其腐肉者,痛加训练,以生其新者。不循此二道,则武备之弛,殆不知所底止。

……

太史公所谓循吏者,法立令行,能识大体而已。后世专尚慈惠,或以煦煦为仁者当之,失循吏之义矣。为将之道,亦以法立令行、整齐严肃为先,不贵煦煦也。

……

立法不难,行法为难。凡立一法,总须实实行之,且常常行之。

九弟临别,深言驭下宜严,治事宜速。余亦深知驭军驭吏,皆莫先于严,特恐明不傍烛,则严不中礼耳。

吕蒙诛取铠之人,魏绛戮乱行之仆。古人处此,岂以为名,非是无以警众耳。

近年驭将,失之宽厚,又与诸将相距遥远,危险之际,弊端百出。然后知古人所云作事威克厥爱,虽少必济,反是乃败道耳。

——《曾国藩全集》

【译文】

古人用兵,首先明确立功有赏、有罪受罚的原则。

挽救浮华之弊的最好措施便是质朴;在长期的恶习积存之后,必须采取刚猛的措施予以纠正。

医生在治疗疮毒已经溃烂了的病人时,必须把腐肉割去,以便能让新肉生长。今天的老弱残兵,也应当进行淘汰,好比割去腐肉一样,然后进行严格的训练,以促使新的力量产生。如果不采取这两种办法,武备的松弛,就不知道什么地方才是尽头了。

……

司马迁所说的循吏,指的是法立令行、能顾全大局而已。后世专门崇尚仁慈恩惠,或者把施舍小恩小惠的人当做循吏,这就失去了循吏的本义了。为将之道也要以法立令行、整齐严肃为首要任务,而不看重施小小的恩惠。

……

立法并不难,难的是依法行事。只要订立了一项法令,一定要实实在在地去执行,而且必须持之以恒。

九弟临别之时,特别强调驾驭部下应当严,办事应迅速。我也深知治军和管理官吏,首要的就是严。担心的只是自己的见识有限,以致严得不合法度。

吕蒙杀了用斗笠遮盖铠甲的人,魏绛处死了驾车乱行军中的仆人。古人这样做,难道是为了沽名钓誉吗?假如不这样处置,就无法警示部下。

近年来,我管理部将太宽厚了,又与诸将相隔遥远,当面临危险时,弊端百出。现在我才明白古人所说的"立威胜过自己所爱,人数虽少,也能取胜"的道理,反之,就只会招致失败。

【解读】

曾国藩这里所说的严明,主要是就治军而言的。曾国藩熟悉古代历史，注重军纪严明，这似乎是顺理成章之事。因为治军严明，历来就被认为是治军必不可少的。

兵法鼻祖孙武首重的就是军纪严明，对此，《史记》等书中有以下这样的记载。

孙武因著有兵书十三篇，吴王阖闾看过后，叹为奇才，乃遣伍子胥聘他来帮助自己治理军队。

见面之后，吴王说及本国兵微将寡，问怎样才可以扩军强国，孙武将当前形势分析过后，说："我的十三篇兵法，不但可施于军旅，还可以动员妇人女子，驱而用之！"

吴王大笑起来，说："我从来未曾听说过可以训练女人上战场杀敌的！"言语之中有轻视之意。

孙武说："不相信可以当面试试看，如不成功，甘当欺君之罪！"

"真的吗？"吴王说，"好，且看看你的本领！"

吴王便在后宫选出300名宫女，交给孙武调遣。

孙武又请求吴王派两位宠姬为队长，以便号召。吴王应允，召来两位宠妃，对孙武说："这两位美人是寡人最宠爱的，是否可为队长？"

孙武说："可以！但军旅之事，纪律森严，有赏有罚，号令才行。"当即令两人为队长。

孙武把宫女编成左右两队，各披挂兵器，并宣示军法：一不许混乱行伍，二不许交变喧哗，三不许违反约束，私自行动。

当时，吴王也坐在楼上观看。300名宫女个个全副武装，分站两旁。吴王看见心爱的宠姬威风凛凛，心里着实欢喜。

孙武将两面黄旗授给两位队长，令为前导，并令大家听鼓声进退，脚步不得混乱。

之后，孙武又下令："向前，就是朝心所对的方向；向左，就是朝左手所在的方向；向右，就是向右手所在的方向；向后，就是向后背的方向。"

民间绘画《孙武子演阵教美人战》

号令一出,众女都掩口嬉笑起来。击鼓的军士禀告,第一次鼓已击过了,各人或起或坐,参差不齐。

孙武离座正色说:"约束不明,申令不信,将之罪也。可再申前令,解释清楚。"

军吏奉命再大声告谕一次。鼓吏再击鼓,但诸女仍旧嬉笑耳语,挨肩斜倚,很不严肃。

孙武又再次申解前令,但自队长以下,无不大笑起来。

孙武这时双目一瞪,大声喝问:"执法吏何在?" "有!"

"约束不明,申令不信,将之罪也;今已约束再立,而士不听令,依法该当何罪?"

"当斩!"

"军士不能尽斩,先将队长斩首!"执法军士不敢违抗,便把二姬捆绑起来。

吴王在台上看见,大吃一惊,急命人持节驰救,令曰:"寡人已知道将军的用兵能力了。但两姬乃寡人心爱之人,非此二人,食不甘味,睡不安寝,请看寡人面上,赦免一死!"

孙武拒绝说:"军中无戏言,臣已奉命为将,将在外,君命有所不受,若徇军命,赦免有罪,将何以服众?斩!"

不一会儿,两姬头颅已挂起来了,宫女无不身体发抖,诚惶诚恐地跪在帐下听令。

经此一斩,全军凛然,左右进退,皆中规中矩。

吴王虽然心疼,但也由此见识了孙武的治军本领,于是任命他为将军。

春秋时齐国的大将司马穰苴就是因为治军严明,致使敌国军队闻声奔逃的。对此,《史记》有这样的记载。

春秋时期,各国连年征战,互有胜负。公元前531年,晋军进攻齐国,连克齐国城池。燕国乘人之危,也出兵攻齐。齐国名相晏婴向齐景公力荐司马穰苴领军出战,晏婴说:"目前,齐国杰出的将才唯有司马穰苴一人。他熟知兵法,文能服众,武能威敌。请大王一试。"于是,齐景公任命他为大将,率军讨敌,收复失地。司马穰苴受命后,深知齐国军队军纪涣散,将令不威,便首先从整顿军纪入手,树立威信。他对齐景公说:"我出身低微,一下子升为将军,难免将士不服。请大王派一位有威望的大臣当监军,以便我更好地指挥军队。"齐景公一听,认为有道理,便派大臣庄贾去当监军。司马穰苴恭敬地对庄贾说:"恭请您明日午时前到达军营。"庄贾因平时深蒙景公的宠信,骄横傲慢,目中无人。第二天,司马穰苴在军营召集兵马,迎候监军庄贾的到来。然而,时近中午,庄贾仍未到营,司马穰苴便开始部署出征事宜,操练阵法。太阳快落山了,操练也已结束,庄贾才姗姗来迟。司马穰苴责问道:"监军大人为何不遵守军纪,现在才来?"庄贾毫不在意地答道:"因为要随军远征,亲友前来饯行,来晚了一点。"司马穰苴严厉地指出:"身为将帅,为国出征,应舍家忘己,现在敌军业已深入国境,举国骚动,边情紧急,国君睡不安枕,百姓危在旦夕,您身为监军岂可拿军纪当儿戏?"说完,司马穰苴问身旁的军法官:"根据军法,在军情紧急时，误期报到的应处何罪？"军法官高声答道："应该问斩！"

庄贾一听惊恐万状，立即派人速去禀告齐景公，请求救命。齐景公听说此事，连忙派人持符节赶来赦免庄贾。使臣尚未入营，庄贾已人头落地。使臣闯进军营，传达国君的赦免令，司马穰苴对使臣说："庄贾身为监军，违犯军法，理应斩首。"接着又问军法官："在军营中驾车横冲直撞者，应处何罪？""也应该斩首！"使臣一听，大为惊骇，恳求饶命。司马穰苴说："既然你是国君的使臣，可以宽恕，但军纪不能违犯。"下令斩一匹马，砍马车上的一根立木，以示惩戒。齐军将士见状，深为震动，军纪立时严整。晋国和燕国的将领闻知司马穰苴统率的齐国军队，将贤兵勇，军纪严明，大为惊惧，不敢与之交锋，纷纷后退。司马穰苴兵分两路追击，大获全胜。晋、燕两国急忙遣使求和。司马穰苴的声威远播诸侯各国。

而曾国藩治军严明主要表现在对队伍的严加约束上，在这方面，曾国藩可谓六亲不认。如湘军初建时，纪律涣散。尤其是靖港之败，练勇大批溃散，即使在湘潭之役中获得胜利的水陆勇也到处抢劫，携私潜逃。曾国藩于咸丰四年（1854年）在家书中就对此作过较为详细的记述：

水勇自二十四五日，成章诏营内逃去百余人，胡维峰营内逃去数十人。二十七日，何南青营内逃去一哨，将战船炮位弃之东阳港，尽抢船中之钱米帆布等件以行。二十八日，各营逃至三四百人之多。不待初二靖江战败，而后有此一溃也。其在湘潭打胜仗之五营，亦但知抢分贼赃，全不回省，即行逃回县城。甚至战船送入湘乡河内，各勇登岸逃归，听战船漂流河中，丢失货物。彭雪琴发功牌与水手，水手见忽有顶戴，遂自言并册上姓名全是假的，应募之时乱捏姓名，以备将来稍不整齐，不能执册以相索云云。鄙意欲预为逃走之地，先设捏名之计。湘勇之丧心昧良，已可概见！

湘兵应募入伍，本来就是为了发财，所以不少人均以假名入伍，这些人的战斗力自然不可能很强。曾国藩对这点是看得很清楚的，因此，他自岳州、靖港、湘潭之役后，立即着手整顿湘军，凡溃散之勇不再收回，溃散营哨的营官哨长也一律裁去不用，连他自己的弟弟曾国葆也在被裁者之列。经过整顿，水陆各勇仅留5000多人。与此同时，他调罗泽南、李续宾带所部湘勇回长沙，又令在战斗中英勇可靠的塔齐布、杨载福、彭玉麟等人大量招募新勇，新增数营，湘勇很快又扩大到一万来人。他还向广东、广西奏调水师兵勇。

湘军经过这次整顿之后，兵精械足，军容复壮，水陆两师共达两万之众。

而且，曾国藩治理湘军有一个重要的特点，那就是把封建伦理观念同尊卑等级观念结合起来，将军法、军规同家法、家规结合起来，用父子、兄弟、师生、朋友等亲友关系来掩饰、调剂、补充上下尊卑关系，以减少内部的摩擦与抵触，使下级与士兵乐于尊重官长、服从官长，为官长卖命。

但是，从历史事实来看，曾国藩的治军严明还是有条件的，如对曾国荃的种种贪行他总是睁一眼闭一眼。为此，他与好友彭玉麟几乎闹翻。

彭、曾二人虽然关系甚笃，几无内外之分，但也时常因事生怨，矛盾不休。如彭玉麟曾力劝曾国藩杀掉曾国荃，以正视听，就是明证。

柳寿田曾任曾国藩的随从，后来转入曾国藩的亲兵营，又转入彭玉麟统率的水师，是曾的心腹耳目。他深知彭玉麟与曾国荃不和，故常散布一些不利于彭的言论。同治三年（1864年）秋冬之际，彭玉麟借故将柳寿田割耳撤职，并且不许他离营前往金陵。曾国藩对此十分恼怒，去信诘责彭玉麟说："你对柳寿田故意重责割耳，谓非有意挑衅，其谁信之？""此等举动，若他人施之阁下，阁下能受之乎？阁下于咸丰十一年冬间及此次皆劝鄙人大义灭亲。舍弟并无管、蔡叛逆之迹，不知何以应诛？不知舍弟何处开罪阁下，恨之如此？"信中还说，你到处攻讦我

"将兵紊乱，鄙人在军十年，自问聋聩不至于此"。

长期以来，在曾国藩的袒护下，曾国荃嚣张跋扈，盛气凌人，所部吉字营更是无恶不作，在天京城中烧杀抢掠，即为明证。为此，彭玉麟曾两次力劝曾国藩大义灭亲，从全局考虑，杀掉曾国荃，以正视听，但每每都被曾国藩搪塞应付过去。曾国藩由此对彭玉麟心生不满。

彭玉麟像

由此可见，由于种种因素，如人才难得，形势所迫，亲情牵缠等的影响，治军时要真正做到严明，确实是件极为困难的事。

而在当时的湘军中，真正以治军严明著称的当数彭玉麟。

据史载，太平天国运动被镇压后，彭玉麟辞官归隐。因为查江旧居已坏，在郡城东岸买小楼自居，题名曰"退省庵"。常往母亲墓地及查江家庙，布衣青鞋，不设侍从。补制满，仍不出任官，种树灌园，有终老之志。但自彭玉麟归隐，长江水师规制渐坏，弁勇横行抢掠，朝野有人认为水师将废。清廷下诏彭玉麟再出视师。彭玉麟出山后即劾罢营哨官182人，于是江湖肃然。尤其是不顾情面劾退了名将黄翼升。彭玉麟勇于负责，有功不贪，常轻舟小艇，往来倏忽，不独将佐畏之如神，即地方官也望风震慑，民间不轨之徒及作奸犯科者辄互相惊吓曰："彭官保来！"立即奔逃不敢出。威声震动数千里。朝廷对他倚任更重，凡有大事都交他处置，如两江总督左宗棠、刘坤一，湖广总督涂宗瀛、两广总督张树声，皆朝廷倚重大臣，若有言官劾奏他们，皆命彭玉麟察核。

彭玉麟刚介绝俗，颇有豪气，尤善饮，经常咯血而饮酒不止。中年黜妻屏子，没有侍姬，只有一两个老兵供事其旁。对待部下旧将如同布衣子弟，而纪律极严。他的弟弟久客州县，服食鸦片成瘾，正巧军中严禁食烟，旁人告知此事，彭玉麟大怒，立杖四十，并斥之曰："不断烟瘾，死不相见。"他的弟弟感愧自恨，卧三日，已濒死，后竟绝不再服，复为兄弟如初，以旧习商业，令行盐，致赀巨万，一无所取。其弟亦豪迈挥霍，恤贫笃义。家人流落江淮的，全部收养，岁散万金。

彭玉麟尤恶浮华，厌绝请送之类官场旧习。治军广东时，民士恐饷粮不继，共募银17万两送军中，彭拒而不受。辞官之日，众以金排万人姓名于二伞上，价值万金，彭谕令各还其主，且戒其奢。断案严肃，恒得法外意，所杀必可以正民俗。安庆候补副将胡开泰，召娼女饮酒作乐，而使妻行酒，其妻不从，遂抽刀割其腹。街巷汹汹，事情闹到院司，正聚议所以处置。彭赶至后，说："此易耳。"遣人召来，但询名姓居址，即令牵出斩之，民众大欢。

江宁有个秀才，妻有美姿，当时李鸿章督两江，他的远亲弟弟称"四大人"者喜爱她，便假传太夫人命，诱入署中，逾月不令归。秀才侦知其情，请之不能得，上控到县也不理，控到府也不理。秀才知无处可诉，于是得痴病，终日喃喃不绝口，讲的就是妻子被霸占的事。彭玉麟一日停舟水西门，在茶馆遇见秀才，问他原因，并说："你没有听到老彭来了吗，何不告诉他？"秀才问老彭在哪里，彭玉麟指示停舟的地方，并代为他写告状词。第二天，秀才果真前去呼冤，彭玉麟令侍从召秀才入见，秀才抬头仰视，见彭玉麟是昨日茶馆中的饮客，大喜过望。彭玉麟见状也笑，把他的诉状拿过来，并安慰说："明天在家等候你的妻子回来吧。"秀才言谢而去。

彭玉麟立即拿着呈状词拜见李鸿章，纵论巡江之事，言谈之间，故意问："假使有人诱奸百姓的妻子，应当如何处置？"李鸿章说："当杀！"彭玉麟又问："假使有官吏诱占百姓的妻子，法律应当如何处置？"李鸿章也说"当杀"。彭玉麟又问："今天假如有封疆大吏的子弟诱占百姓的妻子，法律又如何裁处？"李鸿章似有所悟，勉强答应"当斩"。这时彭玉麟从怀中拿出诉状，呈给李鸿章，并说："公能执行法律，今天的事就算罢了，否则当上奏朝廷。"李鸿章看完诉词，脸色大变，走下案桌来对彭玉麟说："这件事我确实不知，但劣弟为母亲宠爱，请用私人的礼节，稍微宽大处理可否？"彭玉麟说："你刚刚说完当斩，如果不上奏朝廷，是不是私情太重了？"李鸿章又说："虽然，请用家法处置如何？"彭玉麟说："可以。"李鸿章说："请缓其死可以吗？"彭玉麟答道："其他都遵命，这件事不敢答应。"李鸿章不得已，招呼他的弟弟出来，将呈状扔给他，他的弟弟读完呈状，异常害怕，叩头请求不要处死。李鸿章勃然大怒道："已经为你求情了，不能活，立即自裁吧。"他的弟弟说："请拜别老母可以吗？"李鸿章转请彭玉麟，彭玉麟应允，但在庭中等待。过了好久，也不见李鸿章的弟弟出来，彭玉麟逼迫李鸿章立即处死他的弟弟。李鸿章对身边的人说："去见四大人，让他把我的箱子揭开，摘取朝珠上的东西（即鹤顶红，沾舌即死），舐之即可，不要想活下去。"侍从进到内室，不久里面哭声大作，四大人已经死了。彭玉麟于是告谢而去。第二天，彭玉麟秘密前往秀才的宅院，见他的妻子已经归来，秀才的痴病也痊愈了。

彭玉麟所到之处，访知文武贪官，非杀即参，人们称他为"彭打铁"。因此，那些作过恶的人，一听到他来，无不头痛。但彭玉麟来往无常，没有一人能事先知道。彭玉麟自从接受巡江大臣的任命后，东南数省的大小官吏，对他都十分忌惮。

三、以刚毅之气，赌乾坤于俄顷

【原文】

至于刚毅之气，决不可无。然刚毅与刚愎有别。古语云："自胜之谓强。"曰强制，曰强恕，曰强为善，皆自胜之义也。如不惯早起，而强之未明即起；不惯庄敬，而强之坐尸立齐；不惯劳苦，而强之与士卒同甘苦，强之勤劳不倦；是即强也。不惯有恒而强之贞恒，即毅也。舍此而求以客气胜人，是刚愎而已矣。二者相似，而其流相去霄壤，不可不察！不可不谨！

……

事会相薄，变化乘除，吾当举功业之成败，名誉之优劣，文章之工拙，概以付之运气一囊之中，久而弥自信其说不可易也。然吾辈自信之道，则当与彼赌乾坤于俄顷，较殿最于锱铢，终不令囊独胜而吾独败。国藩昔在江西、湖南，几于通国不能相容，六七年间，浩然不欲复闻世事。惟以造端过大，本以不顾生死自命，宁当更问毁誉！

遇棘手之际，须从耐烦二字痛下工夫。

……

袁了凡所谓从前种种譬如昨日死，从后种种譬如今日生，另起炉灶，重开世界，安知此两番之大败，非天之磨炼英雄，使予大有长进乎？谚云，吃一堑，长一智。吾生平长进全在受挫受辱之时，务须咬牙励志，蓄其气而长其智，切不可颓然自馁也。

——《曾国藩全集》

【译文】

至于刚毅之气，绝对不能没有。然而刚毅与刚愎不同。古语说："自己战胜自己称为强。"强制、强恕、强做善事，这些都是自己战胜自己的意思。如果你不习惯于早起，就强迫自己天未亮就起来；如果你不习惯于端庄，就强迫自己端庄；如果你不习惯劳苦，就强迫自己与士卒同甘共苦，强迫自己辛勤工作：这些就是强。自己不习惯做事有恒心而强迫自己有恒心，这就是毅。如果不按上述去做，却想去战胜别人，这就是刚愎。这两者看起来很相似，但事实上相差很远。不能不明察，不能不谨慎。

……

各种事情和变化聚合交迫，我应当把功业的成败、名誉的优劣、文章的好坏，全都归于运气，时间久了，就更加相信这种说法是正确的。然而，凭借我们的自信，则应当与运气赌这世界于顷刻，比高下于锱铢，最终不能总让运气取胜，而我们却总是失败。当年我在江西、湖南，几乎到了全国都不能相容的地步，六七年间，我真的不想再过问世事。只是因为最初的影响太大，我本来就自称不顾生死，又怎么能再去计较别人对我的毁誉呢！

每当遇到棘手的事情，必须在耐烦二字上痛下工夫。

……

袁了凡所说的从前种种譬如昨天已经死，以后种种譬如今天才生，新起炉灶，另行开张，谁能知道这两次大败，不是上天磨炼英雄，使我大有长进呢？俗话说：吃一堑，长一智。我平生的进步，都是在受挫折、遭受屈辱的时候，这时一定要咬紧牙关，鼓舞自己的斗志，积蓄勇气，增长智慧，而决不能灰心气馁。

【解读】

在上文中，曾国藩强调了勇毅、坚强、耐烦等素质对一个人成就大业的重要性。在曾国藩的一生中，最能体现他的勇毅之气的，是他在江西时孤军对付太平军，而分兵让罗泽南进攻武昌之事。当时罗泽南率领的湘勇是湘军在江西的另外一支劲旅，共约3000多人，本来也与塔齐布一起驻在九江城外。咸丰五年（1855年）三月，曾国藩命他率部由南昌绕过鄱阳湖，出征赣东，在贵溪、弋阳、广信、饶州、景德镇一带抵御太平军。六月初，太平军在湖北的战事告一段落后，从鄂东南回师江西，占领义宁，罗泽南遂移师向西，在义宁府与太平军周旋。八月，罗泽南单骑至南康，在船上与曾国藩会见。他向曾国藩提出，欲夺取安徽、江苏，必先得武汉；得武汉，控上游之势，则江西亦得屏障。若依然株守江西，如坐瓮中，长期转战，终无益于大局。因此，他请求允许自己率所部从义宁出发，进攻崇田、通山，增援武昌；如若得手，即引军东下，夺取九江，东南大局庶可立有转机。罗泽南的这一战略，与曾国藩的设想不谋而合，但罗泽南部一去，湘军在江西便会更加孤立。当时，刘蓉在座，插言说："公所赖以转战者，塔、罗两君。今塔公亡，诸将可恃独罗公，又资之远行，若有缓急，谁堪使者？"曾国藩回答说："吾固知其然，然计东南大局宜如此。今俱困江西无益，此军幸克武昌，天下大势犹可为，吾虽困尤荣也。"于是从塔齐布旧部中拨兵勇1500人交给罗泽南，使罗部增至4500人。罗泽南起程的那天，刘蓉、郭嵩焘送至柴桑村，郭嵩焘感叹地说："曾公意求有益于天下大局，其视此身如鸿毛，不自今日始也。"罗泽南说："天苟未忘本朝，此老必不死！"

曾国藩提倡刚毅之气，这是因为这种气概是当时之人最缺乏的。尤其是在战场上，如果战士缺乏这种气概，必然一触即溃。同时他又强调要刚毅不要刚愎，这是要求人们的勇毅之气不是出于一时的糊涂或鲁莽，而是出于一定的理想或德行。而这样的人，在社会上可谓少之又少。

司马迁认为，具有这种勇毅之气的人常常可以在游侠中找到，因此，他在《史记》中专辟《游侠列传》章，为聂政、专诸等游侠作传。我们来看看书中对这两位游侠的介绍。

聂政，轵邑深井里人。杀人后为躲避仇家，与母亲、姐姐到了齐国，以屠宰为业。

濮阳严仲子为韩哀侯做事，与韩国宰相侠累产生矛盾。严仲子怕被杀，逃离韩国，四处周游，寻找能够除掉侠累的人。到齐国后，齐国有人说聂政是个勇士，因避仇隐迹在屠夫行中。严仲子至聂家谒见，往返多次，然后备好酒食，自己畅饮于聂母面前。酒酣之时，严仲子捧出黄金百镒，上前为聂母祝寿。聂政对这份厚礼感到吃惊和奇怪，向严仲子坚决推辞，说："我庆幸尚有老母，家虽穷，但客居他乡，做了一名杀狗的屠夫，能凭此早晚得些美食来奉养亲人。亲人可以供奉，衣食也不缺，我不能接受你的赐予。"严仲子令人回避，然后对聂政说："我有仇人，而且到过的诸侯国很多了。但到齐国后，听说您很讲义气，所以进献百金，是要用它做令母的饮食之费，能够得到您的欢心，怎敢有其他奢求呢！"聂政说："我所以降低志向屈辱自己做市井屠夫，只因为要奉养老母。老母在，我的生命不能轻许他人。"严仲子再三谦让，聂政终究不肯收下。严仲子最后尽了宾主之礼才离去。

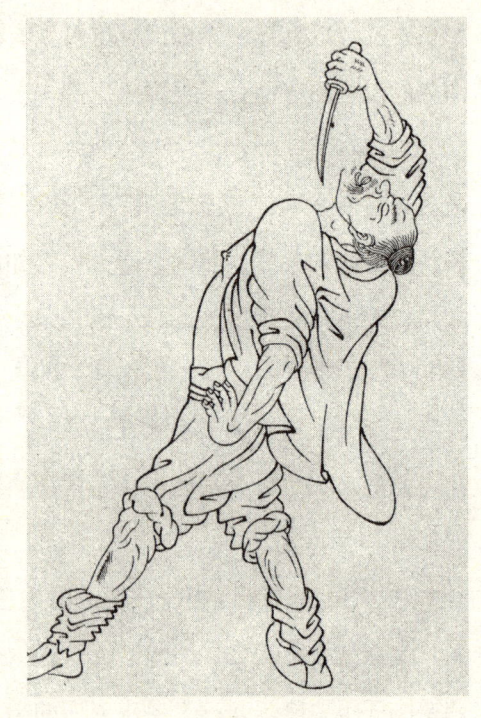

聂政像

过了很久，聂政的母亲死了。安葬完毕，除掉孝服，聂政说："唉！我只是市井之人，操刀屠宰，而严仲子是诸侯的卿相，却不远千里，屈尊乘车骑来与我交往。我于他没有大功值得称道，而严仲子却奉献百金为我亲人祝寿，我虽不接受，但这只能加深他对我的了解。有贤德的人因为对仇人的愤怒而亲近信赖困窘鄙陋的人，我怎能默然无回报呢！况且严仲子前次请我，我只因有老母在；现在老母已终其天年，我将为知己者用。"于是西行至濮阳，见严仲子，说："上次所以没有答应你，只因有亲人在，如今母亲已离开人世，你要向谁报仇？我希望能做此事！"严仲子详细告诉他说："我的仇人是韩相侠累，侠累又是韩王的叔父，亲族众多，住处防范十分严密，我想派人刺杀他，始终没能成功。现在幸蒙您不弃，请增加可做足下助手的车骑壮士。"聂政说："如今要杀韩国的国相，国相又是国君的亲人，这种情况下肯定不能用很多人，人多就不能不出差错，出差错就会泄漏消息，泄漏消息那整个韩国就会与你为仇,那岂不是很危险了!"于是便告辞独行。

聂政携剑来到韩国,见侠累正坐在府中,手持刀戟保护侍奉他的人甚多。聂政直入府中,冲上台阶刺杀了侠累,侍卫大乱。聂政高声呼喊,击杀数十人。随后自己毁容挖眼,剖出肚肠,当即死去。

韩国将聂政的尸体放在集市上,悬赏千金追查他的身份,但无人知道他是谁。聂政的姐姐聂荣听到有人刺杀韩国国相,刺客没能活捉、全国不知其名姓、暴尸而悬赏千金的消息,就说:"难道这是我弟弟吗?是呀,严仲子了解我弟弟!"马上起身去韩国,来到集市,死者果然是聂政。聂荣伏在尸体上极其悲痛地哭着,说:"他是轵邑深井里叫做聂政的人啊。"走在街上的人都说:"此人残杀我们国相,国王悬赏千金查问他的名姓,你没有听说吗?怎么还敢来辨认他?"聂荣回答说:"我听说了,聂政蒙受污辱,自弃于市井之间,是因为老母无恙,我未嫁人。严仲子发现并抬举他,对他恩泽深厚,士自当为知己者死。现在竟因我还在的缘故,惨酷自刑以断绝线索,我怎么能因害怕杀身之祸,最终泯灭我弟弟的名声!"这番话震惊了街上的人。聂荣于是三次大声呼天,最后因悲痛而死在聂政身旁。

专诸,是吴国堂邑人。伍子胥逃离楚国来到吴国,了解到专诸的才能。伍子胥见到吴王僚后,以征伐楚国有利于吴来劝说他。吴公子光说:"伍员的父兄都死在楚国,伍员主张征伐楚国,是自己想报私仇,并不是为吴国着想。"吴王便停止了伐楚的行动。伍子胥知道公子光要杀吴王僚,就说:"公子光将在国内有所图,此时不可用对外兴兵的事劝说他。"于是向公子光推荐专诸。

公子光的父亲是吴王诸樊。诸樊有三个弟弟,依次为余祭、夷昧、季子札。诸樊知道季子札贤明,因而不立太子,按排行将王位传给三个弟弟,希望最终将国家传给季子札。诸樊死后,王位传与余祭;余祭死,传与夷昧;夷昧死,应当传给季子札,季子札却因不愿做国君而逃走了。吴人于是立夷昧之子僚为王。公子光说:"假如以兄弟为序,季子应当做国王；若一定要立儿子呢？那我公子光是真正的嫡嗣，应当立为王。"所以他暗中蓄养谋臣，以求当上国君。

公子光得到专诸后，像客人那样善待之。九年后，楚平王死。平王死的这年春天，吴王僚想利用楚国有丧的机会，令其两个弟弟公子盖余、属庸带兵进攻楚国；又令延陵季子去晋国，观察诸侯的动静。结果，楚国发兵断绝了吴将盖余、属庸的归路，吴兵无法撤回。于是公子光对专诸说："时机不可丧失！不求取怎么会有收获？况且我是真正的王位继承人，应当做国君，即使季子回来了，也不能废除我。"专诸说："王僚是可以杀的。他母亲老而儿子小，如今吴国外困于楚，国中没有主事的大臣，这样吴王僚是无法对付我们的。"公子光叩首说："我的性命，与你的性命同在。"

一天，公子光在暗室中埋伏了士兵，并备好酒宴邀请吴王僚。吴王僚将卫兵从王宫一直排到公子光家，门户台阶上站的全是吴王僚的亲信。酒足饭饱时，公子光假装脚痛，回到暗室中，令专诸将匕首放在烤鱼腹中呈进。专诸来到吴王僚面前，剖开鱼腹，顺势用匕首直刺吴王僚，吴王僚当场死去。吴王僚左右的人也杀死了专诸。这时，公子光出动伏兵向吴王僚的人进攻，将其全部消灭。公子光于是自立为王，并赐封专诸之子为上卿。

勇毅，是一种美德，具有这种美德的人，往往会为了某个崇高的目标，不惜献出自己的生命。可惜的是，现在具有这种勇毅之气的人是越来越少了。相反，那些为了一己之私利铤而走险的人则屡见不鲜，这不能不让人感到悲哀。

四、治军之道，以能战为第一义

【原文】

治军之道，总以能战为第一义，倘围攻半岁，一旦被贼冲突，不

克抵御或致小挫，则令望堕于一朝。故探骊之法，以善战为得珠。能爱民为第二义，能和协上下官绅为第三义。愿吾弟兢兢业业，日慎一日，到底不懈，则不特为兄补救前非，亦可为吾父增光于泉壤矣。精神愈用而愈出，不可因身体素弱，过于保惜；智慧愈苦而愈明，不可因境遇偶拂，遽尔摧沮。

——《曾国藩全集》

【译文】

治军以能战为最重要，倘若围攻了半年，不小心被敌人冲突，无法抵御或受了小的挫折，自己的名望就会毁于一旦。所以善战就是探骊得珠之法。能爱民是第二方面的重要内容，能与上下官绅都和睦是第三方面重要的事情。希望你兢兢业业，一天比一天谨慎，始终不懈，这样，不但是为我补救以前的过失，也可以为先父在九泉之下争光。精神是越用越多的，不能因为向来身体瘦弱，就过分注重保养；智慧在越是困苦的情况下就越明达，不能因为偶遭拂逆，就心情沮丧。

【解读】

从上文可见，曾国藩把"能战"作为治军的关键，可谓直截了当。我们现代人说实践是检验真理的唯一标准，作为将才来说，就是要能作战，能取胜。而从曾氏兄弟镇压太平天国的天京之战中，我们发现，这兄弟俩称得上是能战的将才。

咸丰十一年（1861年），曾国藩在安庆之战取得胜利以后，金陵就成了他的下一个目标。当时，曾国藩令曾国荃回到家乡继续招兵买马，以进一步扩充他的吉字营的实力。同治元年（1862年）三月，曾国藩的弟弟曾国荃和曾贞干从南北岸分别东下，接连攻下了十几座处在要隘之处的名城。而与此同时，左宗棠率领的大军连续在江山、常山等地获胜，声威大振。

五月初一，曾国荃向秣陵关发起进攻。秣陵关是金陵的重镇，但湘军到达后,守关的太平军将领很快便投降了。清军绕过三汊河后向大胜关进逼。初二,曾国荃派军队先埋伏在桥边,然后六营大军飞速前进。太平军见清军从后面包抄过来,害怕被困住,于是乘夜纵火逃走,大胜关、三汊河被清军占领。这时彭玉麟驻守在金柱关,听到曾国荃孤军深入太平军营的消息,急调水师前来策应,由烈山驶近头关。水陆结合,一举拿下头关。曾国荃率领3万

曾国荃像

多名水陆大军进驻雨花台,距南京城只有四里之遥。曾贞干驻扎在三汊河东桥一带,在江边修筑起堡垒以保护西路粮道。就这样开始了对南京的攻防战。

十六日,驻扎在金陵的太平军大举向清军进攻,共分20多支,对清军在金陵的各处营垒都构成了极大的威胁,并集结重要兵力向雨花台长壕猛扑过来。曾国荃在长壕奋力防守,双方军队互有损伤。

这时,忠王李秀成率领苏、常两地的太平军20多万人来援助金陵。十九日,开始围攻曾国荃的大营。太平军使用西洋的落地开花炮前后轰击,声动天地,清军各处布兵防御,共与太平军激战了15个昼夜。

九月初三,侍王李世贤从浙江率领十万大军前来增援,双方的战斗更加猛烈。清军伤亡很多,而太平军伤亡更多。太平军通常白天不发动进攻,而是在夜间轮番进行攻击,连续在清军的营壕之外扎了100多个营,相距仅20丈,并在暗处挖地道,想乘着雨夜进行袭击。曾国荃下令各军开挖内濠、内墙进行防御,分兵连破了7处地洞。

十月初五，清军出濠，攻破了太平军的10座营垒。太平军兵败逃跑，死伤无数。李秀成和李世贤无计可施，只好撤兵，清军的金陵大营才得以解围。

这时曾国荃已经围攻了金陵很长时间，太平军想尽办法解围。面对这样的局势，同治帝颁布谕旨道："此时曾国荃雨花台之军自不能辄自移动，堕贼诡计；湖北为数省枢纽，诚不可稍有疏失，严树森出驻团风，当不至任贼窜人。群丑蓄谋纷窜，曾国藩所部各军几于应接不暇。该大臣素能镇定，惟当毅力精心，以图万全。浙、沪两军事机尚顺，左宗棠以杭城不难即克，而难于杜贼分窜，是以不急旦夕之效，固属老谋。此时贼既纷窜北岸及长江上游，浙、沪两军如能一克富阳以取杭州，一克昆山以取苏郡，则金陵之贼腹背受敌，或可即收捣穴擒渠之效。该大臣等必能因时审势，以赴事机也。"

同治二年四月下旬，曾国荃乘守城的太平军因几个月未作战而有所懈怠时，命令清军连夜袭击雨花台，最后一举攻下。雨花台紧邻城墙，地势较高，上面筑有坚固的石垒，江南大营攻了多年都未能拿下。李秀成听说了这一消息，极为震惊，便在五月初率领军马援救天京。杨载福、鲍超率水陆军乘胜追击，占领了两浦，并对准备渡江的太平军进行截击。五月十五日，清军向九洑洲发起进攻，太平军进行了顽强的抵抗，使清军遭到了惨重的损失。进行了一天的激战，双方仍分不出胜负。这天晚上，狂风大作，湘军趁风猛攻，终于攻下九洑洲。

把雨花台和九洑洲攻下来后，曾国荃便准备进攻聚宝门、印子山，曾国藩也把鲍超、肖庆衍两队军马调到江南，以便对天京形成围攻之势。曾国荃在六月到九月之间，先后猛攻南京城附近的印子山、上方桥、江东桥、高桥门、七瓦桥，最后全部占领了这些要地。十月，又派军队进驻孝陵卫。十一月初五，湘军用地道火药，炸塌了10多丈城墙。

此时，天京已是岌岌可危。李秀成建议洪秀全放弃南京，转移到江西。但供秀全舍不得丢下南京城，使太平军只能坐以待毙。

三月初,曾国荃更加强了对南京城的进攻,他命令湘军在各城修筑起坚固的石垒,并开挖地道,在地道中埋炸药炸城墙。这样,到同治三年(1864年)六月十六日,湘军终于攻占了天京。

这年的五月二十五日,一说是五月三十日,一说是六月一日或二日,天王洪秀全病逝,当然也有人说是服毒而死,葬于天王府的花园内。曾国藩至金陵后,令熊登武把他的尸体从坟里挖出来给烧了。对此,他在七月二十八日的日记中这样记载:尸体被挖出来以后,"扛来一验,胡须微白可数,头秃无发,左臂股左膀尚有肉,遍身用黄缎绣龙包裹。验毕,大雨约半时许。"另外还有这样的记载:"旋有一伪宫女,呼之质讯。据称道州人,十七岁掳入贼中,今三十矣,充当伪女侍之婢,黄姓。洪秀全于四月廿日死,实时宪书之廿七日也。黄氏女亲埋洪秀全于殿内,故知之最详。"

洪天贵是继位的幼天王,在天京被攻陷的当天夜晚,李秀成带着他从城南冲出重围。李秀成护主心切,让幼天王骑上了自己的壮马,自己却不幸与大队伍分散,成了俘虏。洪天贵在黄文英部的保卫之下,辗转奔逃于安徽、浙江、江西,最后还是在江西石城被抓获,于1864年11月18日被处死。至此,曾国藩的湘军可谓完成了自己最初的使命。

湘军攻打天京图

而曾国藩兄弟也因完成了镇压太平天国的"事业"而受到清廷的隆重表彰。同治三年六月二十九日，朝廷赏曾国藩太子少保衔，封一等侯爵；赏曾国荃太子少保衔，封一等伯爵。

五、带兵之道，轻恩威而重仁礼

【原文】

带兵之道，用恩莫如用仁，用威莫如用礼。仁者，所谓欲立立人，欲达达人是也。待弁兵如待子弟之心，当望其发达，望其成立，则人知恩矣。礼者，所谓无众寡、无大小、无敢慢，泰而不骄也；正其衣冠，尊其瞻视，俨然人望而畏之，威而不猛也。持之以敬，临之以庄，无形无声之际，常有凛然难犯之象，则人知威矣。守斯二者，虽蛮陌之邦行矣，何兵之不可治哉。

……

吾辈带兵，如父兄之带子弟一般，无银钱，无保举，尚是小事，切不可使之因扰民而坏品行，因嫖赌洋烟而坏身体。个个学好，人人成材，则兵勇感恩，兵勇之父母亦感恩矣。

爱民为治兵第一要义，须日日三令五申，视为性命根本之事，毋视为要结粉饰之文。

——《曾国藩全集》

【译文】

带兵的原则是，用施恩的方法不如用仁的方法，用立威的方法不如用礼的方法。所谓仁，就是自己想立得住，就让别人也立得住；自己想通达，就让别人也通达。对待部下，就像是对待自己的子弟一样，一心希望他们能够发达，能够建功立业，这样，他们就知道感恩戴德了。所谓礼，就是无论人多人少，无论是大还是小，不敢有所怠慢，安泰而不骄横；衣冠整齐，举止严肃，令人望而生畏，威严但不凶暴。做事恭谨有礼，对待部下庄重，在不知不觉之中，常常保持凛然难犯的样子，这样，部属就感觉到你的威严了。如果能够做到这两条，即使是蛮夷之国都可以畅行，还会有什么军队不能治好呢！

……

我们带兵，就像父亲带儿子、兄长带弟弟一样，没有钱财，没有得到保举，都是小事，千万不能纵容他们因扰乱百姓而坏了品性，因为嫖娼、赌博、吸食鸦片而损坏了身体。如果他们个个好学向上，人人都成了材，那么不仅他们自己感恩戴德，他们的父母也会感恩不尽。

爱护百姓是治兵的第一关键，必须天天三令五申，看做是军队的生命和根本，而不可将它看做是一种表面好看的文饰。

【解读】

蔡锷对曾国藩的这些论述有这样的评论：

带兵就像父兄带子弟这一句话最为仁慈贴切。有了这种思想，则古今的带兵格言，虽千言万语，都可付之一炬。父兄对待子弟，担心他们愚昧无知，于是谆谆地教诲他们；担心他们饥寒苦痛，则精心爱护他们；担心他们放荡，没有好的品行，就严厉地惩罚责备他们；担心他们没有好的前途，就刻意培养他们。无论是宽还是严，是爱还是憎，是喜欢还是讨厌，是奖赏还是惩罚，全都出于至诚，没有丝毫虚伪，因此做起来至公无私。如果能做到这些，那么，部下爱戴长官，也肯定与子弟爱戴他们的父兄一样。

古今名将用兵，没有不以安民、爱民为根本的。因为用兵本来就是为了安民。如果骚扰、侵害百姓，就违背了用兵的本意。士兵是来自老百姓的，军饷也是老百姓出的，追本探源，又怎能忍心扰害百姓呢？在地方上驻军，仰仗于百姓的难道还少吗？休养军队，采办粮草，征发民工，侦察敌情，替军队做向导，哪一项不需要依靠百姓？如果得罪了百姓，招致他们的反抗，便是自作自受。至于对外国用兵，也不可以把无端的祸乱强加在无辜的百姓身上，以致上背天意，下招民怨，仁义之师是决不会这样做的。

曾国藩作为一介书生，最终走上带兵打仗之路，所以很自然地会选择传统的以仁爱带兵这一方法，而且事实也证明他运用这一方法是极为成功的。另外，曾国藩在带兵时，还极为重视爱民，他既声称"用兵之道，以保民为第一义"，又自号其家曰八本堂，而八本之一是"行军以不扰民为本"。他在《劝诫州县》的文告中说："惟农夫则无一人不苦，无一处不苦。农夫受苦太久，则必荒田不耕；军无粮，则必扰民；民无粮，则必从贼；贼无粮，则必变流贼，而大乱无了日矣！"咸丰八年（1858年），曾国藩还在前线作了长达80句的《爱民歌》，给湘勇规定了许多不许扰民害民的事：

> 第一扎营不要懒，莫走人家取门板。
> 莫拆民房搬砖石，莫踹禾苗坏田产。
> 莫打民间鸭和鸡，莫借民间锅和碗。
> 莫派民夫来挖壕，莫到民家去打馆。
> 筑墙莫拦街前路，砍柴莫砍坟上树。
> 挑水莫挑有鱼塘，凡事都要让一步。
> 第二行路要端详，夜夜总要支账房。
> 莫进城市占铺店，莫向乡间借村庄。
> 人有小事莫喧哗，人不躲路莫挤他。
> 无钱莫扯道边菜，无钱莫吃便宜茶。
> 更有一句紧要书，切莫掳人当长夫。
> 一人被掳挑担去，一家啼哭不安居。
> 娘哭子来眼也肿，妻哭夫来泪也枯。
> 从中地保又讹钱，分派各团并各部。

有夫派夫无派钱，牵了骡马又牵猪。
鸡飞狗走都吓倒，塘里吓死几条鱼。
第三号令要严明，兵勇不许乱出营。
走出营来就学坏，总是百姓来受害。
或走大家讹钱文，或走小家调妇人。
邀些地痞做伙计，买些烧酒同喝醉。
逢着百姓就要打，遇着店家就发气。
可怜百姓打出血，吃了大亏不敢说。
生怕老将不自在，还要出钱去赔罪。
要得百姓稍安静，先要兵勇听号令。
陆军不许乱出营，水军不许岸上行。
在家皆是做良民，出来当兵也是人。
官兵贼匪本不同，官兵是人贼是禽。
官兵不抢贼匪抢，官兵不淫贼匪淫。
若是官兵也淫抢，便同贼匪一条心。
官兵与贼不分明，到处传出丑声名。
百姓听得就心酸，上司听得皱眉尖。
上司不肯发粮饷，百姓不肯卖米盐。
爱民之军处处喜，扰民之军处处嫌。
我的军士跟我早，多年在外名声好。
如今百姓更穷困，愿我军士听教训。
军士与民如一家，千记不可欺负他。
日日熟唱爱民歌，天和地和又人和。

然而，值得深思的是，曾国藩一方面标榜仁爱，一方面又被人称为"曾剃头"，意即杀人像剃头一样不当回事。在这方面，应该说充分暴露了他本性中残忍的一面。

咸丰二年（1852年）年底曾国藩刚出办团练，就对友人说："不治以严刑峻法，则鼠子纷起，将来无复措手之处，是以一意残忍。"所以只几个月，在湖南便盛传他为"曾剃头"，令人侧目。过了八年，正当湘军围攻安庆之时，他给正在前线指挥的曾国荃写信："目下收投诚之人，似不妥善，如挤疖子不可令出零脓，如蒸烂肉不可屡揭锅盖也。克城以多杀为妥，不可以假仁慈误大事。"后来，湘军在攻占安庆、苏州、金陵时，都疯狂地屠城，仅金陵一处，曾国藩便向同治帝报告说："三日之内，毙贼共十余万人，秦淮长河尸首如麻。"显然，这些被杀者不仅包括大量胁从，还包括大量无辜的平民。

当然，我们这么要求曾国藩似乎显得过于苛刻，因为一个人的爱憎是受他的立场和价值观决定的，他既然是一心为清廷效力，那么，一切不利于清廷的人和事，他当然会毫不犹豫地加以清除。另外，战争本身就是一件残酷的事，在残酷的战争中，很难避免错杀和过杀。

六、用兵能识主客奇正，则立于不败之地

【原文】

凡用兵主客奇正，夫人而能言之，未必果能知之也。守城者为主，攻者为客；守垒者为主，攻垒者为客。中途相遇，先至战地者为主，后至者为客；两军相持，先呐喊放枪者为客，后呐喊放枪者为主；两人持矛相格斗，先动手戳第一下者为客，后动手即格开而即戳者为主。中间排队迎敌为正兵，左右两旁抄出为奇兵；屯宿重兵、坚扎老营与贼相持者为正兵，分出游兵，飘忽无常，伺隙狙击者为奇兵；意有专向、吾所恃以御寇者为正兵，多张疑阵，示人以不可测者为奇兵；雄旗鲜明，使敌不敢犯者为正兵，羸马疲卒，偃旗息鼓，本强而故示以弱者为奇兵；建旗鸣鼓，屹然不动者为正兵，佯败佯退，设伏而诱敌者为奇兵。忽主忽客，忽正忽奇，变动无定时，转移无定势。能一一区而别之，则于用

兵之道思过半矣。

……

凡出队有宜速者，有宜迟者。宜速者我去寻敌，先发制人者也；宜迟者，敌来寻我，以主待客者也。主气常静，客气常动，客气先盛而后衰，主气先微而后壮。故善用兵者，每喜为主，不喜作客。休祁诸军，但知先发制人一层，不知以主待客一层，加之探报不实，地势不察，敌情不明，徒能先发而不能制人。应研究此两层，或我寻敌，先发制人；或敌寻我，以主待客。总须审定乃行，切不可于两层一无所见，贸然出队。

……

战阵之事，须半动半静：动如水，静如山。

军事不可无悍鸷之气，而骄气即与之相连；不可无安详之气，而惰气即与之相连。有二气之利，而无其害，有道君子，尚难养得恰好，况我勇乎？

凡用兵之道，本强而故示敌以弱者，多胜；本弱而故示敌以强者，多败。敌加于我，审量而后应之者，多胜；漫无审量，轻以兵加于敌者，多败。

——《曾国藩全集》

【译文】

关于用兵的主、客、奇、正，人们虽然能够谈论它，却不一定真正明白其中的道理。守城的军队是主，攻城的军队是客；守营垒的军队是主，进攻营垒的军队是客。两军中途相遇，先到作战阵地的军队是主，后到的军队是客；两军对垒时，先呐喊放枪的军队为客，后呐喊放枪的军队为主；两人持矛格斗，先动手刺对方的人是客，后动手格开对方的矛再刺对方的人是主。中间列阵迎敌的军队叫正兵，从左右两侧进攻的军队叫奇兵；屯宿重兵、坚扎军营与敌人相持的军队为正兵，分出机动部队，飘忽不定，伺机狙击敌人的叫奇兵；目标清楚，自己依靠它来抵御敌人的叫做正兵，多布疑兵，让敌人无法弄清底细的叫做奇兵；旌旗鲜明，使敌人不敢侵犯的叫做正兵，羸马疲卒，偃旗息鼓，十分强大却故意显露弱势的叫做奇兵；树起大旗，擂响战鼓，屹然立于阵前不动的叫做正兵，佯装败退，设下伏兵，引诱敌人中计的叫做奇兵。忽为主军，忽又为客军，忽为正兵，忽又为奇兵，变动起来没有固定的时间，也没有固定的规律。如果对这些变化都能一一加以区别，那么，对于用兵之道就掌握了多半了。

……

出兵作战，有应当快的，也有应当慢的。应当快的，就是我军去寻求敌人作战，先发制人；应当慢的，是指敌人来寻我作战，我军以主待客。主气常静而客气常动，客气总是先盛而后衰，主气总是先弱而后壮。所以，善于用兵的人，总是喜欢做主，而不喜欢做客。休、祁各军，只知道先发制人，而不知道以主待客，再加上所得到的情报不确实，对地形、地势不清楚，对敌情也不够了解，因此只能先发而不能制人。应当仔细研究这两层内容，或者我方寻敌作战，先发制人；或者敌方寻我作战，我军以主待客。总要考虑成熟以后再行动，切不可对这两层内容毫无把握就贸然出兵。

……

打仗时，必须做到半动半静：动时如流动的水，静时如肃穆的山。

打仗时不能没有彪悍锐利的气概，但由此容易产生骄气；不能没有安详的气度，但怠惰也会随之产生。只有上述两种气的好处而没有其害处，即使是有操守的君子，也很难做得恰到好处，更何况是普通的士兵呢？

大凡用兵之道，实力很强却让敌人感到弱小，常常获胜；实力很弱却让敌人觉得很强，常常失败。当敌方进攻时，我方审时度势再应敌的，常常获胜；不加思虑而轻率地进攻敌人的，常常失败。

【解读】

以上是曾国藩专门讲用兵之法的。用兵打仗占了曾国藩一生事业的很大一部分，因此曾国藩对此颇有心得。曾国藩在此专门讲了行军打仗的几个重要方面：主客、奇正、迟速。主客就是敌我双方在战争中以谁为主，奇正就是打仗时该出奇兵还是堂堂正正地对阵，迟速就是战争的速战速决和持久战。

关于主客，曾国藩认为：守城者为主，攻者为客。这主客之间并无上下之分，但必须是该主时主，该客时客。此话说起来容易，要做到却极为不易。在此，我们以项羽的垓下之战为例，来看看主客之间那种丰富多彩的变化。

汉高祖四年（公元前203年）八月，楚汉双方达成了鸿沟协议，决定中分天下，双方罢兵。项羽按照和约的规定，释放了刘邦的父亲和刘邦的妻子吕雉，并撤军东走。

楚军撤走后，刘邦也准备下令撤军西退。这时，张良、陈平向刘邦建议说："现在汉已占领了天下的大半，诸侯皆归附。楚军已疲惫不堪，粮食断绝，这正是天亡楚军之机，不抓紧机会消灭楚军，就是养虎遗患。"刘邦采纳了这一建议，停止撤军西退，而乘项羽东走的机会，撕毁双方共同商定的约言，转而率军紧紧追击项羽军，遂爆发了垓下（今安徽灵璧东）战役。

汉高祖五年十月下旬，固陵之战后，楚汉双方仍对峙于淮阳地区。此时，韩信已率军南下，以一部兵力引诱楚军出击，双方战于九里山一带。西楚军陷于韩信军的伏击中。韩信军之骑兵部队乘机向彭城进攻，一举将彭城击破，汉军接着一一攻克了今江苏北部、安徽北部、河南东部等广大地区，兵锋直趋项羽军之侧背。

项羽因接连失败，只得率军政官吏，携大量贵重物资，向东南方向撤退。十一月，项羽率领近十万军队向垓下地区败走。到达垓下地区后，项羽与大将季布、钟离眜等人都认为垓下地形险要，可以防守，于是决定构筑营垒，进行防御，以便整顿部队，恢复军力，准备与汉军在垓下进行决战。此时，项羽军的大致态势是：季布军在垓下以西以南地区，钟离殊在垓下以东以北地区，项羽自率主力于垓下周围地区。

韩信军取得九里山大捷、进占彭城后，得知项羽率军向彭城东南方向撤走，于是挥军继续向东南方追击项羽军。这时，楚之大司马周殷叛楚，率兵进占了楚之六地，接着统率九江兵与将军刘贾向北攻占城父。至此，汉军、齐军、九江军及彭越的梁军等四路大军会师于垓下，构成了对项羽军的包围态势。

汉方各路大军在完成对项羽军的直接包围后，便加紧准备与项羽军的最后决战，以求彻底歼灭项羽军。汉军在韩信统率之下，分路向垓下楚军进攻；楚军在项羽率领下，奋勇力战，多次击退汉军的进攻。但由于项羽兵力已十分有限，无力出击汉军，更难以迫使汉军撤退，终于在汉军多面夹攻之下，退入营垒坚守。韩信军遂以各路大军，把项羽军重重包围。双方虽经不断作战，但汉军尚难以彻底打败楚军。为尽快将楚军击败，张良建议刘邦采取以瓦解楚军斗志为主的"攻心战"。以楚方归顺人员和汉军中善唱歌者，每夜皆唱楚歌，以使楚军将士因思乡而军心涣散。

项羽兵困垓下，兵少食乏，处境更加险恶。前线坚守营垒的部队，每日黄昏战斗停顿时，就听到四周唱出的楚歌声。士卒听到这种楚国乡土歌声，看到自己目前的处境，极大地影响了战斗意志。早已被汉军收

张良用攻心战破楚兵图

买的项王叔父项伯,力劝项羽夜间巡视军营,以便让项羽听到四周的楚歌声,瓦解其斗志。果然,项羽听到这些歌声后,十分吃惊,他说:"难道汉军已经把楚国的地方都拿下来了吗?为何他们中间会有这么多的楚人呢?"项羽对这种局面甚为忧虑,半夜里在营帐中饮酒解愁。

项羽有一位妃子虞姬,很受宠爱,时常跟随在他身边。项羽还有一匹白色的好马,名叫骓,是他最得力的战马。项羽边饮酒边悲凉地歌唱道:"力拔山兮气盖世,时不利兮骓不逝,骓不逝兮奈若何,虞兮虞兮奈若何!"项羽接连唱了几遍,虞姬也应和着一同唱。根据《史记正义》引《楚汉春秋》记载,虞姬当时也唱道:"汉兵已略地,四方楚歌声。大王意气尽,贱妾何聊生?"唱罢,即自刎而死。项羽的泪水一行行地涌流,左右的人也都泪流不止,以致互相不能抬头相看,气氛甚为悲壮。

虞姬已死,项羽悲痛地上马出营,率领部下800精锐骑兵乘夜突围而去。次日天明,汉军才得知项羽已经突围,韩信急令灌婴率领5000骑兵追击。由于项羽突围之先头骑兵急驰而行,后续骑兵未能全部跟上,待项羽渡过淮水之后,仅跟上来百余骑士。项羽行至阴陵,迷失了方向,便向一个老农问路,老农欺骗项羽说,向左走。项羽于是向左急奔。但走不多远,即陷入了大泽之中,行进艰难,很快被灌婴的骑兵追上。项羽又引兵向东突进,至东城(今安徽定远东南50里)地区后,仅剩下28名骑士。项羽此时自料不能逃脱,便对跟随他的骑士说:"我从起兵到现在已经八年,亲身经历过70多次战斗,真是战无不胜,攻无不克,从未打过败仗,因此,做了天下的霸王。不料今天却被围困在这里,这是天要亡我,并不是因为我在战争中的错误啊!"项羽接着又强调:今天要决一死战,必须做到三战三胜:突出重围、斩将、砍倒敌人的旗帜。

项羽说毕,将自己的28名骑兵分为四队,对着四个方向,汉军骑兵虽然包围了数层,但项羽毫无惧色。项羽说:"吾为公取彼一将。"于

项羽像

是他命令骑兵坚决向敌冲杀,到达山下后,在山东分三处集合。项羽吩咐完毕,即呼喊冲杀而下,将汉军打得人仰马翻,四处溃散,并斩杀汉军骑将一人。项羽军到达山东三处集合后,汉军再分三队将项羽军团团围住,项羽率兵又驰逐冲杀,斩杀汉将一人,杀死汉军百余人。项羽将自己的兵马又集中起来,结果发现自己仅亡两骑。项羽对众人说:"各位看我打得如何?"众骑兵说:"诚如大王所说的一样。"项羽得胜,乘汉军混乱之际,冲出一条血路,向南疾走,准备渡过长江。项羽到达乌江,乌江亭长撑船靠岸,等待项王上船,亭长对项王说:"江东地方虽然不大,但方圆也有千里,有民众数十万,足够建立霸业。请大王急速渡江,这一带只有我有船,汉军到后将无船渡江。"

项羽笑着对乌江亭长说:"上天要灭亡我。我不能渡江了。当初我带领江东8000子弟渡江西征,现在没有一人生还,纵然是江东父兄谅解我,继续拥我为王,我有什么面目见这些父老?即令是他们不谴责我,我也羞愧难当。我知道你是忠良之人,我骑的这匹马只有五岁,所向无敌,一日可以行千里,我不忍心杀之,现在赠送给你。"项羽把自己的乌骓马送给乌江亭长后,命令所有骑士均下马步行,以短兵器与汉军骑兵搏斗。项羽一人即杀死汉军将士数百人,自己受伤十多处。

项羽在冲杀间看见汉军中的吕马童,便指着吕马童高声说:"你岂不是我的老部下吗!"吕马童看见项王后,即指给汉将王翳说:"此项王也。"项羽对王翳说:"我知道汉军要出千金得我的头,还要封万户侯,为了使你得到功赏,请把我的头拿去吧。"项羽说罢,便自刎而死。

从以上记述可以看出,楚汉鸿沟订约后,楚军依约退去,便为客;汉军毁约进攻,便为主。楚汉两军在垓下对阵,均为正兵;汉军采用攻心战,此为奇兵,等等。因此,此战中蕴涵了不少值得我们总结的战争法则。

关于战争中的奇正变化,正可谓"不竭如江河",因为每一场战争都可以有不同的打法。然而,在战争中运用奇兵,往往最能引人注目。如唐朝初年,国力尚弱,百废待兴,北方游牧民族突厥,经常发兵攻扰唐朝。公元626年,唐太宗李世民刚刚登基继位,突厥颉利可汗想给唐太宗一个下马威,亲率40万大军攻入唐境,大军进至唐朝国都长安城北的渭水桥边。唐太宗大惊,忙派人召见大将军李靖,询问退敌良策。此时,唐朝各地勤王兵马尚未到达,长安城内能充军打仗的人不过数万,形势非常危险。颉利可汗派精兵一天向唐军讨战数十次,气焰十分嚣张。唐太宗对颉利可汗的狂妄十分愤怒,想亲自出城应战。李靖却向唐太宗建议把国家府库里的所有珍奇宝物拿出来送给突厥,请求议和,待突厥兵返回途中,唐军设伏拦截。唐太宗听从了李靖的计策,将库里的宝物全都送给了颉利可汗,双方议和。颉利可汗趾高气扬地满载宝货撤军,中途突然遭到唐军的袭击,归路被切断,突厥兵无心恋战,大溃而逃,唐军俘获战马数万匹,珍奇宝物又回到了唐太宗手中。

宋朝大将韩世忠一人俘敌万人之事则可谓把"奇"用到了极致。韩世忠智勇双全。当时金兵向宋兵进攻,张师正溃败,宣抚副使李弥大将他斩首,大校李复见状,鼓动士兵叛乱。淄州(今山东淄川)、青州(今山东青州市)归附李复的人共有几万,山东又出现了动荡不安的局面。李弥大写信命韩世忠率部前去追击李复。至临淄河,韩世忠部不足千人,分成四队,命部队在归路上撒满铁蒺藜堵塞退路,下令

韩世忠像

说:"前进就能取胜,后退只有死路一条,有敢逃者一律处死。"于是士兵都与敌人拼死作战,大败李复军,并将李复斩首。韩世忠乘胜追击,至宿迁县(今江苏宿迁县),叛贼还有上万人。正当叛军喝酒作乐时,韩世忠单骑至叛军营前,大喊:"我们大军已到,赶快缴械投降,我能保全你们的性命。"叛军吓得连求活命,且跑着向韩世忠献上牛肉好酒。韩世忠下马,把酒肉都吃喝完,众叛军都投降归顺。到天亮时,看到大军尚未到来,叛军才知中了韩世忠之计,但为时已晚。

至于战争中是采取速战速决还是持久战,则需要根据具体的条件来决定。曾国藩认为,两军对垒,有如弈棋,既要自救,又要破敌,所以他的方针是着着稳慎,务求谨慎。

咸丰七年(1857年),曾国荃刚刚建立吉字营攻打吉安时,曾国藩就一再劝告他:"到吉安后,专为自守之计,不为攻城之计","无好小利,无求速效"。同治元年(1862年)三四月间,业已攻占了安庆的湘军,沿江而下,连克数城。刚刚获得浙江按察使衔的曾国荃率部渡过长江,于五月初进抵周村,距金陵只有40里。曾国藩接到这一连串捷报,又喜又惧,连连写信给曾贞干说:"沅弟进兵,究嫌太速。余深以为虑。"根据曾国藩当时的设想,围攻金陵,须多路进击,方可收南北夹击之效,但北岸多隆阿部不愿与曾国荃合作,长江中的水师统领彭玉麟又与曾国荃嫌隙很深。曾国荃孤军深入,自置于危地,故曾国藩对此极感忧虑。他告诉曾国荃说:"弟此次进兵太快,不特余不放心,外间亦人人代为危虑。"后来曾国荃打退了李秀成赴援天京的大军,在雨花台立定了脚跟,并且已经合围金陵,取得一些重大突破。然而,就是在这种情况下,曾国藩还多次告诫曾国荃道:"望弟无贪功之速成,但求事之稳适",要专在"'稳慎'二字上用心","务望老弟不求奇功,但求稳着。至嘱,至嘱"。曾国藩在临胜前的这些叮咛,固是针对急功贪利的曾国荃的一剂良药,同时也说明,"稳慎"在曾国藩的战略思想中是一以贯之的。

受"稳慎"思想的主导,曾国藩是非常反对速战速决的。曾国藩在给尹杏农的信中说:"国藩久处兵间,虽薄立功绩,而自问所办,皆极拙极钝之事,与'神速'二字几乎相背,即于古人论兵成法,亦于千百中而无什一之合私心。"他认为:"兵,犹火也,易于见过,难于见功,与其因求神速而立即见过,不如但求稳慎而渐缓见功。"

正因为稳慎,曾国藩极力反对不知敌我、不知深浅的轻浮举措。他说:"未经战阵之勇,每好言战。带兵者亦然。若稍有阅历,但觉我军处处瑕隙,无一可恃,不轻言战矣。"不轻言战,即不打无准备之仗。他称赞李续宾,说他"用兵得一'暇'字诀,不特其平日从容整理,即其临阵,亦翔审慎,定静安虑"。曾国荃统兵在吉安前线时,他叮咛说:"凡与贼相持日久,最戒浪战。兵勇以浪战而玩,玩则疲;贼匪以浪战而猾,猾则巧。以我之疲,敌贼之巧,终不免有受害之一日。故余昔在军中诫诸将曰:'宁可数月不开一仗,不可开仗而毫无安排算计。'"曾国荃在金陵前线时,他又嘱咐说:"总以'不出壕浪战'五字为主。"曾国藩所说的"浪战",指的就是在不知己知彼的情况下轻率出战。曾国藩于稳慎中求进取的战略,可说是他的战略思想的核心。曾国藩之所以能立下平定太平天国的首功,与他的这一战略思想有十分密切的关系。

七、兵事宜惨戚而不宜欢欣

【原文】

兵者,阴事也。哀戚之意,如临亲丧;肃敬之心,如承大祭,庶为近之。今以羊牛犬豕而就屠烹,见其悲啼于割剥之顷,宛转于刀俎之间,仁者将有所不忍,况以人命为浪博轻掷之物,无论其败丧也?即使幸胜,而死伤相望、断头洞胸、折臂失足、血肉狼藉日陈吾前,哀矜之不遑,喜于何有?故军中不宜有欢欣之象。有欢欣之象者,无论或为和悦、或为骄盈,终归于败而已矣。田单之在即墨,将军有死之心,士卒无生之气,此所以破燕也。及其攻狄也,黄金横带而骋乎淄渑之间,有生之乐,无死之心,鲁仲连策其必不胜。兵事之宜惨戚不宜欢欣亦明矣。嘉庆季年,名将杨遇春屡立战功,尝语人曰:"吾每临阵,行间觉有热风吹拂面上者,是日必败;行间若有冷风,身体似不禁寒者,是日必胜。"斯亦肃杀之义也。

——《曾国藩全集》

【译文】

用兵,是阴杀之事。悲伤哀痛,如同亲生父母去世;严肃恭敬,又如同面临大祭,这才符合用兵之道。现在如果把牛、羊、狗、猪赶到屠宰烹煮的地方,看到它们行将被杀时的悲啼,在刀俎之间的挣扎,有仁爱之心的人尚且于心不忍,何况是把人的生命当做轻易抛掷的东西,而不去管他失败丧身呢?即使侥幸获胜,但士卒死伤累累、断头洞胸、四肢不全、血肉狼藉的惨景每天出现在我的眼前,悲哀同情还来不及,又有什么可高兴的呢?所以,军队中不应该有欢乐欣喜。有欢乐欣喜,则无论是因为和乐喜悦,还是因为骄傲自满,最终都会导致失败。田单在防守即墨城的时候,将士都有拼死一战的勇气,所以能够大败燕军。到后来攻打狄国时,身佩黄金横带而驰骋于淄渑之间,将士有求生的欲望,却没有死战的决心,所以,鲁仲连预测田单一定失败。用兵应该有凄惨悲戚的心情,不应欢乐欣喜的道理是很明显的了。嘉庆末年,名将杨遇春屡立战功,他曾经对人说:"我每到作战时,军阵中感到有热风拂面,这一天肯定打败仗;如果军阵中感觉到有冷风,身体好像承受不了寒冷,这一天必定打胜仗。"这也是用兵为肃杀的意思。

【解读】

曾国藩在上文中强调了战争属于阴杀之事,因此,军队中不应有欢欣之象,而应有哀戚之意,并以田单守即墨城之事为例,来说明自己的这一观点。关于田单守即墨的故事,《史记》中有这样的记载。

田单是齐国田氏王族的远房亲属。当初,田单担任临淄市的掾吏,没有受到重用。后来,燕国派乐毅打败齐军,齐王出逃,继而退守莒城。燕国的军队长驱直入,平定齐国各地,田单也逃往安平,并叫他的族人们把车轴两端的末端统统锯断而裹上铁皮。不久,燕军围攻安平,城被攻陷了,齐国人逃难,争先恐后,车子互相碰撞,许多人都由于车轴断裂,车子毁坏,而被燕军俘虏,只有田单的族人,因为车轴有铁皮裹着的缘故,得以逃脱,往东退守即墨。燕军已经全部降服了齐国的城池,只有莒城和即墨两个城没有攻下。燕军听说齐王在莒城,于是集合兵力攻打莒城。楚将淖齿在莒城杀了齐王以后,就矢志坚守,抗拒燕军,过了好几年,城都没有被攻下。燕军只好转移兵力,往东去围攻即墨。即墨大夫出城迎战,战败身死。城中人共同拥推田单为主将,说:"安平之战中,田单的族人因为铁皮裹车轴得以保全,足见他懂得兵法。"就立他做将军,用即墨城的力量抵抗燕军。

不久,燕昭王去世,惠王继位,惠王与乐毅有嫌隙。田单听说后,就在燕国展开离间工作,扬言说:"齐王已经死了,齐国没有被攻下来的城池,只剩下两个。乐毅是怕国君要杀他,所以不敢回国。他是借攻打齐国为名,实际上是想延长战争,在齐国称王。齐国的民心尚未归顺,才暂且缓攻即墨,以便等待时机。齐国人所害怕的,只是燕军调派

其他将领来，那样，即墨城就会被攻破。"燕王听了，认为这说得对，就派骑劫接替乐毅的职位。

乐毅只好投奔赵国，燕国军民对此都愤愤不平。田单于是命令城中的居民，每餐吃饭时，一定要在庭院中祭祀祖先，飞鸟都在城池上空盘旋着，然后下去啄食。燕国人对此感到很奇怪。田单又乘机扬言说："神从天上下来指教我。"并告诉城中人说："会有一个神人来当我的老师。"有个士兵说："我可以做老师吗？"说完转身而去。田单就站起来，招他回来，请他坐朝东的上座，拜他为师。那士兵说："我是骗你的，我实际上没什么本领。"田单说："你不要说了！"于是拜他为师。每次发布号令，一定说是出自神师之意。又扬言说："我只是怕燕军把所俘虏的齐兵的鼻子割掉，把他们排列在队伍的前头，来和我们作战，这样即墨就要失败了。"燕国人听到这些话，就照着所说的做了。城中人看到那些投降的齐国人都被割了鼻子，都很愤怒，更加坚定地防守，唯恐被燕军俘获。田单再一次施展反间计，说："我怕燕国人挖掘我们城外的那些坟墓，凌辱祖宗，这样是最令我们心寒的。"于是，燕国人把所有的坟墓全部挖开，焚烧死人。即墨人从城头上望见那情景，都痛哭流涕，一致要求出城决战，愤怒之心比以前高出十倍。

田单知道士兵可用了，于是亲自带着版筑、铁锹，和士兵们一起修筑防御工事，又把自己的妻妾编在队伍中，拿出所有的食物犒劳将士。命令披甲的士兵都埋伏下来，派那些老弱残兵和妇女、儿童在城头上防守。接着，又派遣使者与燕军接洽投降，燕军听说后都高呼万岁。田单又收集民间的黄金，得到1000镒，派即墨城中的富豪前去送给燕国的将军，说："即墨就要投降了，希望不要掳掠我们的家族和妻妾，让他们得到安全。"燕将十分高兴，答应了他们。燕军从此越发松懈了。

田单又从城中收集了1000多头牛，给它们披上画满龙纹的红绸子衣服，牛角上端绑上兵器，又把浸透油脂的芦苇系在牛尾上，点燃牛尾上的芦苇。在城墙上面凿了几十个洞，夜里放牛出去，5000精壮的士兵尾随在牛的后面。牛的尾巴一被烧灼,牛就狂怒地直奔燕军,燕军在夜里大为惊恐。牛尾巴上的火把明亮耀眼,燕军看见那庞然大物背有龙纹,只要被碰上的,非死即伤。那5000名壮士,口衔着枚,不声不响地攻击燕军,即墨城里的人擂鼓呐喊,紧随着他们。老弱妇孺都敲响铜器,喊杀声惊天动地。燕军大为惊骇,溃败逃奔。齐军终于杀死了燕国的将军骑劫。燕军在混乱中四处逃窜,齐国人紧追逃亡败北的

民国时期马骀绘制的田单用火牛破敌图

燕兵,所经过的城邑都纷纷叛离燕国而归附田单,田单手下的士兵一天天增多。齐军乘胜追击,燕军一天天溃败逃亡,终于到了黄河边上,而齐国所沦亡的七十多座城池又被齐国收复了。于是,他们到莒城迎接襄王返回来主持国政。

襄王封赏田单,封号为安平君。

曾国藩在上文中反复讲述的,就是哀兵必胜的道理,田单以弱小的军队,打败强大的燕军,也是应用了这一道理。既然哀兵必胜,那么欢兵就会打败仗,所以,在平时的行军打仗中,就不应该有欢乐的气氛。曾国藩的这一思想,既是对历史经验的总结,同时也是自己在率兵打仗中常常运用的战略。

第五章
求才当如鹰隼之击物

一、以类相求,以气相引

【原文】

求人之道,须如白圭之治生,如鹰隼之击物,不得不休。又如蚨之有母,雉之有媒,以类相求,以气相引,庶几得一而可及其余。

……

求人自辅,时时不可忘此意。人才至难,往时在余幕府者,余亦平等相看,不甚钦敬,洎今思之,何可多得!弟当常以求才为急,其冗者,虽至亲密友,不宜久留,恐贤者不愿共事一方也。

——《曾国藩全集》

【译文】

求人才的方法,要像白圭从事他的生意那样,像鹰隼袭击猎物那样,不得到绝不罢休。又要像青蚨之有母,野鸡之有媒,以类相求,以气相引,这样,就可以从得到一个人才而得到其他的许多人才。

……

求别人辅佐自己,时时刻刻不能忘记这一道理。获得人才是最困难的,过去有些人做我的幕僚,我也只是平等对待,对他们不是很钦敬,从今天来看,这些人是多么的不可多得!弟弟应该常常把求才作为重要的任务,至于那些无能的人,即使是至亲密友,也不应久留,这主要是担心有才的人不愿与他们共事。

【解读】

曾国藩在上文中强调了人才的重要性和求才的方法。说到求才，我们很自然地会想到伯乐和千里马的故事。"千里马常有，而伯乐不常有"，这句千古名言来自战国时期的一则故事。当时沉埋于民间的贤能之士汗明对春申君说："君听说过千里马的故事吗？千里马到了可以乘用的年龄，拉着载盐的车子上太行山，伸蹄屈膝，垂着尾巴，皮肤一块一块地溃烂，嘴和鼻子喷着白沫，大汗淋漓。到了半山坡，它再也走不动，驾着车辕，不能向山顶爬。这时，正好碰上伯乐。伯乐一见，就从车上下来，拉着马络头哭了。伯乐脱下自己穿的麻布上衣，盖在它的身上。它被感动了，就低下头喷着鼻子，抬起头发出长鸣。它的声音响彻高高的天空，就像从金钟石磬里发出的乐音。为什么这匹马会这样呢？因为它认出伯乐是最了解自己的人。"

而在中国几千年的历史中，不仅千里马常有，那些慧眼识人、看重贤才的伯乐也世代皆有。在此，我们先说说周代的伯乐们。

商末，周族的势力大增，引起了商王朝的注意。后来西伯季历被商王文丁杀死，他的儿子姬昌即位。姬昌为了替父亲报仇雪恨，开始积蓄力量，图谋灭商。商纣王昏庸无道，整日沉溺于淫逸玩乐，不听群臣劝谏，甚至杀死自己的兄长比干，囚禁箕子，逼走微子。有一次纣王又大开杀戒，正在殷都的姬昌闻听后悲叹，也被纣王罗织罪名禁闭在羑里城（今河南汤阴县北部）。直到周人闳夭、散宜生进献美女宝器，姬昌才被放了出来，还被纣王授予了征伐诸侯的特权。

姬昌回到周地后，尊老爱幼，礼贤下士，赢得了不少诸侯的拥护，前来归降投奔的贤人志士络绎不绝。姬昌还经常出游访查人才。一次，他在渭水南岸遇见了姜尚，即太公望，又名吕尚。姜尚向姬昌陈述了治国安邦的见解，正中姬昌下怀。自此以后，姜尚辅助姬昌治理周族，训练军队，准备灭商。因为姬昌本是贤能之士，治国又尽力委任姜尚等贤能之士,所以周族迅速强大起来,在诸侯中的威信与日俱增。姬昌虽然早死,但他所开创的事业却为儿子周武王消灭商纣王打下了坚实的基础。

周武王曾经为求才之事与姜太公专门展开过讨论。他问姜太公说:"选择贤者,却有因此危亡的,这是为什么?"姜太公说:"选择了贤人却不用贤人,这是只有选贤的虚名,而没有真正得到贤人的实际好处。"

周武王又说:"这种情况的错误在什么地方?"姜太公说:"这种情况的错误,在于君主只喜欢做微小的好事,没有得到真正的贤才。"

周武王说:"喜欢做微小好事的人,怎么样呢?"姜太公说:"君主爱好听赞美的话,而不厌谗言,把不好的人当做贤人,把坏人当做好人,把奸臣当做忠臣,把不守信义的人当做诚实的人。这样的君主把会阿谀奉承作为功劳,把敢于批评当做罪过;有功劳的人不被奖赏,有罪的人也不受处罚;结伙的人被提拔,人数少的就被排斥。因此群臣互相结伙而蒙蔽贤能,百官互相勾结而干尽坏事;忠臣因为指责君主,无罪而被处死;奸臣因为会奉承君主,无功劳而受奖赏。因此他的国家各种危亡的迹象就会表现出来。"

周武王说:"好!我今天听到了批评和阿谀的情况了。"

周公是周文王姬昌之子,周武王之弟,名旦。他

描绘周武王与姜太公对话的《丹书受戒》图

最早被封在周地（今陕西岐山县东北），因此，人们称他为周公。他不但为人忠诚，而且很有才能。周武王即位后，始终重用周公。周公跟随着周武王，历经多年征战，灭亡殷商，建立周朝。

周公受文王的影响，很早就懂得求贤才与建大业之间的关系。他地位虽极为显赫，但对待贤能之士却非常恭敬。有时他正在洗头，听说有贤人求见，就马上握着湿发去会见，甚至洗一次头要中断多次。遇到吃饭时，有贤才求见，他也要赶快吐出嘴里的食物去接见，从不怠慢，有时吃一顿饭要因此中断多次。周公礼贤下士的名声传遍天下，贤能之士都愿意投奔他。

周公很尊重军师姜太公和另一位贤能之臣召公，遇事总是虚心求教。即使自己的见解正确，别人的意见错误时，他也从不盛气凌人，恃功自傲。

周武王临死前，委托周公辅佐他13岁的儿子诵继承王位，诵就是历史上的周成王。

周公担负起治国重任，兢兢业业，呕心沥血，与姜太公、召公等贤臣一起制定各种法令、制度，使周王朝的政权日趋稳定。

周公既然辅佐成王，留在京城，便派他的儿子伯禽代替他受封于鲁国。伯禽临行前，周公叮咛他说："我是文王之子，武王之弟，成王的叔父，地位算是显贵了。但我还一沐三发，一饭三吐哺，接待贤士从不敢怠慢。即使这样，我还恐怕失去天下的贤人。你到鲁国后，一定要记住这条治国的基本道理！"周公把纳贤作为首要大事，这是他能够为周王朝建立功业的主要原因。

真正的千里马都是有一定的脾气的，他们大多清高，不愿为庸主所用，更不屑与轻视他们的人为伍，这就需要伯乐们有诚心与耐心。而历史上的成汤求伊尹、魏文侯求段干木、齐桓公五往求士、刘备三顾茅庐，可谓深明个中之理。

有趣的是，历史上的伯乐们要想得到千里马，不是光靠诚心就能成功的，有时还需略施小计。如商王武丁就是采用托梦的方法来求才的。

伊尹之后，商朝又出现了一位贤相，名叫傅说。他是商王朝第23个王武丁时期的版筑奴隶。

武丁继承王位后，立志要做一个像商汤那样有作为的君主。他时常对臣下讲："商汤能够灭夏兴商，是因为有伊尹的佐助；今日要复兴商朝，也必须找一位像伊尹那样的好助手才行。"

武丁继位后三年不理朝政，将国家大事委托给冢宰大臣处理，以便更好地观察国内的局势，并留心寻访王佐之才。他暗中观察群臣，发现他们都非理想的治国贤才，便到百工中访求，发现奴隶傅说颇有才能，便想任他为相，治理国家。但是，无缘由地启用一个奴隶辅佐治国，那些朝中显宦肯定不同意。于是，他想出了一个妙计。

一天晚上，武丁入睡以后，故意大笑不止，手下人以为他在梦中笑醒，连忙向他道贺，问他做了什么好梦。武丁微笑着说："振兴商朝大有希望。刚才我梦见先王商汤给我推荐了一个大贤人，名叫傅说。希望诸位赶快把他找来。"

武丁寻找傅说图

商朝人特别信神，文武百官又听说傅说是商汤介绍的大贤人，谁敢不相信。可是，大家都不知道傅说是谁，更别提去哪里寻找这位大贤人。他们便集聚在武丁面前，问他们当中有没有他梦见的那位大贤人。武丁故意把眼前的人看了一遍，摇摇头说："诸位没有一个像的。"文武百官只好跪在武丁面前,向他讨教:"请问君王,您梦见的那位大贤人相貌如何?"

武丁便把傅说的长相、特征,十分形象地讲了出来,手下人听了,便到各地百姓中去寻访。

几天过去了,寻访傅说的人纷纷回报武丁:"遍访各地百姓,没有一个像傅说的。"武丁便让他们继续寻找。

不久,寻访傅说的人告诉商王武丁说,在傅岩(今山西平陆附近)有个奴隶叫傅说。武丁忙派自己的侍从去察看,果然,傅说的长相和武丁所描述的一模一样。侍从忙给傅说解开绳索,扶他上车,直奔王宫。

武丁早已等候在宫门前,一见傅说来了,急忙迎上前去,大声喊道:"不错!不错!此人正是先王在梦中推荐的那位大贤人。"于是叫傅说赶快脱掉奴隶的衣服,换上一身崭新的贵族服装,并当即宣布解除他的奴隶身份,拜他为相,辅佐治国。

傅说果然极富治国才干,仅仅三年时间,就帮助武丁将国家治理得很好,使商朝再次兴盛起来。

而战国时期燕国的燕昭王则采用欲将取之、必先与之的求才策略来吸引人才。

燕国因为被邻国齐国打败,国势不断衰落。刚即位的燕昭王发誓复仇雪耻,重振国威。他的第一步策略便是招揽人才。为此,他找大臣郭隗商议。郭隗说:"自古以来,帝王皆有良师,王者皆有良友,霸者皆有良臣。大王若想招揽人才,可以实行下述办法:首先是竭力礼待他人,恭敬受教,这样就能聚集比自己强几百倍的人才;其次是向人表示敬意,倾听他的意见,这样就会聚集比自己强几十倍的人才。如果仅以平等的方式待人,那么只会有与自己能力不相上下的人才到来。如果手握权杖,横眉立目地指使人,那么只会有一些小吏。如果不分青红皂白,任意斥责人,那么身边只会有仆役了。"

昭王听后又问郭隗该向谁请教,郭隗便给他讲了这样一个故事。

从前有一位国君，不惜以千金来求取千里马，他派出使者四处打探，三年后才打听到千里马的下落。然而等使者赶到时，千里马已经死了。于是使者以五百金买下千里马的骨头，带回去复命。国君见后大怒："我要的是活马，你怎么买了一匹死马的骨头回来。"使者不慌不忙地回答："一匹死马都值五百金，活马的价值岂不更高吗？如果天下人都知道这件事，还怕好马不送上门来？"果然，消息传出后，国王很快就得到了好几匹千里马。

郭隗讲完这个故事，接着对昭王说："大王如果真心要招揽人才，那么就从我开始吧。如果连我这样的人都会受到重用，那么天下比我优秀的贤士们一定会不远千里来投靠您。"昭王于是采纳郭隗的建议，厚待郭隗，任命他为最高顾问，尊为国师。各地的贤士听说此事后，纷纷前来投靠。昭王广纳贤士，充实国力，不久后进攻齐国，终于成功雪耻。

而曾国藩在求才时，则是什么手段都用，他根据不同对象，或结以交情，或待之以诚，或激之以情，正如他自己所说的："如白圭之治生，如鹰隼之击物，不得不休。"因此，他每到一地，即广为寻访，延揽当地人才，如他在江西、皖南、直隶等地，都曾这样做。他的幕僚如王必达、程鸿诏、陈艾等人都是通过这种方法求得的。与捻军作战期间，曾国藩在其所出的告示中还特别列有寻访英贤一条，以布告远近："淮徐一路自古多英杰之士，山左中州亦为伟人所萃"，"本部堂久历行间，求贤若渴，如有救时之策，出众之技，均准来营自行呈明，察酌录用"，"如有荐举贤才者，除赏银外，酌予褒奖。借一方之人才，平一方之寇乱，生民或有苏息之日"。薛福成就是在看到告示后，进入曾氏幕府，并成为曾国藩开展洋务的得力助手的。

曾国藩求才若渴，每与人通信、交谈，辄恳求对方推荐人才。故曾国藩幕中经人推荐入幕的人甚多，如方宗诚、陈艾是吴廷栋推荐的，吴汝纶是方宗诚推荐的，凌焕是刘星房推荐的，赵烈文是周腾虎推荐的，等等。这些人才，对曾国藩成功镇压太平天国运动、开创洋务事业，都做出了积极的贡献。

二、人才以有操守多条理为要

【原文】

取人之式，以有操守而无官气、多条理而少大言为要。办事之法，以五到为要。五到者，身到、心到、眼到、手到、口到也。身到者，如做吏则亲验命盗案，亲巡乡里；治军则亲巡营垒，亲探贼地是也。心到者，凡事苦心剖析大条理、小条理、始条理、终条理，理其绪而分之，又比其类而合之也。眼到者，着意看人，认真看公牍也。手到者，于人之长短、事之关键，勤笔记，以备遗忘也。口到者，使人之事既有公文，又苦口叮嘱也。

——《曾国藩全集》

【译文】

选取人才的方式，以有节操而没有官气、条理清晰而又不说大话为关键。办事的方法，关键是要做到"五到"。"五到"即身到、心到、眼到、手到、口到。所谓身到，就是作为官吏，对命案、盗案必须亲自勘验，并亲自到乡村巡视；作为将官，就必须亲自巡视营地，亲自察看敌情。心到，就是凡事都要仔细分析它的大条理、小条理、起初时的条理、结束时的条理，分析它的头绪，又综合它的类别。眼到，就是要专心地观察人、认真地读公文。手到，就是对人的才能长短、事情的关键所在，勤做笔记，以防止遗忘。口到，就是在命令别人做事时既有公文，又要苦口叮嘱。

【解读】

曾国藩在此论述了选拔人才的标准和为官任事的具体要求。对于曾国藩的论述，民国时的著名爱国将领蔡锷有这样的评价：

> 文正公谓居高位以知人晓事为职，且以能知人晓事与否，判别其为君子为小人。虽属有感而发，特论至为正当，并非愤激之说。用人之当否，视乎知人之明昧；办事之才不才，视乎晓事之透不透。不知人则不能用人，不晓事则何能办事？君子小人之别，以能否利人济物为断。苟所用之人，不能称职，所办之事，措置乖方，以致贻误大局，纵曰其心无他，究难为之宽恕者也。
>
> 昔贤于用人之端，内举不避亲，外举不避仇，其宅心之正大，足以矜式百世。曾公之荐左中堂，而劾李次青，不以恩怨而废举劾，名臣胸襟，自足千古。

曾国藩提出"取人之式"，以有操守、多条理为主，那么古贤对此问题又是怎么看的呢？

春秋时期，齐宣王问孟子："怎样去识别那些缺乏才能的人而舍弃他呢？"

孟子答道："国君选拔贤人，如果迫不得已要用新进，就要把卑贱者提拔到尊贵者之上，把疏远的人提拔在亲近的人之上，对这种事能不慎重吗？因此，左右亲近之人都说某人好，不可轻信；众位大夫都说某人好，也不可轻信；全国的人都说某人好，然后去了解，发现他真有才干，再任用他。左右亲近的人都说某人不好，不要听信；众位大夫都说某人不好，也不要听信；全国的人都说某人不好，然后去了解，发现他真不好，再罢免他。左右亲近的人都说某人可杀，不要听信；众位大夫都说某人可杀，也不要听信；全国的人都说某人可杀，然后去了解，发现他该杀，再杀他。这样，才可以做百姓的父母。"

孟子又说："虞国不用百里奚，因而灭亡；秦穆公用了百里奚，因而称霸。不用贤人就会招致灭亡，即使要求勉强存在，都是办不到的。"

韩非子对这一问题有他独到的论述。他说：如果炼铜造剑时只看所掺的锡和火色，就是欧冶子也不能断定剑的好坏；可是用这把剑在水中砍死鸿雁，在陆上斩断马首，那么，就是奴隶也不会怀疑它是钝还是锋利了。如果只看马的牙齿和外形，就是伯乐也不能判断马的好坏；可是让马套上车，看看它快跑到终点时的模样，就是奴隶也不会怀疑马的优劣了。如果只看一个人的相貌、服装，只听他说话论事，就是孔丘也不能肯定这个人能力怎么样；可是给他一个官职，看看他的工作成绩，就是普通人也不会怀疑他是聪明还是愚蠢了。所以一个明智的君主所任用的官吏，宰相一定是从地方官中选拔上来的，猛将一定是从下层军官中挑选出来的。凡有功劳的人必定给予奖赏，那么俸禄越优厚他们就越能勉励自己；不断地升官晋级，那么官级越高他们就越能尽力办事。用高官厚禄去勉励官吏把事情办好，这是建立强盛统一事业的有力措施。

正经——曾国藩为官心法

孟子与韩非子从不同的角度论述了如何选拔人才，颇具启发意义。

而在识人方面，春秋时期齐国的宰相管仲无疑有他的独到之处。一次，齐桓公征询管仲对朝廷人事安排的意见，管仲说："对升降、揖让、进退礼节的熟习，这方面我不如隰朋，请任命他做大行（司礼官）；开垦土地，聚集粮粟，使地力完全发挥，这方面我不如宁戚，请让他担任司田（管理土地的官吏）；在平原战场上能让战车驰骋而不乱，战士勇往直前而不退却，擂鼓进军后，三军将士视死如归，这方面我不如王子城父，请授予他大司马（最高的军事将领）之职；审理刑事案件，能不杀无辜，不诬陷无罪之人，这方面我不如宾胥无，请授予他大理（最高司法官员）之职；敢于冒犯君颜，忠言直谏，不怕砍头，不在富贵权势面前低头，这方面我不如东郭牙，请让他担任大谏（谏官）之职。君王若仅要治国强兵，有此五人，就足够了。若想在诸侯中称王称霸，那还需要我管夷吾才行。"

有意思的是，为了取得事业上的成功，处于上位的人需要识才；而对于人才来说，有时也不能被动等待，而要主动自荐。"毛遂自荐"的故事就很是有趣。战国时期，因为平原君不识才，毛遂只好自荐才能。

在无情的事实面前，平原君亦只好承认自己不识才。对此，《史记》中有这样的记述。

平原君赵胜，是赵国的一位公子。在众多的公子中，以赵胜最为贤能，他喜好宾客，门下的宾客大概有数千人。平原君在赵惠文王和孝成王时任相，曾三次离开相位，又三次恢复相位，被封在东武城。

平原君家的楼房紧靠一户老百姓，这一家有一个跛足的人，一摇一摆地去提水。平原君的一位美人住在楼上，看见了，就大笑起来。第二天，这位跛足的人到了平原君家的门口，恳请说："我听说你爱好士人，所以士人不远千里而来，那是因为你推崇士人而轻贱你的妾。我不幸得了这种腰曲背驼的毛病，而你的后宫的女子看到后就笑我，我希望得到那个笑我的人的头。"平原君笑着答应说："好。"跛足的人走后，平原君笑道："看这小子，想要因为一笑的缘故而杀我的美人，不也太过分了吗！"最终没有杀那位美人。过了一年多，他的宾客和门下的食客慢慢走了有一半多。平原君很奇怪，说："我接待大家未曾失礼，为什么走的人这么多呢？"他的一位门客上前对他说："因为你没有杀那位笑跛足之人的美人，所以大家认为你重色轻士，这些士人们就走了。"于是，平原君就砍下了那位笑跛足人的美人的脑袋，亲自到跛足者的家里进献，并向他致歉。这之后，他门下的宾客才慢慢地又回来了一些。当时齐国有孟尝君，魏国有信陵君，楚国有春申君，他们都互相竞争着来招纳士人。

秦国围困邯郸，赵国派平原君去向楚国求救，准备与楚国联合。平原君打算与门下食客中勇敢而有力气并且文武兼备的20个人一起前往。平原君说："假如用文的办法能取胜，那最好不过。假如文的办法不能取胜，那就只好在华丽的屋宇下歃血为盟，一定要确定了合纵之策后再回来。这些人就不从外面去找了，从我门下的食客中选择就足够了。"选出了19个人后，剩下的人都不符合要求，这样就无法凑足20个人。门下食客中有个叫毛遂的人，自己上前向平原君推荐说："我听说你将去与楚国合纵结盟,准备与20位门下食客一起去,不向外找人。现在还缺一人,希望你让我作为备用人员一起前往。"平原君说:"先生你在我的门下已经几年了?"毛遂说:"已有三年了。"平原君说:"贤能的士人生活在世上,好比一把锥子放在囊中,它的锥尖立即显现。现在先生在我的门下已经三年了,左右的人也没有谁称道你,我也未曾听说你,这说明先生没有什么特长。先生不能去,先生还是留下吧。"毛遂说:"我今天才请求把自己放入囊中,假如让我早日处于囊中,我早就会脱颖而出,不光是锥尖显现而已。"平原君终于同意让毛遂一起去。其他的19人都相视而笑,但都没有阻止。

等毛遂到了楚国,他与19个人一起谈论,这些人对他都很佩服。平原君向楚国建议合纵结盟,陈述其中的利害关系,从早上开始谈,谈到中午还没有定下来,这19个人就对毛遂说:"先生你上去谈。"毛遂手按着剑踏阶而上,对平原君说:"合纵结盟的利害关系,两句话就可以说清,现在从早晨谈到中午,还没有决定下来,这是为什么?"楚王对平原君说:"这个客人是干什么的?"平原君说:"他是我的门客。"楚王就呵斥道:"为什么不下去!我是与你的主人谈话,你算干什么的!"毛遂手按着剑上前说:"大王之所以敢呵斥我,是因为楚国人多。现在十步之内,大王无法依靠楚国的人多,大王的性命悬在我的手中。我的主人就在你面前,你为什么呵斥呢?而且我听说商汤凭着70里的土地而称王天下,周文王凭着百里的土地而让诸侯们称臣,难道是因为他们手下的士卒众多吗?实在是因为他们能根据形势而发挥自己的威力。现在楚国的土地方圆五千里,军队百万,这是称霸称王的资本。凭着楚国的强大,天下没有人可以抵挡。白起,是一个毛头小子,他带着几万军队,与楚国作战,第一次战役攻下了鄢和郑,第二次战役烧毁了夷陵,第三次战役使大王你的祖先遭受了侮辱。这是百世的怨仇,而且连赵国都为此感到羞耻,而大王却不知它的坏处。合纵结盟是为了楚国,不是为了赵国。我的主人就在你面前,你呵斥什么?"楚王说:

"好，确实像你说的那样，谨让我的国家采纳合纵之策。"毛遂说："合纵之策定了吗？"楚王说："就这么定了。"毛遂对楚王左右的人说："取鸡、狗、马的血来。"毛遂手捧铜盘跪行到楚王面前说："大王应当歃血来确定合纵之策，其次是我的主人，再次是我。"这样就在殿上把合纵之策定了下来。毛遂左手拿着盛血的盘子，而用右手招呼那19个人说："你们一起在堂下歃血吧，你们这些人没有作为，这就是所谓的靠别人来成事。"

平原君确定合纵盟约后返回，回到赵国后，说："我不敢再相士人了，我相过的士人多则千人，少则几百人，自认为不会错过天下的贤士，现在在毛先生那里却失了手。毛先生一到楚国，使赵国的地位比九鼎大吕还重。毛先生用他三寸长的舌头，胜过了百万军队。我不敢再相士人了。"于是待毛遂为上客。

根据上面的事例，再结合曾国藩关于人才的言论，我们认为他对如何识才的把握还是比较准确的。他认为要真正做到量才器使，首在如何去认识人。他指出："窃疑古人论将，神明变幻，不可方物，几于百长并集，一短难容，恐亦史册追崇之辞，初非当日预定之品。"把有一定能力或有一定成就的人誉为"百长并集，一短难容"，甚至神化，无疑是认识人才上的一种片面性。因此，"要以衡才不拘格，论事不求苛细，无因寸朽而弃达抱，无施数罟以失巨鳞"。重要的是善于去认识、发现人才。他写信给弟弟说："好人实难多得，弟为留心采访。凡有一长一技者，兄断不肯轻视。"

为了识才，必须对人才时加考察。曾国藩说："所谓考察之法，何也？古者询事、考言，二者并重。"曾国藩本人很注意考察人才，对于僚属的贤能与否，事理的原委，无不博访周咨，默识于心。据《清史稿》记载，曾国藩"第对客，注视移时不语，见者悚然，退而记其优劣，无或爽者"。而且，他阅世愈深，观察愈微，从相貌、言语、举止到为事、待人等方面，都在他的视线之内。

曾国藩一生能够左右逢源，或绝处逢生，与他知人识人，能在身边网罗有真才实学的朋友、下属有很大的关系。

但是，有意思的是，虽然人人都说曾国藩有知人之明，但人非圣贤，他也会有因为求才心切而被骗的时候。天京攻陷后，有一个冒充校官的人，拜访曾国藩，高谈阔论，头头是道。曾国藩见此人言辞锋利，心中好奇，便与之谈论。中间论及用人须杜绝欺骗时，此人正色大言说："受欺不受欺，全在于自己是何种人。我纵横当世，略有所见，像中堂大人至诚盛德，别人不忍欺骗；像左公严气正性，别人不敢欺。而别人不欺而尚怀疑别人欺骗他，或已经被骗而不知的人，也大有人在。"曾国藩察人一向重条理，见此人讲了四种"欺法"，颇有道理，不禁大喜，对他说："你可到军营中，观我所用之人。"此人应诺而出。第二天，此人拜见营中文武各官后，煞有介事地对曾国藩说："军中多豪杰俊雄之士，但我从中发现有两位君子式的人才。"曾国藩急忙问是何人，此人举徐宗瀛及郭远堂以对。曾国藩又大喜称善，待为上宾，但一时找不到合适的位置，便暂时让他督造船炮。

多日后，兵卒向曾国藩报告，此人已挟千金逃走，请发兵追捕。曾国藩默然良久，说："停下，不要追。"兵卒退下后，曾国藩双手捋须，说："人不忍欺，人不忍欺。"身边的人听到这句话，想笑又不敢笑。过了几天，曾国藩又说起此事，幕僚们问为什么不发兵追捕。曾国藩回答说："现今发、捻交炽，此人只以骗钱计，若逼之过急，恐入敌营，为害实大。区区之金，与本人受欺之名皆不足道。"此亦可见曾国藩的高明之处。

三、诚中形外，可据气色以识人

【原文】

人以气为主，于内为精神，于外为气色。有终身之气色，少淡、长明、壮艳、老素是也。有一年之气色，春青、夏红、秋黄、冬白是也。有一月之气色，朔后森发，望后隐跃是也。有一日之气色，早青、昼满、晚停、暮静是也。

……

《扬雄传》云："君子得时则大行，不得时则龙蛇。"龙蛇者，一曲一直，一伸一屈。如危行，伸也；言孙，即屈也。此诗畏高行之见伤，必言孙以自屈，龙蛇之道也。

诚中形外，根心生色。古来有道之士，其淡雅和润，无不达于面貌。余气象未稍进，岂嗜欲有未淡邪？机心有未消邪？当猛省于寸衷，而取验于颜面。

……

书味深者，面自粹润；保养完者，神自充足。此不可以伪为，必火候既到，乃有此验。

——《曾国藩全集》

【译文】

一个人以气为主，气在内体现在精神，对外表现为气色。有根据人一生的不同阶段表现的气色，这就是小时候平淡、长大了明朗、壮年时鲜艳、老了以后素白。有在一年中随不同时期表现的气色，这就是春天时青色、夏天时红色、秋天时黄色、冬天时白色。有在一月之中随不同时间表现的气色，这就是初一之后发展，十五之后隐隐约约。有在一天中随不同时辰表现的气色，这就是早晨青色、白天饱满、晚上安稳、夜间平静。

……

《扬雄传》中说："君子遇到政治清明之时，就力行其道；遇到政治不清明时，就如龙蛇蛰伏。"龙蛇，就是讲一直一曲，一伸一屈。比如说具有高洁的操守，就属于伸；言语谦逊，就是屈。此诗讲害怕行为高洁，必被伤害，所以必须言语谦逊以抑屈自己，这就是龙蛇之道。

内心诚实必表现在人的外貌上，因根源于心而脸上有光彩。古来有道的人，他的淡雅谦和无不在脸上表现出来。我的气色没有什么变化，是不是欲望不够清淡，机心没有消除？应该在心中猛省，而在脸面上看其效果。

……

受书本影响深的人，他的脸色自然会纯粹润泽；保养得好的人，他的精神自然充足。这一点无法作伪，一定要火候到了，才有这种效验。

【解读】

曾国藩对观人望气之术有他独到的心得，而且，在具体生活中，他也是这么运用的。据传，他在镇压太平天国运动时，因戎马倥偬，身边缺乏照应之人。他的手下几次给他找来年轻貌美的女子服侍他，都被他拒绝了，可是，当彭玉麟给他带来一个叫陈春燕的女子时，他却欣然笑纳。这并非因为陈春燕长得美，而是因为曾国藩看中了她眉宇间的平和之气。

一个人的外形、身份、地位可以在某种情况下发生变化，然而，对于高明的相士来说，这种改变都是表面的，其本质则是无法改变的。我们常常说某人不怒自威，天生一股慑人的气势，就属于这种性质。在中国历史上，曾有一则十分有趣的故事，说的是曹操在准备接见西域使者时，担心自己相貌不够威猛，让使者见了有失国威，故让一长得颇为威武的臣子扮作自己，他本人却站在假曹操旁边。使者谒见完毕退出来后，曹操手下的大臣问他对曹操的印象如何，那个使者说，曹操很好，但他旁边那个人更有英雄之气。

观气术有时又称观人术。

观气术也是古代相书的一个重要内容，在中国古代典籍中，关于观气术的记述可谓不胜枚举。有一本名叫《辍耕录》的书中记载了这么一件事。

元朝初年，有一个名叫李国用的人，从北方来到杭州。据说，他望气的水平还很高，大至一个城市、一片森林，小至一个人，他都能见到上面发出各种颜色的气，这种气有的黄灿灿的，有的红红的，有的七彩交加，非常好看。据说，这种气一般的凡人是看不到的，只有经过特殊训练的人——观气士，才能看到，并能据此分辨出吉凶祸福来。

李国用来到杭州之后，正值北方的元朝和南方的南宋王朝打得不可开交。当时，忽必烈雄心勃勃，打算荡平杭州，统一中国。迫于这种局势，南宋的王子王孙都像热锅上的蚂蚁，惶恐得不行。李国用一到杭州，便望见此城笼罩着一片黑气，心下知道这个城市不久将有血光之灾，早晚要城破换主。当时那些巨商大贾、达官贵人都因为不知道自己的命运是祸是福，便不约而同地请李国用为他们望望气。有一天，南宋谢皇后的孙子谢退乐预备了早餐，请李国用一同进食。李国用来到之后，便一屁股坐在中间最尊贵的位置上，那些平时趾高气扬的显贵们，只好在下位就座。席间，达官贵人们纷纷请求李国用预言吉凶，但李国用却只是看着他们，一言不发。此时，刚好有一位下级官吏从外面走来，大家都喊他赵孟頫。此人脸面上生满了疮，一副倒霉的样子。但是令人惊奇的是，李国用一见赵孟頫，便从座上站起来，起身迎了上去。他告诉座中客人说："我从北方过长江之后，相人千万，只有这人的福分最大。等他面上的疮好了之后，便会有帝王召见。请你们记住，他将来必定官至一品，名闻四海。"后来赵孟頫果真成了元朝忽必烈皇帝手下极其有名的大臣，官至翰林学士承旨，显赫一时。而且他的书法绘画都很有名，就是今天，也仍有许多学习书法的人在临摹他的作品。

另据《明外史·袁珙传》记载，明代有个名叫袁珙的人，是个神奇的人。相传他出生时就与众不同，好学深思，又能作诗，而且天生骨格不同凡响。

袁珙年轻的时候，喜欢游览名山大川。有一天，他游到洛珈山，遇到一个僧人，自称别古崖。别古崖懂得观气相人之术，他一看到袁珙，便知是可造之材，就将自己的观气术传给了他。

这种观气术最重要的在于先训练自己的眼睛。只有将双眼训练得对颜色有特别的敏锐性，才能将各种人、物中的禀气颜色分辨出来。那和尚先让袁珙仰头视日，久久地专注于日头。阳光照耀，直射双眼，不久，袁珙便觉得天旋地转，什么也看不清，但和尚仍然让他坚持。这样过了一些时候，和尚又将袁珙关在一个暗室之中，里面放一颗小红黑豆，让袁珙指出小豆的确切位置，并把它取出来。起初，袁珙什么也看不见，一片黑乎乎的，后来经过慢慢练习，居然在黑暗中能看到那小红黑豆在发着幽幽的光！这以后，和尚便又想出了一个更奇的法子，他先在窗外悬挂起一束五彩线，然后让袁珙借着夜色分辨出它们的颜色。经过以前一段时间的训练，这次袁珙并不感到困难，轻而易举地便分辨出来了。这以后，和尚才正式教给袁珙相人之法，他先在夜里点燃两个火炬，让袁珙分辨人体各部位发出的气色，再参考他们的出生年月，来预断吉凶祸福。十分奇怪的是，袁珙以前根本没有注意到，人在夜间经过火炬的照射，还能发出各种颜色。这以后，袁珙便掌握了这种神秘的观气术。

元朝至正年间，袁珙出游浙江西部。他与当时的宪史陈泰、项昕、沈博、郑文祖等人都是好朋友。据说，有一天袁珙望见陈泰神庭金匮部位有黑气缭绕，便断言陈泰在中午时分有罢官免职之祸。又望了望项昕，见他面部地角处有鱼鳞纹气状，便预言不出三日，他家中会有火灾。又说沈博面部中央有赤白相间的气贯穿，像梅花形状，点点闪光，这说明三个月之内，其父要辞别人世，要他预备后事。后来，郑文祖也请袁珙给他观气。袁珙望了望，立即便向郑文祖表示祝贺，说："你的印堂和山根部位有红气隐隐发光，说明你在夏秋之际，当有官到身，而且必定是在南方当官。"

令人惊奇的是，当天，陈泰便在中午午漏时分，丢了乌纱帽。项昕居住的房子第二天便发生了火灾。而沈博也在三个月后，接到父丧的消息。郑文祖则在夏秋之际当了福建帅府史。一切都应验了。

但此事仅见于外史，而《明史》正传无载，所以我们权且把它当做一则有趣的故事来读，不必过于认真。尤其是关于袁珙练习观气术的方法，更是不可仿效。

四、德与才不可偏重

【原文】

余谓德与才，不可偏重。譬之于水，德在润下，才即其载物溉田之用；譬之于木，德在曲直，才即其舟楫栋梁之用。德若水之源，才即其波澜；德若木之根，才即其枝叶。德而无才以辅之，则近于愚人；才而无德以主之，则近于小人。世人多不甘以愚人自居，故自命每愿为有才者；世人多不欲与小人为缘，故观人每好有德者。大较然也。二者既不可兼，与其无德而近于小人，毋宁无才而近于愚人。自修之方，观人之术，皆以此为冲可矣。

……

大抵人才约有两种，一种官气较多，一种乡气较多。官气较多者，好讲资格，好问样子，办事无惊世骇俗之象，言语无此妨碍彼之弊。其失也，奄奄无气，乃遇一事，但凭书办家人之口说出，凭文书写出，不能身到心到口到眼到，尤不能苦下身段，去事上体验一番。乡气多者，好逞才能，好出新样，行事则知己不知人，言语则顾前不顾后。其失也，一事未成，物议先腾。两者之失，厥咎惟均。

人非大贤，亦断难出此两失之外。吾欲以"劳苦忍辱"四字教人，故且戒官气而姑用乡气之人。必取遇事体察、身到心到口到眼到者。赵广汉好用新进少年，刘晏好用士人理财，窃愿师之。

——《曾国藩全集》

【译文】

我认为德与才，两者不可有偏颇。用水来比喻，它的品德是润下，它的才就是浮载物品、灌溉田地；用木头来比喻，它的品德是曲直，它的才是作为舟楫和栋梁之用。如果德是水的根源，那么才就是水的波澜；如果德是树木的根，枝叶就是树木的才。一个人有德而无才，就与愚笨之人相近；一个人有才而没有德，则与小人一样。世上的人大多不愿承认自己愚笨，所以常常自称愿意成为有才的人；世上的人大多不希望自己成为小人，所以常常以德取人。大致情况就是如此。既然两者不可兼得，那么与其没有品德而归于小人，还不如没有才能而近于愚人。自我修养的方法，识人的办法，都可从此入手。

……

人才大体上说有两种，一种官气较多，一种乡气较多。官气较多的人，喜欢讲资格，摆架子，这种人办事不求惊世骇俗，说话也不出格，不会有什么弊病。不足之处是太没有朝气，遇到一事，只让身边亲近的人传递自己的意思，或者写在文书中，不能做到身到、心到、口到、眼到，尤其是不能放下架子，亲自去实际体察一番。乡气多的人，好表现自己的才能，喜欢出新花样，做事时光考虑自己，不顾别人，说话时只知顾前而不顾后。其缺陷是一件事还没有办成，就引起大家的非议。因此官气较多与乡气较多这两种人的不足之处都差不多。

若不是非常有贤德的人，也很难避免这两种短处。我打算用"劳苦忍辱"四个字教人，所以暂时戒绝官气较多之人而用乡气较多的人。必用遇事愿意亲自体察、身到心到口到眼到的人。赵广汉喜欢用刚提拔起来的年轻人，刘晏喜欢用读书人来理财，我愿意向他们学习。

【解读】

关于人的德与才的关系，历代都有争论。人们当然希望一个人德才兼备，但当两者不可兼得时，又该怎么办呢？曹操采取的办法是以才为主，以德为次。他说："古时候的伊挚，传说出身低贱，管仲曾是齐桓公的政敌，但国君都重用他们使国家兴盛起来。萧何、曹参是县吏出身，韩信、陈平曾有不好的名声，被人嘲笑过，他们终于能成就大业，

曹操像

扬名千古。吴起为了当大将，杀掉妻子来取得国君的信任，还散尽家产求做官，母亲死了也不回来。然而，他在魏国做官时，秦人不敢向东侵犯；在楚国任相时，三晋不敢向南图谋。我想现在天下不会没有品德很高的人埋没在民间，还有被人看不起的小官小吏却有奇异才能的。对负有不好名声、行为被人嘲笑的，或者不仁不孝而有治国用兵本领的，这样的人，你们各自所知道的都要推荐给我，不能有所漏掉。"

曹操曾专门发布《求贤令》，其中这么写道：自古以来，开国和复兴的君主，哪有得不到有才德的人和他们共同治理国家的呢？至于他们得到的人才，却往往不出小的街巷之外，难道是侥幸遇到的吗？这不过是上边的人不去寻求的结果罢了。如今，天下还没有安定，这正是寻求人才的紧迫时刻。孟公绰做赵、魏的家臣是才力有余的，但他却没有能力去担任滕、薛那样小国的大夫。如果必须是所谓的"廉士"才能得到任用，那么，齐桓公怎么能称霸于世呢？现在，社会上有没有穿着粗布衣服而怀藏着宝玉、像姜子牙那样在渭水边钓鱼的人呢？又有没有像陈平那样蒙受"盗嫂受金"的恶名、还没有遇到魏无知那样的人呢？你们大家要帮助我发现、选择被埋没的人才，只要有才能，就推荐上来，使我能任用他们。

宋朝的刘挚则认为有德无才的人要比有才无德的人好，他说："人才难得，能力大小不一。本性忠诚老实，而才能、见识有余的为上等；

才能、见识不足，而忠诚老实有余的次之；有才能而不可靠，可以用来办成事的再次之；心怀邪念而观望，随时势变化而变化的是小人，绝不能任用。"

元朝的廉希宪，也是把德看得比才更重的。廉希宪在元世祖时官任中书平章政事。有一次，南宋降将、中书左丞刘整前来拜访，廉希宪对他十分冷淡，竟然没让他坐下。刘整离去后，有一位南宋的书生，衣衫褴褛，拿着自己写的诗求见。廉希宪听说后，马上将他请到里面，请他坐下交谈，两人天文地理、经史子集，海阔天空地聊了半天。廉希宪还十分关心这位书生，对他就像对待多年的老朋友一样。书生走后，廉希宪的弟弟问他："刘整身居高官，兄长却对他十分简薄；书生乃一介寒士，兄长却对他优礼相待。您为什么这么做呢？"廉希宪回答说："这就不是你所知道的了。身为朝廷大臣，他的一举一动都关系到国家的利益。刘整虽尊贵，却是背国叛主之人；我朝是从沙漠中崛起的，我如果对待儒者文人不尊敬，那儒术势必便会衰败下去，这便会影响到国家的统治了。"

明代的朱元璋则强调德与才的统一性。1376年2月，朱元璋在便殿对太子及诸臣论述君子之道。他说："你们听说过进德修业的道理吗？服饰华丽只是外表，而恭逊温良才是德行卓异的表现。古代的君子，德行高洁，充于内而著于外。所以他们器识高明而道德日臻完善，达到很高的境界，不仅不染恶行，而且远离邪僻。自己的德行修养达到一定程度，自然能服众人。这样，贤德之人便汇集求进，而不肖之人便羞愧自去。能修德进业，国家就会治理好，否则，必定以失败而告终。因此，货财声色，是戕德的斧斤；谗佞诡谀，是妨贤的荆棘，应该拒之如虎狼，畏之如蛇虺。如果沉溺于货财声色，没有不深受其害的。"

结合历史上关于德才关系的典型论述，再回头来看看曾国藩的观点，我们发现，他的论述还是比较公允的，尤其是他把人才分为官气较多和乡气较多两种，强调"与其无德而近于小人，毋宁无才而近于愚人"较为符合当时的实际需要。

五、人才皆由陶冶而成

【原文】

今日所当讲求,尤在用人一端。人才有转移之道,有培养之方,有考察之法。

人才以陶冶而成,不可眼孔太高,动谓无人可用。

……

天下无现成之人才,亦无生知之卓识,大抵皆由勉强磨炼而出耳。《淮南子》曰:"功可强成,名可强立。"董子曰:"强勉学问,则闻见博;强勉行道,则德日进。"《中庸》所谓"人一己百,人十己千",即强勉功夫也。今世人皆思见用于世,而乏才用之具。诚能考信于载籍,问途于已经,苦思以求其通,躬行以试其效,勉之又勉,则识可渐通,才亦渐立。才识足以济世,何患世莫己知哉?

——《曾国藩全集》

【译文】

今天应当讲究的尤其是如何用人。人才有潜移默化的方法,有培养之途,也有考察的方法。

人才是锻炼出来的,不要眼光太高,动辄就说没有可用的人才。

……

天下没有现成的人才,也没有生来就具有远见卓识的人,人才大多都是在艰难困苦中努力磨炼出来的。《淮南子》说:"功劳可通过努力来建立,名声可通过努力来获取。"董仲舒说:"努力地做学问,知识就会广博;努力按理行事,道德修养会天天进步。"《中庸》里所说的"别人花一分工夫,你要花上百分;别人花十分工夫,你要花上千分"

的话，就是要人多努力付出。现在的人都企盼为世所用，却缺乏真实的本领。如果真正能从古代典籍中加以考证，再向那些过来之人学习，苦苦思索以求贯通，并亲身去实践，以验证其效果，不断努力，那么知识就能慢慢贯通，才能也可逐渐培养起来。如果才识足以有益于社会，怎么还需要去担心世上的人不知道你呢？

【解读】

通常人们提到人才，更多的是考虑如何去发现人才、重用人才，曾国藩则明确提出人才由陶冶而成的主张，这实在是发人深省的。

曾国藩在人才的培养和陶冶方面，特别值得一提的是他对李鸿章的培养。

李鸿章，字渐甫、子黻，号少荃，安徽合肥人，道光二十七年（1847年）进士。其父李文安，与曾国藩同为戊戌年进士，两人私交甚好，李鸿章也以年家子的身份师从曾国藩。

李鸿章在曾国藩的指导下，研究科举考试所需要的"制艺"，很快就中了举人。之后，曾国藩把他介绍给何仲高，作为何家的家庭教师，这样就可以半教半读了。他一边教何家公子读书，一边自己准备参加全国会试。

1845年，他参加了一次会试，未能考中，但仍觉得收获很大。曾国藩后来说，他就是在这一年知道李鸿章才可大用的。

1847年，李鸿章中进士，三年后，成了翰林院编修，又

李鸿章像

充国史馆协修，都是清要词官，仍在曾国藩身边学习。曾国藩喜读经史著作，编选了一套《经史百家杂抄》，李鸿章就承担了校正的任务。

李鸿章的书法也得益于曾国藩的教诲。曾国藩告诉他："其落笔结体，以珠圆玉润四字为主。"又说："写字，不熟则不速，不速则不能敏以图功。"曾国藩还时时告诫他，写字与人的作风有关，与人的命运有关，都要有始有终，否则，难得善果。李鸿章认真汲取这些道理。李鸿章的字后来写得相当好，甚至超过了曾国藩。

李鸿章手札

咸丰二年（1852年），咸丰帝令各地办团练以对付太平军，李鸿章随工部侍郎吕贤基在安徽合肥一带办团练。咸丰三年十一月吕贤基死后，李鸿章成为新任安徽巡抚福济的幕僚，同时充当团练头目。但此时的李鸿章并不得志，因为福济胆小如鼠，不思有所作为，加上受到同僚的排挤，这样，咸丰八年（1858年）十月，李鸿章便离开安徽，前往江西投靠曾国藩。

这时的曾国藩已第二次出山，正在实施他的分路攻打金陵的计划。对于李鸿章的到来，曾国藩心里十分高兴，因为他很早就赏识李鸿章的才气，认为他将来必会建功立业。如他在咸丰三年给李鸿章的哥哥李瀚章的信中就说："令弟少荃，自乙丙之际，仆即知其才可大用。丁未馆选后，仆以少荃及筠仙、帅逸斋、陈作梅四人皆伟器，私目为丁未四君子。兹令弟果能戡乱御侮，有声当世，窃自谓鉴赏之不谬。惜三君子未尽柄用。昨寄岷樵书中，已令其亲敬鹤翁、少荃二人，想针芥契合，必能相与有成,保护珂里也。"

虽然曾国藩十分赏识李鸿章,但曾国藩并没有马上重用他。在曾国藩看来,李鸿章年轻气盛,若不加以磨炼,是难成大器的。按李鸿章自己的意愿,最好能让他独立带兵,但曾国藩却让他担任幕僚,一天到晚,只是管管文案,抄抄写写。李鸿章心中虽极不情愿,但还是努力去做好自己的本职工作。

但是,当有适当的机会时,曾国藩还是尽量重用李鸿章。如咸丰九年(1859年)正月,曾国藩即派李瀚章、李鸿章兄弟俩前往家乡招勇:"此次招勇五百,但试淮南勇之果能操习马队否耳。不特少荃不敢自信,即仆亦茫无把握也……贤昆仲不必遽以任事之难为虑。"同年五月,曾国藩又派李鸿章去观摩左宗棠的楚军,并要他仔细考察,积累经验。

同时,曾国藩在派遣曾国荃统领人马赴景德镇时,又以李鸿章为参赞,以增加他的历练。到十一月,又简擢李鸿章为延津郡道。

在此期间,李鸿章作为曾国藩的幕僚,也尽心尽力地为曾国藩出谋划策。有一次,曾国藩想要弹劾安徽巡抚翁同书,因为他在处理江北练首苗沛霖事件时措施不当,后来定远失守时又弃城逃跑,未尽封疆大吏守土之责。曾国藩指示一个幕僚拟稿,总是拟不好,亲自拟稿也还是拟不妥当,觉得无法说服皇帝。因为翁同书的父亲翁心存是皇帝的老师,弟弟是状元翁同龢,翁氏一家在皇帝面前"圣眷"正隆,而且翁门弟子布满朝野。怎样的措辞才能让皇帝下决心依法严办,又使朝中大臣无法为翁氏说情呢?最后由李鸿章拟稿。李鸿章所拟奏稿中有这么一句:"臣职分在,例应纠参,不敢因翁同书之门第鼎盛,瞻顾迁就。"曾国藩阅后极为赞赏,因为这么一写,不但皇帝无法徇情,朝中大臣也无法袒护了。最后,朝廷将翁同书革职,发配新疆。

在李鸿章的幕僚生涯中,特别值得一提的是,他出主意帮曾国藩解决了一个大大的难题。

咸丰十年（1860年），英法联军攻入北京，咸丰帝在逃往热河时，下谕曾国藩前往救援。而与此同时，因李元度的徽州之失，曾国藩的祁门大营也岌岌可危。按照曾国藩的本意，北上勤王，当属义不容辞，但从安徽到北京，需要长达一个月的行程，那时的形势如何，很难预料，不但于事无补，还将彻底打乱曾国藩攻打太平军的部署。此时的曾国藩真是左右为难，如他在八月初七的日记中写道："夜接胡宫保信，知天津于七月初五日战败，僧邸退至通州，夷人占据天津，读之惊心动魄，焦愤难名。与次青、少荃久谈。二更，清理文件至四点毕。睡不甚成寐，不图时事决裂至此。"他在九月初三的日记中又说："接恭亲王咨文，敬悉銮舆已出巡热河，夷氛逼近京城仅二十里，为之悲泣，不知所以为计。"

最后，李鸿章帮曾国藩想出了一个妙招，这个妙招就是给朝廷去信，问在他与胡林翼两个人中究竟由谁带兵北上合适。在信件往返期间，若形势缓和，则免了长途奔波之苦；若形势趋紧，再行北上不迟。对此，徐宗亮的《归庐谈往录》中有这样的记述：李鸿章对曾国藩说："夷氛已迫，入卫实属空言。三国连衡，不过金帛议和，断无他变……按兵请旨，且无稍动。"

曾国藩采纳了李鸿章的主意，便于九月初六向朝廷递了《奏请带兵北上以靖夷氛折》。

果然，朝廷九月二十日的上谕中称，因兵勇云集京师，危机已过，湘军可暂不北上。

对于李鸿章的才能，曾国藩一直十分欣赏，因此也曾屡屡为他向朝廷邀功。然而，正当曾国藩悉心培养李鸿章时，却发生了一件大事，使曾国藩与李鸿章之间的关系一度趋于紧张。

咸丰十年四月，因江南大营溃败，两江总督何桂清被拿问，朝廷就命曾国藩署理两江总督。当时曾国藩准备把总督衙门设在祁门，并把这一计划报告了朝廷。李鸿章得知后，则劝曾国藩不要驻留祁门，因为祁门在战略上属于险地:"祁门地形如在釜底,殆兵家之所谓绝地,不如及早移军,庶几进退裕如。"但曾国藩坚持驻扎在祁门。他甚至对身边的幕僚发脾气说:"谁若不愿意留在祁门,可自行散去。"

然而,到了这年的八月二十六日,祁门的屏障——徽州被太平军占领了,祁门危在旦夕。而造成徽州失守的恰恰是曾国藩的好友李元度。曾国藩在盛怒之下,让李鸿章具疏,劾奏李元度。

曾国藩此举,本来无可厚非,但因为李元度对曾国藩有恩,加上李元度与曾氏幕僚们的私人关系很好,这些幕僚们群起反对,指责曾国藩忘恩负义。李鸿章甚至声称"果必奏劾,门生不敢拟稿",曾国藩说那我就自己写。李鸿章表示:"若此则门生亦将告辞,不能留侍矣。"曾国藩生气地说:"听君之便。"对于此事,曾国藩十月二十五日在日记中写道:"日内因徽州之败,深恶次青,而又见同人多不明大义,不达事理,抑郁不平,遂不能作一事。"后来,曾国藩坚持己见,终于将李元度弹劾去职。李鸿章鉴于自己的意见被拒和祁门已处于险境,便愤然辞幕,离开祁门。

据说李鸿章途中曾走访胡林翼,说明辞幕原委。胡氏语重心长地劝道:"君必贵,然愿勿离涤生,君非涤生,曷以进身?"李鸿章剖露心迹说:"吾始以公为豪杰之士,不待人而兴者,今乃知非也。"李鸿章的离去,使曾国藩极为恼怒,并得出了此君难与共患难的结论。胡林翼写信劝说曾国藩:"李某终有以自见,不若引之前进,犹足以张吾军。"曾国藩经过冷静思考,认

胡林翼像

为胡林翼的看法很有道理，便写信给李鸿章，请他出任南昌城守事宜，以抗拒南路西征太平军。李鸿章也直接给曾国藩写信，劝说他从祁门及早移军。李鸿章还给胡林翼去信，请胡林翼劝曾国藩迁离祁门。胡林翼支持李鸿章的主张，特地写信给曾国藩，说李鸿章之议颇识时务。最后，曾国藩听从了大家的劝告，移节东流。

1861年6月25日，曾国藩写信给李鸿章，恳请他回营相助："阁下久不来营，颇不可解。以公事论，业与淮扬水师各营官有堂属之名，岂能无故弃去，起灭不测。以私情论，去年出幕时并无不来之约。今春祁门危险，疑君有曾子避越之情。夏间东流稍安，又疑有穆生去楚之意。鄙人遍身热毒，内外交病，诸事废阁，不奏事者五十日矣。如无醴酒之嫌，则请台旆速来相助为理。"

李鸿章分析形势，发现可凭借以立功名者只有曾国藩，因此捐弃前嫌，于7月13日赶至东流，重新投身曾氏幕府。

咸丰十一年（1861年），因清军江南大营的溃败，整个战场形势发生了巨大的变化。当时，江苏、浙江告急，上海更是处于危急之中。其时上海守军虽有四万多人，加上有外国人组成的洋枪队协助，但多属乌合之众，没有什么战斗力。

正是在这种情况下，上海绅民派出代表向曾国藩求援。对于此事，曾国藩在当时的日记中有较多记述。如十六日的日记中说："早饭后围棋一局。旋送仙屏归去……午刻，江苏上海庞宝生派户部主事钱鼎铭来请兵，携有书函，系庞宝生钟璐、殷谱经兆镛、潘季玉曾玮、顾子山文彬暨杨庆麟潘馥公函。书辞深婉切至，大略谓吴中有可乘之机，而不能持久者三：曰乡团，曰枪船，曰内应是也；有仅完之地，而不能持久者三：曰镇江，曰湖州，曰上海是也。问之，系冯桂芬敬亭手笔。钱君在座次哭泣，真不异包胥秦庭之请矣。薛中丞亦派厉委员来，皆与久谈。……是日闻浙江萧山、诸暨、绍兴皆已失守，为之愤惋，杭州殆亦可危。世之祸变愈大，我之虚誉愈隆，责任愈重，实深忧愧。"十九日的日记中说:"与少荃商救援江苏之法,因钱茗甫鼎铭来此请兵,情词深痛,不得不思有以应之也。"二十日的日记载:"吴竹庄来久谈,渠请募兵六千,赴江苏上海一带救援,盖因钱茗甫求兵甚切也。余以新兵恐难得力,未许。"二十二日的日记载:"至少荃处,与钱茗甫久谈,渠请兵甚切,余以非二月不能筹出一支兵速赴上海。"

面对危局,曾国藩当时唯一能想到的就是让曾国荃带兵前往。但当时曾国荃正值安庆大胜后不久,他满脑子想的都是取得攻克南京的首功,所以对上海的兴趣不大。这样,李鸿章就获得了一个千载难逢的大好机会。因上海系富庶之地,曾国藩为了保证源源不断的军饷,当然不愿意放弃此地。而这么重要的地方,只能派自己的心腹前去,既然自己的弟弟不愿意去,那就非李鸿章莫属了。因此,曾国藩决定向朝廷保举李鸿章。

同治元年(1862年)三月、四月和五月,李鸿章率领不久前在舒城、桐城一带收集的团勇旧部五营和程学启、郭松林的部分湘军六营,共5500人,分七批从安庆出发,偷越太平军的水上防线,进入上海。此外,还有周盛波的盛字营、周盛传的传字营共1000人由陆路开赴上海。

李鸿章抵达上海后,曾国藩与他的书信往来极为频繁。其内容除了通常的应酬,更多的是与李鸿章谈论做人之道、为将之道、处世之道、对付洋人之法,颇有传授衣钵的味道。

同年十二月三日,李鸿章被实授江苏巡抚之职。李鸿章明白,这都是曾国藩暗中支持的结果。因此,他致信曾国藩表示衷心的感激:"此皆由我中堂夫子积年训植、随事裁成,俾治军临政,修己治人,得以稍有涂辙……实不知所以为报,伏乞速赐箴砭。"

李鸿章到上海后,凭着他卓越的才干,很快便如鱼得水,在上海站稳了脚跟。之后,李鸿章由巡抚而升至两江总督、直隶总督、北洋大臣、协办大学士,成为晚清政府的中流砥柱。这一切,都与曾国藩的培养有极大的关系。

六、世不患无才，患不能人尽其才

【原文】

虽有良药，苟不当于病，不逮下品；虽有贤才，苟不适于用，不逮庸流。梁丽可以冲城，而不可以窒穴；斄牛不可以捕鼠；骐骥不可以守闾；千金之剑，以之析薪，则不如斧；三代之鼎，以之垦田，则不如耒……故世不患无才，患用才者不能器使而适用也。魏无知论陈平曰："今有后生孝己之行，而无益胜负之数，陛下何暇用之乎？"当战争之世，苟无益胜负之数，虽盛德亦无所用之。余生平好用忠实者流，今老矣，始知药之多不当于病也。

——《曾国藩全集》

【译文】

即使有好的药物，如果不对病症，还不如一般的药物有效；虽然有贤才，如果工作不适合他的特长，就不如普通人。质地好的木梁可以冲开城门，却不可以用它去堵洞穴；强壮的水牛不可以去捕捉老鼠；不可以用骏马去看守家门；用价值千金的宝剑来砍柴，不如用斧子；三代的宝鼎，用它来开垦荒田，还不如用犁……因此说世上不怕没有人才，怕的是用才的人不知道恰当地使用人才。魏无知在评论陈平时说："现在有人很懂得孝德，但不懂得打仗胜负的谋略，您怎么用他呢？"当国家处于战乱时，如果对战争的胜负起不了作用，虽然有大德，也是没有什么用的。我生平喜用忠实可靠的人，如今老了，才知道世上药物虽多，但大多不对病症。

【解读】

曾国藩认为，世上怕的不是没有人才，而是用才的人不能正确地使用人才。此论确有振聋发聩之作用。从历史上来看，往往是那些善于发现人才又善于运用人才的人最后取得了成功。关于这一方面的历史事实是很多很多的。

春秋时期的齐国在齐襄公统治时期比较混乱，政治黑暗，无所作为，一些贵族子弟多在国外避难。

公元前686年，公孙无知杀死齐襄公后，派人到莒国迎接公子小白回国继位。齐襄公的庶弟公子纠闻讯也立即动身返国争位，并且派亲信管仲率兵截杀小白。管仲见到小白后引弓放箭，射中了小白。管仲认为小白已死，就告诉了公子纠。哪知管仲的箭正射在小白的衣带钩上，他趁机装死，瞒过了管仲，抢在公子纠之前回国当上了国君，这就是齐桓公。齐桓公继位后，在乾阳（今山东桓台县南）打败进犯的鲁国军队，逼迫鲁国人杀了公子纠，并要鲁国交出管仲。原来，受齐桓公信任的鲍叔牙与管仲是好友，鲍叔牙当了齐桓公的大臣后，极力推荐管仲到齐国主持军国大政。齐桓公开始时不同意，因为他与管仲有一箭之仇，必欲除管仲而后快。鲍叔牙劝解齐桓公，说："管仲是个治国人才，在政治、外交、军事、理民和团结各阶层人士方面都胜过我。如果您不计前仇，下令赦免管仲，管仲会感恩戴德，为贤君明主尽忠。"齐桓公最终采纳了鲍叔牙的建议，赦免了管仲，派鲍叔牙到鲁国去，把管仲带回齐国。

管仲回到齐国临淄城，齐桓公亲自迎接，安慰管仲。管仲很受感动，认为齐桓公不计较前仇，虚怀若谷，是一位贤良的君主，也就留在了齐国，帮助桓公主持军国大计，进行政治改革，使齐国成了春秋时期的霸主。

管仲像

战国时的孟尝君用冯驩的例子则更具代表性，对用才者的启发也更大。对此，《史记·孟尝君列传》中有这样的记述。

起初，冯驩听说孟尝君好客，穿着草鞋来见他。孟尝君说："先生远道而来，有什么要教诲我的？"冯驩说："听说你爱好士人，我因为贫穷，所以归附于你。"孟尝君让他住在下等客人所住的传舍之中。十天后，孟尝君问传舍的舍长说："客人

孟尝君像

在做什么？"舍长回答："冯先生很贫穷，只有一把剑，又是用草绳缠着剑把。他弹着他的剑歌唱说：'长剑回去吧，吃饭时没有鱼。'"孟尝君便把他迁到中等客人住的幸舍，吃饭时有鱼。过了五天，孟尝君又问传舍长。传舍长回答说："这位客人又弹剑而歌唱说：'长剑回去吧，出门时没有车乘。'"孟尝君便又把他迁到上等客人住的代舍，出入可以乘车。过了五天，孟尝君又问传舍长。传舍长回答说："这位先生又弹剑而歌唱说：'长剑回去吧，没办法养家。'"孟尝君感到很不高兴。孟尝君当时在齐国任相，在薛邑受万户之封。他的食客有三千人，封邑的收入养不起那么多人，于是派人在薛邑放高利贷。但过了一年多，由于收成不好，借钱的人大多无法偿付利息，这样就将无法继续供养那么多食客。孟尝君很担心，问左右的人："谁可以帮我到薛邑收取借款？"传舍长说："代舍的客人冯公从外表来看擅长辩论，而且又年长，没有别的特长，应该可以让他去收债。"孟尝君于是叫冯驩前来，并对他说："宾客们不知道我这个人无德，前来我这里的有三千多人，封邑的收入养不起这么多宾客，所以在薛地放了高利贷。薛地的年

岁不好，许多人都不付利息。现在恐怕没法再供应宾客吃饭，希望先生前去追讨。"冯骥说："好。"他到了薛邑，把从孟尝君那里借钱的人召到一起开会，得到利息十万钱。于是他酿了许多酒，买来肥牛，召集那些借钱的人，能偿付利息的都来，不能偿付利息的人也要来，都拿当初借钱的文书一一核对。大家在一起杀牛饮酒。在酒喝得正酣畅时，他拿出借钱的文书与以前一样核对，有能力还利息的，与他确定还息的日期；因为贫困而不能还息的，取出借钱的文书把它烧了，并说："孟尝君所以借钱给大家，是为了你们当中没有钱的人能从事正当的事情；所以要收取利息，是因为无法养那么多宾客。现在富有的人确定归还的日期，贫穷的人就烧掉借据，就算把钱送给了他们。诸位请尽量多吃。有这么好的主人，难道可以背叛他吗！"在座的人都起来拜了两拜。

孟尝君听说冯骥烧掉了借据，愤怒地派人去召回冯骥。冯骥回来以后，孟尝君说："我的食客有三千人，所以把钱借贷给薛邑的人。我的封邑收入少，而且百姓们还大多不按时交付利息，恐怕无法供应宾客吃饭，所以请先生去收债。听说先生收到钱后，就用钱买来许多牛和酒并烧掉了借据，这是为什么？"冯骥说："是这样的。因为不多准备牛和酒，就不能把大家都聚集起来，这样就无法知道谁富裕谁贫穷。富裕的人，就与他确定归还的日期。贫穷的人，即使守着他催他十年，利息越来越多，如果追讨得急，他们就会用逃亡的办法来自己废除债务。如果催得急，而他们终究又无法偿还，这样，上面的人会认为你爱好利益而不爱惜百姓，下面的人则有背离、抵抗上面的罪名，这样不是激励士民、显扬你的名声的办法。烧掉那些无用的借据，放弃不可能收回的债款，让薛邑的百姓亲近你并宣扬你的善名，你还怀疑什么呢！"孟尝君听后向冯骥表示感谢。

齐王由于受秦国、楚国散布的谣言迷惑，认为孟尝君的名声超过了自己，于是就罢免了孟尝君。宾客们看到孟尝君被罢免，就都离开了他。冯骥说："借给我一辆车，让我可以进入秦国，一定会使你在国内

受重视并且封邑更广，可以吗？"孟尝君于是准备了车子和钱币，让冯谖去秦国。冯谖于是向西去对秦王说："天下的游说之士驾车向西来到秦国，没有不想让秦国强大而让齐国削弱的；他们驾着车向东进入齐国，没有不想让齐国强大而削弱秦国的。所以齐、秦好比是雌雄两个国家，不可能两个都是雄的。雄的国家就能得到天下。"秦王长跪着问他："怎么才能使秦国不做雌的那个国家呢？"冯谖说："大王你也知道齐国已经罢免了孟尝君吗？"秦王说："听说了。"冯谖说："使齐国威重天下的，是孟尝君。现在齐王罢免了他，他心里一定怨恨，因此一定会背叛齐国；一旦孟尝君背弃齐国，进入秦国，那么齐国的国情、人事关系的内幕，都带到了秦国，这样，秦国就可以占有齐国的土地，岂止是称雄而已！你赶快派使者装着钱币偷偷地去迎接孟尝君，不可失掉时机。假如齐国觉悟了，再次起用孟尝君，则齐、秦两国谁雌谁雄还不能预知。"秦王十分高兴，就派出十辆车带着百镒黄金去迎接孟尝君。

　　冯谖辞出，先秦国使者而行，到了齐国，劝齐王说："天下的游说之士驾车向东进入齐国，没有不想让齐国强大而让秦国削弱的；他们驾车向西去秦国，没有不想让秦国强大而让齐国削弱的。秦国和齐国，好比是雌雄两个国家，秦国强大则齐国削弱，两者势必不可能同时称雄。现在我私下里听说秦国派遣使者乘着十辆车、装着百镒黄金来迎接孟尝君。孟尝君不西入秦国则已，一旦他西入秦国担任宰相，那么天下就归属秦国，秦国称雄而齐国为雌，齐国为雌，那么齐国的临淄、即墨就很危险了。大王为什么不在秦国使者到来之前，就恢复孟尝君的相位，增加他的封邑并向他致歉呢？孟尝君一定会高兴地接受。秦国虽然是强国，难道可以请走别国的宰相并派人前来迎接吗！挫败秦国的计谋，而且断绝它称霸的方略。"齐王说："对。"于是派人到国境迎接秦国的使者。秦国使者的车辆刚进入齐国的国境，齐国的使者就回来告诉齐王，齐王召回孟尝君，恢复了他的相位，并且归还他原来的封邑，又增加了一千户的封地。秦国的使者听说孟尝君已在齐国恢复相位，掉转车头就回去了。

自从齐王罢免了孟尝君，他的宾客都离他而去。后来孟尝君被召回，恢复了相位，冯骥去迎接他。还未到国都时，孟尝君长叹说："我常常好客，遇见宾客不敢有错失，因此有食客三千多人，对此先生是知道的。宾客们见我一旦被罢免，就都背弃我而去，没有人再来过问。现在依靠先生而得以恢复相位，这些宾客们还有什么面目再来见我？他们中如有人再来见我，我一定要用唾沫吐他的脸并大大地折辱他。"冯骥停马下来跪拜，孟尝君下车把他扶起，说："先生是为宾客们向我致歉吗？"冯骥说："不是为宾客们致歉，而是因为你的话有错，万物有必然的归宿，事情有本应如此的道理，你知道吗？"孟尝君说："我不知你说的是什么。"冯骥说："有生必有死，这是万物的必然归宿；富贵了就有很多士人与你结交，贫贱了朋友就很少，这就是事情本应如此的道理。你独独不见那些赶集的人吗？天刚亮时，人们肩挨着肩，抢门而入；等到日落以后，经过集市的人会甩着胳膊，不去看它一眼，这不是他们喜欢早晨而讨厌傍晚，而是因为他们期望的东西已经不在里面了。你失去相位时，宾客们都离开了，这不值得你去怨恨他们。希望你能像以前一样对待宾客。"孟尝君拜了两次说："恭敬地听从你的劝告。听了先生的话，敢不遵奉你的教导吗？"

汉高祖刘邦则把自己的成功完全归功于用人得当。刘邦在楚汉相争中取得了最后的胜利，为了庆贺这一胜利，他即位之后，立即着手安抚百姓，分封有功之臣。为了表示自己的诚意，刘邦在洛阳南宫大开筵宴，款待全体文武功臣。

席上，刘邦说："诸位爱卿，请你们告诉我，我得天下与项羽失天下的真实原因是什么？"王陵首先说："陛下平时待人傲慢，动不动就发脾气，但是赏罚分明，量才授职，肯分赏有功之臣，所以将士都愿为您效劳。项羽表面很仁慈、恭敬，但刚愎自用，猜疑功臣，战胜而不与人功，得地而不与人利，此其失天下的原因。还有，陛下派人攻城略地，并用来分赏给各位将士，和大家共同占有这些利益；项羽则不同，他加害有功之臣，猜疑贤能之士，这也是他失去天下的原因。"

刘邦不完全同意王陵的看法，他说："你们只知其一，不知其二。运筹于帷幄之中，决胜于千里之外，我不如张良；镇守国家，稳定后方，充实军饷，我不如萧何；统率军马，冲锋陷阵，战必胜，攻必取，我不如韩信。此三人可谓当今豪杰，天下奇才。但我能悉心委用，所以能得天下。而项羽只有一个范增，尚不得重用，这就是他灭亡的缘故。"众臣听了心悦诚服，纷纷下座拜伏。

而那些不知如何运用人才的人，其受到的教训往往是十分惨痛的。

战国时期，在魏国执政的公叔痤患了重病，魏惠王前来探视，对公叔痤说："万一你故去，我如何安排国家的事务？"公叔痤回答："我手下有个叫公孙鞅的人，可把国家大事委付与他。但是如不想用他，就把他杀了，以免为别国所用，危害我们的国家。"惠王在回宫的路上不以为然地说："公叔痤这样有才智的人，却让我把军政大权交给公孙鞅处理，未免太糊涂了。"惠王走后，公孙鞅来服侍公叔痤，公叔痤把他对魏惠王说的话告诉了公孙鞅，劝他赶快逃走，公孙鞅却未加理会。不久，公叔痤死了，惠王并未重用公孙鞅。公孙鞅后来逃到秦国，为秦国所重用，变法图强，奠定了后来秦统一六国的基础，被秦孝公封在商地，称为商鞅。后来，秦国军队在商鞅的率领下打败魏国，魏惠王才后悔自己当初没有听从公叔痤的建议。

这是一个不知用才的极为深刻的教训。这种情况，即使在目前社会上也屡有发生。如有的单位，本单位明明有的是人才，却不加以发掘利用，偏偏要去搞什么引进人才，又是花钱，又是费精力，结果引进来的人才大多不如本单位原来的人才。我们现在处于太平盛世，但也应时时警醒，知人善任，重用人才，这样才能在世界竞争中取得有利地位。